李天綱 主編

浦東歷代要籍選刊編纂委員會
上海市浦東新區地方志辦公室 編

# 閲世編・養真堂文鈔

［清］葉夢珠
［清］秦榮光 著
陳 才 整理

復旦大學出版社

圖書在版編目（CIP）數據

閱世編／（清）葉夢珠著；養真堂文鈔／（清）秦榮光著；陳才整理．—上海：復旦大學出版社，2024.6

（浦東歷代要籍選刊／李天綱主編）

ISBN 978-7-309-17119-8

Ⅰ．①閱… ②養… Ⅱ．①葉… ②秦… ③陳… Ⅲ．①上海－概況－明清時代 Ⅳ．①K925.1

中國國家版本館CIP數據核字（2023）第243360號

閱世編・養真堂文鈔

（清）葉夢珠 （清）秦榮光 著 陳 才 整理

出版發行 復旦大學出版社

上海市國權路五七九號 郵編：二〇〇四三三

八六－二一－六五一〇二五八〇（門市零售）

八六－二一－六五一〇四五〇五（團體訂購）

八六－二一－六五六四二八四五（出版部電話）

fupnet@fudanpress.com http://www.fudanpress.com

責任編輯 胡欣軒

封面設計 楊倩倩

印　　刷 上海盛通時代印刷有限公司

開　　本 890×1240 1/32

印　　張 11.75

字　　數 226千字

版　　次 二〇二四年六月第一版第一次印刷

書　　號 ISBN 978-7-309-17119-8/K・822

定　　價 捌拾圓

# 閱世編卷一

葉夢珠輯

天象

易曰天垂象見吉凶聖人象之至治之世日月星辰行有常道次有常度無足紀也然而異日怪風中天已見或謂氣運使然未必全關人事春秋不書徵應殆爲是耶後世談占驗者莫精於劉向董子京房祖述而推廣言之鑿鑿卒無補于喪亂是果修救之無術歟抑數定不可挽歟要之天道遠人道邇不能盡人而不信天是無天也不能盡人而任天是無人也無天將太白入井而誣其渴亂亡固莫救矣無人如長星示變而勸之酒



上海掌故叢書本《閱世編》書影

養真堂文鈔

上海秦榮光炳如

才人學人說

天下之人不一其可出而有爲者大率才與學二者盡之矣春秋以前才與學合春秋以後才與學分才以幹濟相高學以道德爲尚說者謂創業之時擾攘紛爭當用才人守成之世雍容坐理當用學人乃吾嘗上下古今徧觀得失之林深測興亡之數而歎創業時必不可少學人守成世轉有賴于才人耳何則國家當創業之初一朝法度規模胥於是視焉使惟與一二才人勠力



民國聚珍仿宋字本《養真堂文鈔》書影

# 浦東歷代要籍選刊　編纂委員會

**主　任**　裴玉義

**委　員**　吴昊蕻　吴艷芬　邵　微　何旅濤　金達輝　孟　淵　趙婉辰　馬春雷

徐　瑞　陳長華　陳錢潼　梁大慶　楊　雋　楊繼東　賈曉陽　趙鴻剛

龍鴻彬　謝曉燁

上海市浦東新區地方志辦公室　**編**

**主　編**　李天綱

**副主編**　楊　雋　金達輝　陳長華

# 總序

葛劍雄

改革開放以來，浦東以新區的設立和其日新月異的發展面貌聞名於世，而此前還只是一個附屬於上海的地名。但這並不等於浦東的歷史是從二十世紀九十年代纔開始的，更不意味着此前的浦東没有自己的文化積累。

由於今上海市一帶至遲在西元十世紀已將河流稱之爲「浦」，如使上海得名的那條河即爲上海浦，一條河的東面就能被稱之爲「浦東」。因而「浦東」可以不止一個，但只有其中依託於比較大的、重要的「浦」而得名的「浦東」，方能成爲一個專用地名，并且能長期使用和流傳。這個「浦」自然非黄浦莫屬。

廣義的浦東是指黄浦江以東的地域，自然得名于黄浦江形成之後，但在兩千多年前的秦漢時期已經開始成陸，此後不斷擴大。黄浦這一名稱始見於南宋紹興二十八年（一一五八），是指吴淞江南岸的一條曾被稱爲東江的支流。此後河面漸寬，到明初已被稱爲大黄浦。永樂年間經夏元吉疏浚，黄浦水道折向西北，在今吴淞口流入長江。正德十六年（一五二一），經疏浚後的吴淞江下游河道流入黄浦，此後，原在黄浦以東的吴淞江故道逐漸堙没，吴淞江成爲黄浦的支流，而黄浦成了上海地區最大河流。

南宋以降，相當於此後黄浦以東地屬兩浙路華亭縣。元至元二十九年（一二九二）析華亭縣置上海縣，此地大部改屬上海縣，南部仍屬華亭縣，北部一小塊自南宋嘉定十五年（一二二七）起屬嘉定縣。在明代黄浦下游河道形成後，黄浦以東地區的隸屬關係並無變化。清雍正三年（一七二五）寶山縣設立，黄浦東原屬嘉定縣的北端改屬寶山。雍正四年，黄浦以東地區的大部分設置了奉賢縣和南匯縣。嘉慶十五年（一八一〇），以上海縣東部濱海和南匯北部置川沙撫民廳（簡稱川沙廳），民國元年（一九一二）建川沙縣。但上海縣的轄境始終有一塊在黄浦之東，寶山縣也有一小塊轄境處於高橋以西至黄浦以東，故狹義的浦東往往專指這兩處。

一八四三年上海開埠後，租界與華界逐漸連成一片，形成大都市。一九二七年上海設特别市，至一九三〇年改上海市，其轄境均包括黄浦江以東部分，一般所稱浦東即此。一九五八年至一九六一年一度設縣，即以浦東爲名。川沙、南匯二縣雖屬江蘇，但與上海市區關係密切，故仍被視爲浦東，或稱浦東川沙、浦東南匯。一九五八年二縣由江蘇劃歸上海市後更是如此。

改革開放後，浦東新區於一九九二年成立，轄有南市、黄浦、楊浦三區黄浦江以東地、上海縣三林鄉，川沙縣撤銷後全部併入。至二〇〇九年五月，南匯區也撤銷併入浦東新區，則浦東已臻名實相符。

故浦東雖仍有上海市域最年輕的土地，且每年續有增加，但其歷史文化仍可追溯一千多年。特别是上海建鎮、設縣以後，浦東地屬江南富裕地區，經濟發達，文教昌隆，自宋至清産生進士一百多名以及衆多舉人、貢生和秀才，留下大量著作和詩文。上海開埠和設市後，浦東作爲都市近鄰，頗得風氣之先，出現了具有全國影響的人物和著作。

據專家調查，浦東地區一九三七年前的人物傳世著作共有一千三百八十九種，其中收入四庫全書者十二種，列入四庫全書存目者十餘種，在小説、詩文、經學和醫學中均不乏一流作品。但其中部分已成孤本秘笈，本地久無收藏。大多問世後迄未再版，有失傳之虞。由於長期未進行搜集匯總，專業研究人員也難窺全貌，公衆不易查閲瞭解，外界更鮮爲人知。

浦東新區政府珍惜本地歷史文化，重視文化建設，滿足公衆精神需求，支持政協委員提案，決定由新區政協文史資料委員會和地方志辦公室聯合編纂浦東歷代要籍選刊。計劃以至少三年時間，選取整理宋代至民國初年浦東人著作一百種，近千萬字，分數十册出版。此舉不僅使浦東鄉邦文獻得以永續傳承，也使新老浦東人得以瞭解本地歷史和傳統文化，並使世人更全面認識浦東新區，理解浦東實施改革開放的内因和前景。

長期以來，流傳着西方人的到來使上海從一個小漁村變成了大都會的錯誤説法，完全掩蓋了此前上海由一聚落而成大鎮、由鎮而縣、由縣而設置國家江海關的歷史。這固然是外人蓄意誤導的結果，也是本地人對自己的歷史和文化瞭解不夠、傳播更少所致。浦東自改革開放以來，外界也往往只見其高新技術産品密集於昔日農舍田疇，巨型建築崛起於荒野灘塗，而忽視了此前已存在的千年歷史和鬱鬱人文。況新浦東人不少來自外地和海外，又多科研、理工、財經、企管、行政專業人士，使他們全面深入瞭解浦東的歷史文化，更具現實和長遠的意義。

我自浦西移居浦東十餘年，目睹發展巨變，享受優美環境，今又躬逢浦東歷代要籍選刊編纂出版之盛事，曷其幸哉！是爲序。

二〇一四年六月於浦東康橋寓所

# 主編序

李天綱

## 地名：浦東之淵源

「浦東」，現在作爲一個「開發區」的概念，留在世人的印象中。一九九〇年代，「浦東」是國内外媒體上出現頻率最高的詞之一。一九九三年一月成立上海市政府直屬地方銀行，以「浦東發展銀行」命名，可見當代「浦東」之於上海的重要性。一九九二年十月，上海市政府執行國家「浦東開發」戰略，以川沙縣全境爲主體，將上海縣位於浦東的三林鄉，當年曾劃歸楊浦、黄浦、南市等市區管理的「浦東」部分合併，設立「浦東新區」。二〇〇九年，上海市政府又決定將地處黄浦江以東的南匯區（縣）全境劃入，成爲一個轄境一千四百二十九點六七平方公里的副省級行政單位，高於上海的一般區縣。「浦東」，作爲一個獨立的行政區劃概念，以强勢的面貌，出現於當代，爲世界矚目。

「浦東」一詞出現得晚，但絕不是沒有來歷。浦東和古老的上海、松江以及江南一起發展，已經有了上千年的歷史。固然，浦東新區全境都在三千年前形成的古岡身帶以東，所有陸地都是由長江、錢塘江攜帶的泥沙，與東海海潮的沖頂推湧，在唐代以後才形成的。上海博物館的考古隊，沒有在浦東地區找到明以前的豪華墓葬。但是，這裏的土地、人物和歷史，與上海縣、松江府和江蘇省相聯繫，是江南地區吴越文明的繁衍與延伸。經過唐、宋時期的墾殖、開發和耕耘，浦東地區的經濟、社會和文化在明、清兩代登峰造極。川沙、周浦、横沔、新場這樣的鄉鎮日臻發達，絕非舊時的一句「斥鹵之地」所能輕視。

浦東新區由原屬上海市位於黄浦江東部的數縣，包括了川沙、南匯和上海縣部分鄉鎮重組而成。從行政統屬來看，浦東新區原屬各縣設立較晚。清代雍正四年（一七二六），從上海縣析出長人鄉，設立南匯縣；嘉慶十五年（一八一〇），由上海縣析出高昌鄉，南匯縣析出長人鄉，加上八、九兩團，合併設立川沙撫民廳，簡稱川沙廳。開埠以後，租界及鄰近地區合併發展，迅速成爲「大上海」，上海、寶山、川沙等縣份受「洋場」影響，捲入到現代都市圈。南匯縣則因爲離市區較遠，和川沙仍皆隸屬於江蘇省松江府。一九一一年，中華民國建立後，廢除州、府、廳建制，南匯縣歸江蘇省管轄，川沙廳改稱川沙縣，亦直屬江蘇省。一九二八年，國民政府在上海設立特別市，浦東地區原屬寶山、川沙縣的鄉鎮高橋、高行、陸行、洋涇、塘橋、楊思等劃入市區。一九三七年以後，日僞建立上海市大道政府、上海特別市政府，將川沙、南匯從江蘇省劃出，隸於「大上海市」。一九四五年抗戰勝利以後，國民政府恢復一九一一年建置，川沙、南匯仍然隸於江蘇省。一九五〇年，中華人民共和國公布省、市建置，以上海、寶山兩縣舊境設立上海直轄市。浦東地區的川沙、南匯兩縣，歸由江蘇省松江專員行政公署管轄。一九五八年十月，中華人民共和國國務院將浦東的川沙、南匯兩縣，及江蘇省所轄松江、青浦、奉賢、金山、崇明等五縣一起，併入上海市直轄市。此前，一九五八年一月，江蘇省嘉定縣已先期劃歸上海市管理。

「浦東新區」之前，已經有過用「浦東」命名的行政區劃，此即一九五八年到一九六一年設置的「浦東縣」。一九五八年，爲「大躍進」發展的需要，上海市政府在原川沙縣西北臨近黃浦江地區，設立「浦東縣」，躍躍欲試地要跨江發展，開發浦東。「浦東縣」政府設在浦東南路，轄高橋、洋涇、楊思三個鎮，共十一個公社，六個街道。一九六一年一月，因工業化遭遇重大挫折，上海市政府在「三年自然災害」中撤銷了「浦東縣」，把東部農業型「東郊」區域的洋涇、楊思、高橋等鄉鎮，劃歸川沙縣管理。沿黃浦江的「東昌」狹長工業地帶，則由對岸的老市區楊浦區、黃浦區、南市區接手管轄。「浦東縣」在上海歷史上雖然只存在了三年，卻顯示了上海人的一貫志向。即使在一九五〇年代的極端困難條件下，仍然懷揣著「開發浦東」的百年夢想，只要有機會，就想幹一下。

現代的「大上海」，原來是從上海、寶山兩縣的土地上生長起來的。明代以前，上海、寶山仍以吴淞江（後稱「蘇州河」）劃界。吴淞江以北的「淞北」，屬寶山縣；吴淞江以南的「淞南」，屬上海縣。吴淞江是松江府之源，「松江」，原名就是「淞江」，「府因以名」。按明正德松江府志的說法，「吴淞江，後以水災，去水從松，亦曰松陵江」。水克火，木生火，「淞江」去「水」，從「木」爲「松江」，上海果然「火」了。清代以前，上海士人寫的方志、筆記、小說，以及他們的堂號室名，都用「吴淞」、「淞南」作爲郡望。一六〇七年，徐光啓和利瑪竇合譯幾何原本，在北京刊刻，便是署名「泰西利瑪竇口譯，吴淞徐光啓筆受」，自稱「吴淞」人。另外，清嘉慶年間上海南匯人楊光輔編淞南樂府，光緒年間南匯人黄式權編淞南夢影録，昆山寓滬文人王韜（一八二八—一八九七）作淞隱漫録、淞濱瑣話，採用「淞南」、「吴淞」之名說上海，可見明、清文人學士，都用吴淞江作爲上海的標誌。吴淞江是上海的母親河，而「黄浦江是母親河」，只是一九八〇年代以後冒出的無知說法。

明、清時期的黄浦是一條大河，卻不是首要的幹流。方志裏的「水道圖」，都把「吴淞江」置於「黄浦」之前。「黄浦」，一說「黄歇浦」的簡稱，僅是一「浦」，並不稱「江」。在上海方言中，「浦」大於河，小於江，如周浦、桃浦、月浦、上海浦、下海浦……黄浦流經太湖流域，水流較清，經閔行、烏泥涇、龍華等鎮，匯入吴淞江。吴淞江受到長江泥沙的影響，水流較濁，淤泥沉澱，元代以後逐漸堰塞。於是，原來較爲窄小的黃浦不斷受流，成爲松江府「南境巨川」。明代永樂元年（一四〇三），上海人葉宗行建議開鑿范家浜，引黃浦水入吴淞江，共赴長江。從此，江浦合流，黃浦佔用了吴淞江下游河道。黃浦江的受水量和徑流量，大約在明代已經超過吴淞江了。但是在人們的觀念中，黃浦江仍然没有吴淞江重要，經濟、交通和人文價值還不及後者。康熙上海縣志的「水道圖」，仍然把吴淞江和黃浦畫得一樣寬大。從地名遺跡來看，地處吴淞江下游的「江灣」，並非黃浦之灣，而是吴淞江之灣。同理，今天黃浦江的入口，並不稱爲「黃浦口」，依然是「吴淞口」。

黃浦江以東地區在唐代成陸，大規模的土地開發則是在宋代開始，於明代興盛。宋、元兩代，浦東地區産業以鹽田爲主，是屬華亭縣的「下砂鹽場」。從南匯的杭州灣，到川沙的長江口，「大團」到「九團」一字排開，團中間還有各「竈」的開設。聯繫各「竈」，設立爲「場」，爲當年的曬鹽場，「大團」、「六竈」、「新場」的地名沿用至今。隨著海水不斷退卻，海岸不斷東移，鹽業衰落，明代以後浦東地區便繼之以大規模的圍海造田、農業墾殖。早期的浦東開發，在泥濘中築堤、圍墾、挖河、開渠、種植，異常艱辛。爲了鼓勵浦東開發，元代至元年間的松江知府張之翰向中央申請減税，他描寫浦東人的苦惱，詩曰：「黃浦春風正怒號，扁舟一葉渡驚濤。諸君來問民間苦，何用潮頭幾丈高。」算是一位瞭解民間疾苦，懂得讓利培本的地方官。

隨著浦東的早期開發，以及浦東人的財富積累，「浦東」以獨特的形象登上了歷史舞臺。「黄浦江」的概念在清末變得重要起來，上海人的地理觀念由此也經歷了從「淞南—淞北」到「浦東—浦西」的轉變。至晚在明中葉，「浦東」一詞已經在上海人的日常生活中使用。萬曆上海縣志載：「由閘江而下，若鹽鐵塘、沈家莊，若周浦，若三林塘，若楊淄樓，此爲浦東之水也。」「閘江」，即後之「閘港」，在南匯境内；「鹽鐵塘」、「沈家莊」，今天已不傳，地域在南匯、川沙交界處；「周浦」、「三林塘」在川沙境内；「楊淄樓」在今「楊家渡」附近。「浦東」，顧名思義是東海之内、黄浦以東的廣大地區，是泛稱，非確指。明清時，因爲黄浦到楊樹浦、周家嘴匯入吴淞江，故「浦東」只指南匯、川沙地區，還没有包括當時在吴淞江對岸、屬寶山縣的高橋地區。歷史上的「浦東」一詞，只是方位，並非地名。同治上海縣志卷首「上海縣南境水道圖」中解釋：「是圖南起黄浦中界蒲匯塘，而浦東、西之支水在南境者並屬焉。」這裏的「浦東」，仍然僅僅是指示方位。通觀清代文獻，「浦東」一詞並没有作爲地名，在自然地理、行政地理的叙述中使用。

時至清末，「黄浦」的重要性終於超過「吴淞江」，同治上海縣志説：「（松江）一郡之要害在上海，上海之要害在黄浦，黄浦之要害在吴淞所。」黄浦取得了地理上的重要性，主要是它成爲中外貿易的要道，近代上海是從黄浦江上崛起的。一八四三年，上海開埠以後，華界的南市（十六鋪）和英租界（外灘）、法租界（洋涇浜）、美租界（虹口）連爲一體，在幾十年間迅速崛起，這一段河道，只屬於黃浦，不屬於吴淞江。更致命的是，一八四八年上海道臺麟桂和英國領事阿禮國修訂上海租地章程的時候，英語中把「吴淞江」翻譯成了「蘇州河」（Soo Choo River），作爲英租界的北界。「蘇州河」以外灘爲終點，從此以後，吴淞江下游包括提籃橋、楊樹浦、軍工路、吴淞鎮的岸線，在現代上海人的心目中就專屬「黃浦」，「黃浦」由此升格爲「黃浦江」。囊括上海、寶山、川沙三縣的「大上海」，也正式地分爲「浦東」和「浦西」。「後殖民理論」的批評者，可以指責英國殖民者用「蘇州河」取代「吴淞江」，還捏造出一條「黃浦江」。但是，我們的解釋原理是既尊重歷史，也承認現實。從自然地理來看，原來用東西向的吴淞江，把上海分爲「淞南」、「淞北」，是一個局促的概念，確實不及用南北向的黃浦江分爲「浦西」、「浦東」更爲大氣與合理。地理上的重新區分，順應了上海的空間發展，以及上海人的觀念演化，更反映了上海的「近代化」。

## 認同：浦東之人文

浦東的地理，順著吴淞江、黃浦江東擴；浦東的人文，自然也是上海、寶山地區生活方式的延續與傳承。「開發浦東」是長江三角洲移民運動的結果。明清時期的上海，已經是一個移民導入地區，北方人、南方人來此營生的比比皆是。但是，當時的「浦東開發」，基本上是上海人民的自主行爲，具有主體性。四百多年前，歷史上最爲傑出的上海人徐光啓，就是浦東開發的先驅。徐光啓是上海城裏人，中國天主教會領袖，編農政全書，號召國人農墾。話説有一位姓張的北京人，是帝都裏最早的天主教徒，他「由利瑪竇手領洗，後來徐光啓領他到上海，在徐宅服務。不久，即在黄浦江邊墾種新漲出之地，因而居留焉」。京城的張姓移民，在徐光啓的幫助下站住腳跟，歸化爲上海人。徐光啓後裔徐宗澤在中國天主教傳教史概論中説，這塊灘地，就是現在浦東的「張家樓」。

元代黄巖人陶宗儀，因家鄉動亂，移民上海，「避兵三吴間，有田一廛，家於淞南，作勞之暇，每以筆墨自隨」，遂作南村輟耕録。松江府華亭（上海）一帶果然是逃避戰亂、修身養息、耕讀傳家的好地方。上海的一個神奇之處，就在於這一片魚米之鄉，還總有灘地從江邊、海邊生長出來，而且平坦肥沃，風調雨順，易於開墾。願意吃苦的本地人、外地人，都很容易在浦東獲得更多的土地，過上好日子。子孫繁衍，數代之後就成爲佔據了整村、整鎮的大家族。「朱、張、顧、陸」，史稱江東大族，浦東的衆姓分佈也是如此。南匯縣周浦鎮朱氏，以萬曆年間朱永泰一族的事跡最堪稱道。徐光啓没有及第之前，永泰曾請他來浦東教授自家私塾。徐光啓位居相位之後，召他兒子入京辦事，永泰居然婉拒。直到順治十六年（一六五九），永泰的孫子朱錦在南京一舉考取南榜「會元」，選爲庶吉士。朱錦秉承家風，「決意仕途，優游林下」（閱世編），淡泊利禄，不久就致仕回浦東，讀書自怡，專心著述。浦東士人，因爲生活優裕，方能富而好禮。

浦東張氏，舉新場鎮張元始家族爲例。張元始爲崇禎元年（一六二八）進士，曾爲户部侍郎。滿洲入侵的關頭，他回到松江、蘇州地區爲支用短缺的崇禎皇帝籌集軍餉，調運大批錢糧，北上抗清。東林黨争，他「彈劾不避權貴」（閲世編），「性方嚴，不妄交游，留心經濟」（光緒南匯縣志）。浦東籍的士人，多有耿直性格。浦東顧氏，舉合慶鎮顧彰爲例。江南顧氏，傳説是西漢封王顧余侯之後，川沙顧氏則是明代弘治十八年（一五〇五）狀元顧鼎臣家族傳人。顧鼎臣（一四七三—一五四〇），昆山人，位居禮部尚書，任武英殿大學士，明中葉以後家族繁衍，散佈在昆山、嘉定、寶山、川沙一帶。太平天國戰亂之後，江南經濟恢復，川沙人顧彰在村裏開設一家店鋪，額爲「顧合慶」。生意成功，周圍店家不斷開設，數年之内，幡招林立，成了市鎮，人稱「合慶鎮」。顧彰「開發浦東」有功，兩江總督端方請朝廷賞了顧彰的長子懿淵一個五品頭銜，顧彰的孫子占魁也被録取爲縣庠生。浦東陸氏，我們更可以舉出富有傳奇的陸深家族爲例。陸深（一四七七—一五四四），松江府上海縣人，高祖陸餘慶以上世居馬橋鎮，元季喪亂，曾祖德衡遷居到黄浦岸邊的洋涇鎮。這樣一户普通的陸姓人家，累三世之耕讀，到陸深時已經成爲浦東的文教之家。弘治十四年（一五〇一），陸家院内的一棵從不開花的牡丹，忽然開出百朵鮮花，當年陸深在南京鄉試中便一舉奪得「解元」。後來大名鼎鼎的昆山「狀元」顧鼎臣和陸深同榜，這次卻被他壓在下面。陸深點了翰林，做過國子監祭酒，也給嘉靖皇帝做過經筵講官，但接下來的官運卻遠遠不及顧鼎臣，只在山西、浙江、四川外放了幾次布政使。陸深去世後，嘉靖皇帝懷念上課時的快樂時光，也只給他加贈了一個「禮部侍郎」的副部級頭銜。不過，陸深給上海留下了一個大名頭：陸家宅邸、園林和墳塋地塊，在黄浦江和吴淞江的交界處，尖尖的一嘴，清代以後，人稱「陸家嘴」。

浦東地區的南匯、川沙，原屬上海縣，這裏和江南的其他地區一樣，物産豐富，人物鼎盛，文教繁榮，産生了許許多多的世家大族。「朱、張、顧、陸」的繁衍，是浦東本地著名大姓的例子。無事實上，外來移民只要肯融入上海，即使孤身一人，也能在浦東成家立業，樹立自己的家族。無錫華氏家族，元代末年有一位華嶽（字太行），因戰亂離散，來到上海，在浦東横沔鎮蘇家入贅。按本地習俗，人稱爲「招女婿」，近似於「打工仔」。然而，華嶽一表人才，並不見外，奮身於鄉里，他「風姿英爽，遇事周詳，一鄉倚以爲重」（轉引自吴仁安明清時期上海地區著姓望族）。這位「引進人才」在蘇家積極工作，耕地開店，帶領全村發家致富，族人居然允許他自立門户，用華氏名義傳宗接代。乾隆初年，華氏子孫「增建市房，廛舍相望」（南匯縣志・疆域・邑鎮），這就是浦東名鎮「横沔鎮」的起源。管窺蠡測，我們在浦東横沔鎮華氏家族的復興故事中，看到了明、清時期上海社會接納外來移民的良性模式。寄居浦東，入籍上海，認同江南，融入本土社會，這是外來者成功的關鍵。「海納百川」，是上海本地人的博大胸襟；「融入本土」，則更應該是外來移民的必要自覺。浦東人講:「吃哪里嗒飯,做哪里嗒事體,講哪里嗒閑話。」熱愛鄉土,服務當地民衆福祉,維護地方文化認同,如天經地義一般重要。

南匯、川沙原來都屬於上海縣,清代雍正、嘉慶年間剛剛分別設邑,爲什麼會在清末就有一個和上海「浦西」相對應的「浦東人」的認同發生?這是值得思考的問題。「浦東人」,就是明、清時期的「上海人」,他們在近代歷史上形成了一個子認同(sub-identity)。二十世紀開始,「浦東人」和黄浦江對岸的「大上海」既有聯繫,又有分别,大致可以用文化理論中的「子認同」來描述。十九、二十世紀中,浦東的地方語言,和上海市區方言差距拉大;浦東的農耕生活,和市區的大工業、大商業有些不同。儘管朱其昂、張文虎、賈步緯、楊斯盛、陶桂松、李平書、黄炎培、葉惠鈞、穆藕初、杜月笙等一大批川沙、南匯籍人士活躍於上海,但是「浦東」是他們口中念念的家鄉,「上海」是他們心中一個異樣的「洋場」,因爲「大上海」的文化認同更加寬泛。

清末民初時期,占人口約百分之十的上海本地人,接納了約百分之九十的外地人、外國人,這裏熔鑄出一種新型的文化。「華洋雜居,五方雜處」,現代上海人的認同要素中,不但包括了蘇州、寧波、蘇北、廣東、福建、南京、杭州、安徽、山東人帶來的文化因數,還有很多英國、法國、美國、德國、日本的文化因數。「阿拉上海人」,是一個較大範圍的城市文化認同(identity);「我伲浦東人」則是一個區域性的自我身份(status)。熟悉上海歷史的人都知道,兩者之間確有一些微妙的差異。但是，這種不同，互相補充，互爲激盪，屬於同一個文化整體。這種差異性，正説明上海文化的内部，自身也充滿了各種「多樣性」（diversity），並非一個專制體。文化，是拿來欣賞的，不是用作統治的。上海的「新文化」，有過一種文化上的均勢，曾經對「五方」、「華洋」的不同文化加以欣賞。在這個過程中，浦東地區保存的本土傳統生活方式，是「大上海」的母體文化，支撑了一種新文明。無論浦東文化是如何迅速地變異和動盪，變得不像過去那樣傳統，但它卻真的曾以「壁立千仞，海納百川」的胸襟，接納過世界各地來的移民。它是上海近代文化（俗所謂「海派文化」）的淵源，我們應該加倍地尊重和珍視纔是。

## 傳承：浦東之著述

直到明、清，以及中華民國的初期，江南士人的身份意識仍然是按照鄉、鎮、縣、府、省的單位，一級一級，自然而然，由下往上地漸次建立起來的。日常生活中，江南士人都主動或被動以自己的地望作爲身份，如「徐上海」、「錢常熟」、「顧崑山」地交際應酬，不會只用一個「中國人」的表面身份來隱藏自己。只有當公車顛沛，到了「帝都魏闕」，或厠身擠進了「午門大閲」，沾上些許皇帝的虚驕，纔會偶爾感到自己是個「中國人」。儒家推崇由近及遠，由裏而外，漸次推廣的傳統人際關係，有相當的合理性。在此過程中，不同地域的人羣學會了尊重各自的方言、禮節、習俗、飲食和價值觀念，在一個「多樣性」的社會下生存。今天，「多元文化觀」在「國家主義」盛行的二十世紀，以及「全球化」横掃的二十一世紀，面臨著巨大的困窘。如何在當今社會發掘傳統，面對危機，重建認同，是一件很重要的事情。

二十世紀中，在現代化「大上海」的崛起中，上海地區的學者和出版家，一直努力將江南學術的優秀傳統，匯入「國際大都市」的文化建設，出版地方性的文獻叢書便是一種做法。一九三六年，負責編寫上海通志的上海通社整理刊刻了上海掌故叢書第一集十四種，後因「抗戰」、「内戰」發生，没有延續。一九八七年，華東師範大學出版社編輯影印了上海文獻叢書，共五種。一九八九年，上海古籍出版社標點排印了上海灘與上海人叢書，共二十三種。縣區一級的文獻叢書，有松江文獻系列叢書（上海社會科學院出版社，二〇〇〇年），共十二種；嘉定歷史文獻叢書（中華書局，二〇〇六年），線裝，二輯。在基層文化遺産保護前景堪憂的大局勢下，地方傳統文獻的整理出版工作倒是在各地區有識之士的堅持下，努力從事。上海浦東新區地方志辦公室的同仁們，亟願爲浦東文化留下一份遺産，編輯一套浦東歷代要籍選刊。復旦大學出版社憑藉獨有的學術組織能力和編輯實力，積極參與這一出版使命。這樣的工作，對開掘浦東的傳統内涵，維護當地的生活方式，發展自己的文化認同，都具有重要意義，無疑應該各盡其力，加以支持。

編纂浦東歷代要籍選刊，首要問題是如何釐定作者的本籍，將上海地區的「浦東人」作者挑選出來。清代中葉之前，現在浦東新區範圍内的土地和人民並不自立，當時並没有「浦東人」。但是，明、清時期江南地區的鄉鎮社會異常發達，大部分讀書人的籍貫，往往可以追究到鎮一級。爲此，我們在確定明、清時期的浦東籍作者時，都以鎮屬爲依據。那些或出生，或原居，或移居，或寓居在現在浦東地區鄉鎮的作者，儘管著述都以「上海縣」、「華亭縣」、「嘉定縣」標署，但隨著清代初年「南匯縣」、「川沙縣」，以及後來「浦東縣」、「浦東新區」的設立，理應歸入「浦東」籍。

例如：高橋籍舉人孫元化（一五八一—一六三二）追隨徐光啓，有著作幾何體用、幾何演算法、泰西算要等傳世。當時的高橋鎮在黄浦東岸，屬嘉定縣，孫元化的籍貫當然是嘉定。清代雍正二年（一七二四），嘉定縣析出寶山縣，孫元化曾被視爲寶山人。一九二八年，高橋鎮劃入上海特別市的浦東部分，從此孫元化可以被認定爲「浦東人」。陸深的浦東籍貫身份，也可以如此確定。明史本傳稱：「陸深，字子淵，上海人。」按葉夢珠閱世編・門祚記載，陸深科舉成功後曾移居上海城裏，居東門，稱「東門陸氏」。然而，陸深的祖居地及其墳塋，均在浦東陸家嘴，理當被視爲「浦東人」。相對於原本就出生在浦東地區的陸深、孫元化而言，黄體仁自陳「黄氏世爲上海人」（曾大父汝洪公曾大母任氏行實，收入黄體仁集），進士及第爲官後，即在城裏南門内擴建宅邸，黄家里巷命名爲黄家弄（黄家路）。另外，黄體仁的父母去世後，也安葬在西門外周涇（西藏南路）的黄家祖塋（參見先考中山府君先妣瞿孺人繼妣沈孺人行實），是地地道道的上海人。黄體仁之所以被認定爲浦東人，是因爲他在九歲的時候，爲躲避倭寇劫掠，曾隨祖母和母親在浦東避難，並佔用金山衛學的學額，考取秀才，進而中舉、及第。科場得意以後，他纔回到上海城裏，終老於斯。明代之浦東，屬於上海縣，他甚至不能算是「流寓」川沙。然而，從黄體仁的曲折經歷，以及後來的行政劃分來看，他在川沙居住很久，確實也可以被劃爲「浦東人」。

選擇什麼樣的作者，將哪一些的著述列入出版，這是編纂浦東歷代要籍選刊的第二個難點。唐宋以前，浦東地區尚未開發，撰人和著述很少，可以不論。到了明、清時期，浦東地區開發有年，文教大族紛紛湧現，人才輩出，著述繁盛，堪稱「海濱鄒魯」，絶非中原學人所謂「斥鹵之地」可以藐視。按復旦大學古籍整理研究所近年來數篇博士論文的收集和研究，明、清時期上海浦東地區的著者人數，不亞於松江府、蘇州府其他各縣。據初步研究統計，清代中前期有著作存世的松江府作者人數共五百二十五人，其中華亭縣（府城）一百四十七人，上海縣一百二十三人，婁縣六十五人，青浦縣六十人，金山縣五十一人，南匯縣三十一人，奉賢縣二十二人，川沙縣二人，未詳二人。這其中，南匯、川沙屬於今天浦東新區，都是剛剛從上海縣劃分出來。以南匯縣本籍作者三十一人爲例，加上列在上海縣的不少浦東籍作者，這個新建邑城境内的文風一點不比其他縣份遜色。此項統計，可參見杜怡順復旦大學博士論文上海清代中前期著述研究。

明代天啓、崇禎年間，以松江地區爲中心，有「復社」、「幾社」的建立。那幾年，江南士人的文章風流和人物氣節，盡在蘇、松、太一帶。經歷了清代順治、康熙年間的高壓窒息，到乾隆、嘉慶年間，上海地區的文風又有恢復。順應蘇州、松江地區的「樸學」發展，「家家許鄭，人人賈馬」，這裏做考據學問的人也越來越多。因此，浦東學者也和其他江南學者一樣，在經、史、子、集的研究上下過功夫。易、書、詩、禮、樂、春秋的「經學」，二十四史之「史學」，天文、地理、曆算、農、醫、兵、雜、小說，詩文詞曲，釋、道教，「三教九流」的學問都有人做。在這樣豐富的人物著述中，挑選和編輯浦東歷代要籍選刊，是綽綽有餘，裕付自如的。

浦東地區設縣（南匯、川沙）之後的二百年間，各類學者層出不窮。以清末學者爲例，周浦鎮人張文虎（一八〇八—一八八五）以諸生出身，專研經學，學力深厚，卓然成家。道光年間，他幫助金山縣藏書家錢熙祚校刻守山閣叢書，一舉成名。一八七一年，張文虎受邀進入曾國藩幕府，被破格録用，負責「同光中興」中的文教事業。他刊刻船山遺書，管理江南官書局，最後還擔任南菁書院山長。張文虎學貫四部，天文、算學、經學、音韻學，樣樣精通。按當代南匯縣志的統計，他著有舒藝室雜著、鼠壤餘蔬、周初朔望考、懷舊雜記、索笑詞、舒藝室隨筆、古今樂律考、春秋朔閏考、駁義餘編、湖樓校書記和詩存、詩續存、尺牘偶存等著作，實在是清末「西學」普及之前少見的「經世」型學者。

一八四三年，上海開埠以後，浦東地區的學者得風氣之先，來上海學習「西學」，成爲中國最早的一批精通西方學術的學者。李杕（一八四〇—一九一一），名浩然，字問漁，幼年在川沙鎮從鎮人莊松樓經師學習儒家經學。一八五一年，李杕來上海，入徐家匯依納爵公學，學習法文、文學和科學。一八六二年加入耶穌會，一八七二年按立爲神父，一九〇六年繼馬相伯之後，擔任震旦學院哲學教授和教務長。李杕創辦和主編益聞報、格致彙報、聖心報等現代刊物，傳播西方科學、哲學和神學，著有理窟、古文拾級、新經譯義、宗徒大事録等，還編輯有徐文定公集、墨井集等。這樣一位貫通中西的複合型學者，在清末只有他的同班同學馬相伯等寥寥數人堪與之比。如果説明、清時期的浦東士人還是在追步江南，與蘇、松、太、杭、嘉、湖學風「和其光，同其塵」的話，那開埠以後的浦東學者在「西學」方面確是脱穎而出，顯山露水的。

「且頑老人」李平書（一八五一—一九二七）是高橋鎮人，父親爲寶山縣諸生，太平天國佔領江蘇時以難民身份逃到上海。十七八歲時，纔獲得本邑學生資格，進入龍門書院學習。這位浦東學子聰明好學，進步神速，不久就擔任字林報、滬報主筆，在城廂内外宣導「改良」，開設自來水廠。一八八五年，經清廷考試，破格録用他爲知縣，在廣東、臺灣、湖北等地爲張之洞辦理洋務，樣樣「事體」做得出色，且一心維護清朝利益。李鴻章遇見他後，酸溜溜地説「君從上海來，不像上海人」，算是對他的肯定與表揚。李平書確是少見的洋務人才，他奉行「中體西用」，一手創建了上海城廂工程局、警察局、救火會、醫院、陳列所等。最後，他還從張之洞手中要到了「地方自治權」，擔任上海自治公所的總董（市長）。李平書在一九一一年辛亥革命高潮中轉而支持革命黨，可見「且頑老人」是一位深明大義的上海人——浦東人。在仍然提倡仕宦合一、知行合一的清末，李平書也有重要著述，他的新加坡風土記、且頑老人七十自述、上海自治志都是上海社會變革的佐證。

浦東地區的文人士大夫，經歷了明清易代，又看到了清朝覆滅，還親手創建了中華民國，所謂「歷代」，愈來愈精彩，浦東人參與的歷史也愈來愈重要。孫元化、陳于階（康橋鎮百曲村）等浦東人，爲抗禦清朝獻出生命；李平書、黃炎培、穆湘玥一代浦東人，參與締造了中華民國；黃自、傅雷這樣的浦東人，爲中國的現代藝術做出了獨特貢獻；還有像張聞天、宋慶齡這樣的浦東人，廁身於中國的共産主義運動。這些浦東人都有著述存世，品類繁多，卷帙浩繁，選擇起來頗費斟酌。我們以爲，刊印浦東歷代要籍選刊應該本著「厚古薄今」的原則，對那些本來數量不多，且又較少流傳的古籍，包括在上海圖書館、復旦大學圖書館收藏的刻本、稿本和鈔本，儘可能地借此機會搶救和印製出來，以饗讀者。至於在民國期間，直到現在經常用平裝書、精裝書形式大量出版的近現代浦東人的著作，則選擇性收入。

出版一部完善的地方文獻叢書，還會遇到很多諸如資金、體例、版式、字體、設計等人力、物力方面的問題。好在有浦東新區政協文史委員會和地方志辦公室的鼎力支持，復旦大學出版社的精心組織，加上全國和復旦大學歷年畢業的學者，以及相關專業的博士後、博士生的積極參與，《浦東歷代要籍選刊》一定能圓滿完成。受浦東新區政協文史委員會和地方志辦公室，以及復旦大學出版社的邀請，由我擔任本叢書主編，感到榮幸的同時，也覺得有不少責任。因教學、研究事務繁鉅，不能從事更多工作，但一定會承擔相應的策劃、遴選、審讀、校看和復核任務，做出一部能够流傳、方便使用的文獻集刊，傳承浦東精神，接續上海文化。

二〇一四年八月十五日

暑假，於上海徐匯陽光新景寓所

# 浦東歷代要籍選刊　編纂凡例

一、地域範圍。選刊所稱之浦東，其地域範圍爲今黄浦江以東浦東新區和閔行區浦江鎮所屬區域。

二、人物界定。祖籍浦東並居住在浦東的人物，祖籍浦東但寓居於外地（包括今上海其他地區）的人物，長期寓居於浦東的外地籍（包括今上海其他地區）人物，其撰寫的著作均在選刊範圍之内。清初浦東地區行政設置前，人物籍貫以浦東地區鄉鎮爲準。

三、年代時限。所選著作的形成時間範圍，爲南宋至國民政府時期（一一二七—一九四九）。

四、選録標準。南宋至清嘉慶時期（一一二七—一八二〇）浦東人物所撰寫的著作原則上均予刊録；清道光至民國末年（一八二一—一九四九）浦東人物所撰寫的著作擇要選刊。本籍人士所撰經、史、子、集四部著作，或日記、年譜、回憶録等近代著述，不分軒輊，擇其影響重大者刊印。

五、編纂方式。依據古籍整理的通行規則，刊印文獻均用新式標點，直排繁體。選擇較早的底本，參照各本，並撰寫整理説明，編輯附録。除附書影外，凡有人物像和手跡者亦附録。尊重原著標題、卷次及文字，以存原始。

六、版本來源。所選各底本，力求原始。底本多據上海圖書館、復旦大學圖書館藏本，絶大多數著作爲首次整理和刊佈。

# 總目

閲世編……一
養真堂文鈔……二五三

# 閱世編

〔清〕葉夢珠　纂
陳才　整理

# 整理説明

葉夢珠，字濱江，號梅亭，南直隸松江府上海縣人，居南匯下沙陳家橋（今屬上海市浦東新區），著籍婁縣學，清順治十四年（一六五七）以奏銷案斥。〔光緒〕南匯縣志卷十四有傳，姜兆翀松江詩鈔卷十一有小傳。其五世祖鈇，字廷用，號東瀛，弘治辛酉（一五〇一）舉人，歷任福州府同知、刑部郎中、雲南臨安府知府。夢珠生卒年没有明確記載，不過在所著閲世編卷九師長篇中可以找到蛛絲馬跡。該篇「金伯固先生」條説：「崇禎甲戌，蜀中劉念先先生潛來令上邑，于童子試中取先生第一。是年入泮，遂開家塾于城南。余年十二，往受經焉。」「瞿行言先生」條説：「崇禎丙子，試南闈不售，歸開家塾，守生徒，從學者亦數十人。余年十四，往受經。」崇禎甲戌爲一六三四年，崇禎丙子爲一六三六年，來新夏先生據此二條推測夢珠生於明天啟癸亥年（一六二三）。見來新夏閲世編·點校説明，上海古籍出版社一九八一年版，中華書局二〇〇七年再版 其説不確。「年十二」「年十四」皆當從另句讀，非指崇禎甲戌、丙子年。而該篇中「王魯衡先生」條則説：「崇禎初，開家塾，授生徒，與予家爲比鄰。余方六歲，初發蒙，先君命余往受業。」又説：「至次年十月，余方十歲，慘遭先慈之變，遂輟學，此崇禎之六年也。」江功舉先生關於閱世編作者葉夢珠的生卒年問題——兼與來新夏同志商榷（刊成都大學學報（社會科學版）一九八三年第二期）、陳寶良先生葉夢珠生卒年（刊讀書一九八五年第二期）、顧承甫先生關於閱世編作者葉夢珠生平（刊史林一九八七年第二期）皆據此與來新夏先生之説加以辨析，推斷夢珠生於明天啓四年（一六二四）。當從三位先生之説。至於其卒年，則當亦從三位先生之説在一七〇四年後，以閱世編中載有康熙四十三年（一七〇四）事之故。夢珠六歲就學，十四歲首次應府試，十七歲入縣學，三十四歲補博士弟子員。閱世編中未言及參加鄉試與仕宦經歷，而言及夢珠十九歲始任塾師。據閱世編卷九及門之末條記載，康熙癸亥年（一六八三），張玉嬰與弟玉立受經於夢珠，是夢珠任塾師已四十一年矣。夢珠「博學多聞，尤留心世務」（閱世編跋），撰有閱世編十卷、續編綏寇紀略五卷，及未見傳世的庚戌水災聞見録、九梅堂雜稿。

閱世編十卷，二十八門。卷一爲天象、曆法、水利、災祥、田產，計五門。天象門取法春秋紀災不紀驗之意，記明崇禎三年（一六三〇）至清康熙三十一年間之天象，不書徵應；曆法門則以微觀視角，歷述「康熙曆獄」中人事之變遷；水利門記黄浦江、吴淞江、蒲匯塘及浦東諸塘的自然地理情況；災祥門記明崇禎十四年（一六四一）至清康熙三十二年間的乾旱、洪澇、地震、蝗災等自然災害，與牛產麒麟、一身二首等人間異象；田產門有二篇，其一記田產價格變化，其二記鹽課徵收之事。卷二爲學校、禮樂、科舉，計三門。學校門有五篇，其一記松江府學及各縣學取額事，其二記捐納入監事，其三記歲貢事，其四記武科入泮事，其五記考規事；禮樂門記冠、婚、喪、祭諸禮儀習俗及禮器、樂器之變遷；科舉門有六篇，其一原缺，其二記明末清初會試之事，其三記鼎甲之遭際，其四記館選之事，其五記鄉試、會試之事，其六録明天啓甲子（一六二四）科至清康熙辛未（一六九一）科各榜松江府中式名單。卷三爲建設，計一門。建設門記府治縣治、學宫、文廟、公館、寺庵、橋梁等之建築，以及提督、城守、御史、道台等之設置，並由此以觀世運、士風。卷四爲士風、宦績、名節，計三門。士風門記官員任命、考核、奬勵與士子讀書、遊學諸事；宦績有二篇，其一記地方官員方禹修、于成龍、湯斌等人事蹟，其二記武官梁化鳳事蹟；名節門亦有二篇，其一記名教丈夫之慷慨，其二記閨閣士女之節烈。卷五爲門祚，計一門。門祚門有二篇，其一記松江望族徐、張、顧、馮、林諸氏與錢龍錫、董其昌、杜士全、陳子龍、夏允彝諸人事蹟，其二記上海潘氏、東門陸氏諸氏與徐光啓、陳所藴、張元始諸人事蹟。卷六爲賦税、徭役，計二門。賦税門先録兵部尚書龔鼎孳及松江府地方官員請寬清順治十七年江南奏銷案的上疏，再記清康熙十五年至二十八年間賦税事；徭役門記松江府徭役若布解、運役、收兑、里催等，又記役法若排年之廢及均田均役之興的始末。卷七爲食貨、種植、錢法，計三門。食貨門有六篇，其一記明崇禎三年至清康熙二十四年間米價變動，其二記明崇禎初至清康熙二十四年間荳價變動，其三記明崇禎十五年至清康熙二十一年間麥價變動，其四記明崇禎初年至清康熙二十三年間木棉價格變動，其五記清順治初至清康熙二十三年標布、中機、小布三種棉布價值變動，其六記生活用品若柴、鹽、紙張、眼鏡、刺繡、大絨、繭綢、瓷器、香料等及食品若豬肉、燕窩菜、藕粉等價格變動；種植門記松江府所種植的土産，若水稻、青靛、煙葉、糖蔗、西瓜、桔梗、水蜜桃等；錢法門記明崇禎初至清康熙二十三年間錢法變動情況。卷八爲冠服、内裝、文章、交際，計四門。冠服門記明代與清初公服、私服之制及價格；内裝門記髮髻、包頭、首飾、内裝領飾、環珮、裳服、膝襪、弓鞋之制；文章門記明代至清康熙二十年間科場文風之變化；交際門記明代至清初鄉紳與各階層交際的禮儀。卷九爲宴會、師長、及門、釋道，計四門。宴會門記吴下宴會所用品數、餐具、坐向、合樂等禮俗；師長門記夢珠所從學諸師，若王魯沖、金伯固等；及門門記從夢珠受業諸學生，如顧鍾偉、顧箴等；釋道門記夢珠所見所聞之衲師、羽客事蹟。卷十爲居第、紀聞，計二門。居第門有二篇，其一記徐光啟、錢龍錫、董其昌等豪門府第，其二記世春堂、樂壽堂、尊德堂、露香園、桃園等大族名宅；紀聞門記陳繼儒、袁崇煥、吴三桂、陳子龍、麻衣和尚、崇禎太子朱慈烺等人及崇禎朝的瑣聞，可爲談資。

本書以松江府爲中心，記述明末清初的自然、人文與社會的多個方面，頗具史料價值。上海通社出版本書排印本，題跋曰：「是書所記，大而郡國政要，世風升降；小而門祚興替，里巷瑣聞；旁及水旱天災，物價低昂，舉凡六十餘年間，閱歷之所及，無事不書，有聞必録，而於松江一郡之沿革創置爲特詳。曩昔修輯府志及華亭、上海、南匯等縣志，無不取裁於是。」高度概括了本書的主要内容，揭示了它的學術價值。謝國楨先生明清筆記談叢於本書主要内容和學術價值亦有介紹中華書局一九六〇年版，第五十三—五十七頁，可參看。

當然，本書非特記事，實際上還飽含了夢珠對鄉梓、鄉民的深厚情感，對時運、世風的深切關注，並寄寓了經世濟民的情結。他認爲：「不能盡人而不信天，是無天也；不能盡人而任天，是無人也。」是以立天象門。他認爲：「淞郡濱海帶江，漁鹽灌溉，民命寄于水利。」是以立水利門。他認爲：「以遇災而懼，則天不爲災；修救有方，則民不爲害。」是以立災祥門。學校關乎文教，禮樂爲馭世之大防，致治之原本，建設之興革係爲國爲民，故分立諸門。至若士風、宦蹟、名節、門祚諸門之立，自當良有寓意。夢珠關心民生疾苦，故立賦税、徭役、食貨、種植諸門；關心禮儀風俗，故立冠服、内裝、交際、宴會諸門；關心文化教育，故立文章、師長、及門諸門；關心社會盛衰，故立居第門。

閱世編卷一災祥「康熙十七年」條説：「時予在筍里館中，正草是編。田産甫畢，適逢之。」是此書撰始於清康熙十七年或稍前。今所見本書卷一天象、曆法、水利、災祥、田産五門，紀事均不止於一六七八年，當爲此後夢珠不斷續補而成。書中所分各門，邏輯上尚欠週密；所記諸條，内容上略嫌雜亂；全書文字偶見訛誤，體例難稱整飭：這當是本書未經最後釐定之故。本書向未見刊刻，傳鈔本亦未見廣泛流傳。一九三四年，上海通志館館長柳亞子聯合館内同仁成立上海通社，以客觀的立場和科學的方法收集、整理上海歷史文獻，研究上海文化。由於閱世編所具有的史料價值，上海通社以松江圖書館所藏鈔本排印，收入上海掌故叢書第一輯，於一九三六年出版。此爲本書通行本。

二〇二三年，復旦大學出版社編輯胡欣軒兄代浦東新區方志辦約爲整理閱世編，與秦榮光養真堂文鈔合册，列入「浦東歷代要籍選刊」出版。盛情難卻，故不揣淺陋，勉力整理。本書有來新夏先生點校本，列入「明清筆記叢書」，由上海古籍出版社於一九八一年出版；又由臺北木鐸出版社於一九八二年出版。此後又有修訂，列入「清代史料筆記叢刊」，由中華書局於二〇〇七年出版。本次整理，以通行的上海通社排印本爲底本，參考了中華書局的來新夏先生點校本。書中偶見訛字，多據上下文義以逕改，并出校勘記注明。

# 閲世編目録

閲世編卷一……一三
天象……一三
曆法……一八
水利……二〇
災祥……二四
田産一……三二
田産二……三三
閲世編卷二……三六
學校一……三六
學校二……三八
學校三……四〇
學校四……四一
學校五……四二
禮樂……四七
科舉一……五一
科舉二……五一
科舉三……五三
科舉四……五四
科舉五……五六
科舉六……六二
閲世編卷三……七五
建設……七五

閲世編卷四……九三
士風……九三
宦蹟……九九
宦蹟二……一一一
名節一……一一二
名節二……一二〇
閲世編卷五……一二六
門祚一……一二六
門祚二……一三六
閲世編卷六……一四五
賦税……一四五
徭役……一五七
閲世編卷七……一六五
食貨一……一六五
食貨二……一六七
食貨三……一六八
食貨四……一六九
食貨五……一七〇
食貨六……一七一
種植……一七八
錢法……一八二
閲世編卷八……一八五
冠服……一八五
内裝……一九〇
文章……一九五
交際……一九九
閲世編卷九……二〇六
宴會……二〇六
師長……二〇八
及門……二一一

釋道……二一四
## 閲世編卷十……二二一
居第一……二二一
居第二……二二七
紀聞……二三三
跋……二五一

# 閱世編卷一

## 天象

易曰:「天垂象,見吉凶,聖人象之。」至治之世,日月星辰行有常道,次有常度,無足紀也。然而異日怪風,中天已見,或謂氣運使然,未必全關人事。春秋不書徵應,殆爲是耶?後世談占驗者,莫精於劉向、董子、京房,祖述而推廣,言之鑿鑿,卒無補于喪亂。是果修救之無術歟?抑數定不可挽歟?要之天道遠,人道邇,不能盡人而不信天,是無天也,不能盡人而任天,是無人也。無天將太白入井而誣其渴,亂亡固莫救矣。無人如長星示變而勸之酒,災異其可弭乎?予生也晚,不獲睹景星慶雲之盛,又不敢習天官言,偶有見聞,惟取法於春秋紀災不紀驗之意,憶而紀之,忘者闕焉。至於徵應,以俟明於理數者。

崇禎三年庚午,熒惑入東井,退舍復贏,居數月。

四年辛未四月，太白晝見，熒惑再入鬼宿，犯積屍氣。

八年乙亥九月，熒惑犯太微，兩日並出。或曰：黑光摩盪也。兩日並見，疑是九年事。時有進述者，潘師魯卿曰：「日豈有二？此即所謂黑光摩盪也。」予從潘師，乃九年，非八年也。或九年述八年事，亦未可知。

九年丙子六月，夜有大星如斗，光芒數十丈，自西南東流，聲如雷。

十年丁丑正月朔，日食。春，太白晝見。六月，太白經天。

十一年戊寅二月朔，日光摩盪竟日。十一月五日，日中有黑子，黑氣摩盪如兩日。

十二年己卯正月三日，日光摩盪，自旦及暮。五日，日旁有青黑氣，若戰。十月一日，彗星見。朝廷修省免刑。

十三年庚辰，閏正月，則正月六日猶十二月節也。大雨震雷，有如夏月。九月望，有兩日出没。

順治二年乙酉六月，時聞空中聲響如沸，人皆謂之天愁。又晴皎無纖雲，而細雨沾濕。

三年丙戌五月十六日，早有二日相盪，其一在南。六月二十三日，天星亂落如雨。八月以後，天鳴相繼。

四年丁亥八月，時聞天鳴，惟初六夜尤甚，西南聲沸如雷。廿六日夜亦然。

六年己丑十二月初五，夜有黑虹，貫于月下。十九日夜大寒節，雷電大作。

七年庚寅十月辛巳朔，午未之交，日食將既。予祭先初畢，撤饌時，忽冥如薄暮，或云直有見星處。十一月二十九日戊寅冬至，微雪降，夜復震。

八年辛卯六月二十乙丑，夜有大星，自北斗隕于南箕，光芒數丈。七月二十四日己亥，白露，戌時有星大如斗，孛於斗牛之間，光芒丈餘，照耀如雪，牛馬皆驚。

十年癸巳七月，時聞天鳴，惟三十日癸亥，日將暝，四野聲沸，如鳴風箏。

十三年丙申閏五月十五壬戌，月食。六月初一戊寅，日食。十一月庚寅望，自申至酉，月食既。九月初十乙卯，黑虹見。

十四年丁酉正月一日甲辰朔，日食。十六己未望，月食。五月十五丁巳望，月食。

十六年己亥三月二十六日丁巳，申酉之交，大星流于西南，光芒數丈。自天中起，下至于地，形如匹練，聲如震雷。六月初三壬辰，黑虹見于昏之中天。十六日乙巳，酉末白虹見于中天，自南亘北。

十七年庚子九月初一日癸丑，午後中天有大星如斗，色赤，隕于西南，轟然有聲。十五日丁卯，酉末月食殆既，内有紅光如火，歷數刻而逆出。

康熙三年甲辰正月十五戊寅望，戌時，月食殆既，移時方出。十一月初五壬辰冬至，夜半彗星出東南，上指數丈，光芒如箒。至十四日辛丑，彗芒下指東北，直至月終，漸縮而光淡。十二月戊午朔，申初日食八分。

四年乙巳四月二日戊午，太白晝見，以後時見。

五年丙午五月十二日壬辰，戌將末，白虹貫月，自東亘天，直至西極。

七年戊申正月二十八日丁卯，彗星見，光芒下指，長數丈。

八年己酉四月癸亥朔，日食。自未至申而復。

十一年壬子二月二十五日辛丑，大雨雹。予方讀書于張氏不窺軒中，午未之間，忽然雨雹，大者如胡桃，小者如龍眼。頃刻，庭間積與堦齊。

十二年癸丑正月五日丙子，震雷。十一月六日辛未，酉刻雷電大作。時予在郡城旅館見之。

十三年甲寅十一月二日辛酉，未刻黑虹貫日，東西亘天，少頃而散。

十五年丙辰六月九日庚申，晝，太白見于西方。

十六年丁巳正月戊寅朔，旦，雷電，俄而大雪。十月二日，京師星隕，朝廷遣使迹之，得巨石，有古文，人莫能辨。

十七年戊午四月二十三日壬辰，未刻雨雹。六月十三日壬午，青氣竟天，朝廷下詔修省。時予在江陰，不及見。歸閱邸抄知之。八月初十日戊寅，夜，天鳴四野，聲沸如雷。

十八年己未正月丁酉朔，辰巳之間，兩日叠見者久之，一淺黑色，一淡白色。是朝，竟日光不射人。十五日辛亥，酉初刻，雷電大作。八月初二日甲子，京師地震甫息。晚見兩日，始而上下相鬭，既而兩日並行。二十三日乙酉，山西鄉寧縣大雪，凍死種植。十月初一壬戌，風雪閉天，雷聲大作，予在泖上見之。

十九年庚申六月十六日癸酉，未時，京師天鼓鳴，自東南以至西北。有白氣一道下垂，或云星隕也。見邸抄。十一月丙辰朔，冬至。越一日丁巳，薄暮，長星見于西南，自申及酉而没，形如匹帛，白光數丈。三四日後，漸趨而北，上貫斗柄，逾月不滅。二十九日甲申，夜分，白虹亘天，自西及東，雲不能揜。

二十一年壬戌七月二十七日壬申起，每夜彗星見于西南，光芒四五丈。皇上面諭群臣同加修省。

二十年辛酉正月十五己巳望，月食既。

二十二年癸亥正月十六日戊午，月食，自早至暮，時聞雷聲。立春後八日也。

二十三年甲子五月初十日乙亥，太陽生耳。十四日己卯，月邊有白氣。二十二日丁亥起，太白晝見。京師有黑風、雷電之異。俱見邸抄。

二十五年丙寅九月二十二日癸卯，立冬，夜，雷電大雨。

二十七年戊辰三月十五日戊子，月食。四月癸卯朔，日食。自辰至巳，食幾六七分，日色無光。七月十四，夜，黑虹貫月。八月初二日，薄暮，白虹貫日。初三日，黑虹貫日。

二十八年己巳十一月初十日癸卯，冬至。前二日辛丑夜，電光閃爍，雷聲殷然。先是六月十八日癸未午時，余在筍里館中，衆言太白經天，皆于背陰處觀之。星光炯然，予雖望而不見，然衆皆指示爲確見也。十一月十八日辛亥，夜酉時，時雪初霽，聞淅瀝聲，疑爲雨霰。啓户視之，星斗一天，爛然無纖雲，而雨灑不止。食時始定。先是月初，東南有白氣一股，自上下冲，約長數丈。吾鄉見者甚衆，皆言下有三星，星上生芒，至上而漸闊。但據邸報，欽天監所奏止言白氣，不言三星也。

三十一年壬申正月丁亥朔，日食。巳午之間，余所見不過三分。下午，日色無光。據筍里諸生云，日食後有白氣縱横，出入于日中，而黑光如日者數十相間，上下于氣内，尤異徵也。

## 曆法

有明一代之大統曆，其法本于元太史令郭守敬之授時曆，一歲二十四氣，及每月日之出入，有時刻而無分晝夜，十二時共應九十六刻，以子午二時獨多二刻，故分晝夜爲百刻。月之上旬，計日而無初字，值日之建、滿、平、收、開、成、除、危等，列于二十八宿之上，至詳且悉也。迨後相沿日久，氣候不無漸差，以曆官拘守成法，無變通傍救之材耳。

本朝創興，肇頒時憲曆日，用西洋陪臣湯若望爲欽天監正，依其國之算法，凡逐月日之出入以及十二月之二十四氣，俱各就京城、省城準定。即日食、月食之分數亦然，似更較詳。曆日面葉明刊「欽天監欽奉上傳，依西洋新法印造時憲曆日」云云，以昭一代大典。若望錫號通微教師，官加通政司使，又加一級，仍掌欽天監印務，可謂知遇之極隆矣。

康熙五年丙午，退湯若望而以張其淳爲監正，始于曆面去「欽奉上傳，依西洋新法」字樣，仍倣授時大統曆法。然而西洋法猶參用之，未盡廢也。

康熙六年丁未，以進士馬祜、武舉楊光先爲欽天監正，盡出西洋法，悉因授時、大統之制。

八年己酉，推定是歲閏十二月，論者力辯其非，改閏來年之二月，以頒曆在先，不便重頒，申飭天下不準本年之閏，而仍俟來歲頒曆之閏爲準。

九年庚戌閏二月。是歲楊光先罷去，馬祜超陞都御史，巡撫江南，而曆法又變，漸復西洋之制矣。

十年辛亥，更用西洋人南懷仁治理西曆法，遂盡復西洋曆法，以十二時共九十六刻定日分，直省定二十四氣及日之出入。月之上旬，仍加初字。改二十八宿于開、成、收、閉等之上，而以參、商、列觜宿之前。特曆面仍如丙午所頒，止云「欽天監奏准印造時憲曆，頒行天下」云云，無

「欽奉上傳，依西洋新法」等字樣，至今因之。

## 水利

淞郡濱海帶江，漁鹽灌溉，民命寄于水利。然海水清濁甘鹹不一，故沿海皆築塘以爲障。惟擇水清洋淡之處，俾能潮汐于内也，恐鹹潮一入，則膏腴盡爲斥鹵耳。海瀣蘆葦沮洳，遠者距塘數十里，近者數里，或二三里，惟青村、柘林以西，迄于金山衛，水勢衝決，潮汐直薄塘下，日剥月削，鹹潮有衝入之虞。崇禎初，方禹修先生爲松郡守，建築石塘以護之，蜿蜒綿亘，力障狂瀾，瀕海是賴。鼎革以後，衝決日甚，幸而石塘堅固，猝不可壞。迨康熙初，水從塘下，決道而入，漂没田廬，一瀉數里，鹹潮所經，偃禾殺稼，地方患之。當事者望洋無策，惟從内地植木築土爲塘，以避其鋒。其如水勢洶湧，非土木所能捍衛，隨築隨潰，隨決隨避。迄今塘距石塘舊地不下數里，潮退一望，微茫如在烟雲之外。簽役富家，强名義户。義户之名起，遂爲松郡大役。然徒費金錢，怒濤難殺，當事者可無經久之計哉。

江南、浙江之水，由三江以入海，水得所歸，而後旱澇無患。禹貢所謂「三江既入，震澤底定」。震澤，既今之太湖也。三江者，一曰婁江，即太倉之劉家河，以婁而訛爲劉也。自震澤從吴江縣，經蘇城之婁門，由崑山轉入太倉，此蘇、常二府之大水口也。一曰東江，即上海之黄浦，以兩浙水來，故曰東江。而黄浦、范家浜，皆其委也。此松江及杭、嘉、湖之大水口也。一曰中江，即今之吴淞江也。自東及西，横亘七八十里，江口一淤，則蘇州之下流與松江之上流俱不能洩，而蘇、松之低鄉交困矣。是吴江、常熟、常州、崑山、嘉定、太倉以及華、婁、青浦之大水口也。吾生之初，吴淞淤塞已久，召佃起科，已成沃壤，故跡不可問矣，猶及見婁河之通潮汐而海艘之揚帆出入也。三十年來，婁江亦成平陸。康熙九年庚戌，浙西大水，督撫飛章入告，詔凡被災之處，漕米改折，分作三年帶徵，條銀免十之三。至冬而浙撫范公承謨思爲國家久大之計，會同江南制府麻公勒吉、撫院馬公祜疏請開浚婁、中二江故道，以資蓄洩。得邀旨先浚劉河。越明年辛亥夏四月告成。即于本年十二月，經始吴淞。朝廷撥江、浙二省正供銀一十四萬餘兩，給發士民，募夫開浚。除一夫計給工食銀二兩五錢外，甲户又倍加其值，而後遠近响應，群趨赴工。禁侵漁，嚴虚冒，分課于丞尉，董率于群倅，臨之以監司，而受成于撫憲，五閲月而告成功。役夫數萬，上海居多。大約計田一甲，出夫一名。嘉定、華、婁、青浦諸邑次之。又恐濁潮澄泥，而江易淤也，復建閘于上海之北郊，以時啓閉。三江備，而浙西之水庶得所歸也。然而怒濤衝激，閘亦易毁，不三載而幾廢。當事議修，召匠計工，約費甚廣。大尹任公辰旦仍募江北石工習于建閘者修葺，費省而工約，復得舊觀。但閘雖設，而水不可障，濁潮出入，去江口不數里，水已漸淺，將來又有淤塞之虞耳。

蒲匯塘介乎郡邑之間，爲海邑入郡水道必由之路，通新涇、泗涇，灌溉蓄洩，亦要渠也。蒲匯淤，勢必取道于大浦。風濤叵測，暴客縱横，幾于畏途，而陸行勞費，不堪重載，人恒患之。予于崇禎十年丁丑初應府試，此時蒲匯猶未甚淤塞，道經于此，其後竟成平陸。十七年甲申秋，弘光帝即位南都，邑人徐思誠叩閽請浚。卜其事于撫按兩臺，責成郡倅，檄行該縣，僉派塘長鳩徒赴役。其如工費浩繁，里役不堪其苦，中人之家莫不破産從事。甚者逃亡相繼，連累波及，思誠亦因而毁家。逾半載，始獲告成。而次年乙酉，大兵既下江南，總兵官李成棟克取松江，由松城而至海邑，取道蒲匯，水陸並進。八月二十五日，遂定上海。向之勞費，竟爲興朝之助，豈非天哉？康熙中，蒲匯復淤。邑紳張越九錫懌於十八年己未春，具呈撫院，請復疏浚。檄下郡縣，時以均編，塘長久廢，乃倣開浚吴淞之例，按甲起夫，並令甲户自給工食，遠役苦之，以故浚亦不如法，略通水道，草草報成。恐不及數年，又將復爲平陸耳。

上海賦役大半出于浦東。東鄉運糧入邑，以及鄰境貿遷，仕宦由郡抵省入都，自十七保而出浦者，曰周浦塘，曰白蓮涇，曰洋泗涇；自十九保而出浦者，曰閘港，曰沈莊塘，曰杜家行。然蓮涇、洋泗淺狹，僅容小艇，不若周浦塘堪任重載也。崇禎之初，周浦塘通達無礙，其後日漸淤塞。至本朝順治九年壬辰歲旱，業户、居民各自就田疏浚，不過略通細流。其後潮汐往來，不覺日漸深廣。至十六年己亥秋，特行會試，朱岵思太史以第一人捷南宮，論者咸謂周浦塘淤塞自開，爲里黨掄元先兆。然自是以後，塘亦復即于湮，恐亦未足憑也。今惟水發潮大之汛，僅通小舟輕載，水涸則難通矣。閘港通塞不時，就予記及，亦在弘光之初，與蒲匯同時開浚，視蒲匯之工役稍差，而較諸尋常疏浚則費亦甚廣。閘港通則潮汐直達新場鎮，迄今三十餘年，而淤塞已二十餘載，由浦入内不三里，而萑葦交塞，砂平成陸，故道幾不可問。無論沿港之膏腴，水耕絶望，而大小舟楫必紆途而假道于沈莊塘。沈莊塞而迂道于杜家行，兼之周浦塘淤而十七保之舟出浦者，亦必由之。是以杜行之一線水而通大半縣之舟楫，一過冬月，其不至擠擁廢時者幾何。論者謂閘港之易塞，由于港口之横沙。年來沙長，日益高大，則濁潮之入，泥澄而愈不出。欲開閘港，必須先去横沙是矣。但横沙綿亘港口，當大浦之中，怒濤衝斥，惟潮落片時，可動人工，潮至則没，雖巧力無所施，去之甚難。況今塘長之役既廢，居民、業户，十室九空，當事者其何以爲經久之謀哉？

舊聞民謡云：「潮到泖，出閣老。」嘉靖辛亥潮到泖，徐文貞公大拜。崇禎初，機山錢先生大拜。時潮亦到泖，可謂屢驗矣。至近年而泖上之潮與浦中無異，即近泖支河無不浸灌，而吾郡無拜相者，不知何故。一説海口老鸛嘴向來横亘吴淞海口，近爲潮水衝决，日就坍毁，以至潮汐直入，無紆回之勢，故所被自遠，殆不可以風水論矣。即如潮汛朔望，舊以午時爲準。今邑城之潮參前將逾一時，是其明驗也。又一説「潮到泖」二句爲地師賴布衣所題，陳眉公寶顔堂祕笈亦論及之。猶憶予爲兒童時，親見一日三潮，更不知何故。此崇禎十二年乙亥秋事，邑城市河俱溢，老稚驚相歎異，是又不可以常理論矣。按府志，自海潮决，李家洪去吴淞江口南二十里，潮信遂早數刻，故渾潮日至，泥濘日積。

康熙二十八年己巳，里人以閘港久淤，呈請撫院洪公開浚。檄行郡縣，勒限起工矣。而闔邑士民以爲此港止利東南，非關通邑要津，引康熙初年邑紳施清惠公題准：本圖水利，止許本圖居民業户開浚，不得遠助別處累民一案，具呈撫院，准行停止。

## 災祥

災祥之告無代無之，要以遇災而懼，則天不爲災，修救有方，則民不爲害，是以聖人慎之。史册所載，不可枚舉。以予所見災害之甚者，莫如崇禎十四年辛巳之旱。自是以來，災變不一，皆可爲略紀焉。

崇禎十四年辛巳夏，亢旱，蜚蝗蔽天，焦禾殺稼。郡守方公岳貢聽訟贖鍰，俱責令捕蝗瘞之，動以數十百石計，蝗終不能盡，是歲大饑。越明年春壬午，有司各勸縉紳富室捐米煮粥，分地而給。饑民遠近響應，提攜襁負，絡繹不絶。甚者不及到廠而斃于路，或飽粥方歸而殞于途，道殣相望，嬰兒遺棄，婦女流離，有望門投止無或收，惜而轉死於溝壑者。是時，白米石價五兩，豆麥稍差，糟糠粃稃價亦驟貴。賓客過從，餉之一飯，便同盛筵。僱募工作，惟求一飽，不問年麥。世風爲之一變。蓋松民貿利，半仰給於織紡。其如山左荒亂，中州糜爛，尤甚吾鄉。易子而食，析骸而炊，布商裹足不至，松民惟有立而待斃耳。加以軍興餉急，欠漕米一石，時須價銀五兩有奇。本邑無米，乞糴他境，莫不破家。值邑紳張訒叟先生入掌户垣，疏請准麥折價，得允十分之二，每石折銀一兩五錢，較之米價，猶稱易辦。延至初夏，麥秋大稔，民慶更生，而疾疫大作，幾於比户死亡相繼。此予有生以來所見第一凶歲也。

十七年甲申六月，邑城有物如猴，輒向人家竊食，逐之即不見。或一家一日數至，或數家同日同時各至。於是同相震響以驚走之，金竹之聲相聞者數日不絶。未幾，嘉定縣有黠奴聚黨，向家長索還身契，稍遲則搶掠焚劫，逼辱隨至。延及海上，凡被猴之家，往往受奴僕之禍。時弘光稱帝於南都，六月亢旱，直至冬至不雨，井汲俱竭。除浦潮而外，其餘支流盡涸，舟楫斷絶，陸行者假道河中，遂成坦途。争水釁者，往往鬭毆成訟。其後各從池底鑿井深一二丈，方得鹹濁之水，澄而炊飲。甚有隨鑿隨涸，終不得泉者。令君彭公報荒疏中有「米價貴，水價倍貴」「飢欲死，渴更欲死」二語，蓋實事也。商旅不行，物價騰湧。至十二月始得一雨連日，方快霑足，而民已困憊矣。

順治五年戊子五月十六日，烈風，驟雨，大水。二十四日戊子又大雨，低鄉漂没。七月十七日庚辰，連日風雨，晚禾遍野焦萎。究其故，則食心食節，一莖之中，小蟲無數，即詩所謂「螟螣蟊賊」也。幸而高鄉早稻有秋，三農不至就斃耳。

九年壬辰，大旱，水竭，幾及甲申之夏。自五月至八月，外河始通潮水，若積水内池。直至次年癸巳四月十五日，方得大雨盈滿。本年禾苗俱槁，民不聊生。

十一年甲午六月二十二日庚辰，疾風暴雨，海水泛溢，直至外塘，人多溺死，室廬漂没。聞崇明之水幾及城上女牆，漂没人民無算。十二月初三起，嚴寒大凍，河中冰堅盈尺，行者如履平地。浦中疊冰如山，乘潮而下，衝舟立破，數日始泮。

十三年丙申九月初十日乙卯，巳時，地震有聲如雷。十月十六日庚寅，地復震如前。

十五年戊戌八月初九日甲戌夜，大雨傾倒，至初十日乙亥，風雨尤甚。河水于午後頓增數尺，我家居址頗稱高阜，然更增寸水，便可入室矣。時予在郡城，親見府治内出水譙樓下，門内水高二三尺，勢若倒峽。府治前人不能行，亦有生所僅見者。

十八年辛丑，大旱，自六月初至閏七月中，僅得小雨偶灑。八月望後，始得沛雨。約計十旬亢旱，禾苗枯槁，川渠俱涸。人行河底，往來便于平陸。早稻有内池積水者，間熟半收，晚禾絶種。民多菜色。

康熙二年癸卯六月至十月終，疫疾遍地，自郡及邑，以達于鄉。家至户到，一村數百家，求一家無病者不可得，一家數十人中有一人不病者，亦爲僅見。就一人則有連病幾次，淹滯二三月而始愈者。若病不復發，或病而無害，則各就一方互異耳。此亦吾生之後所僅見者。

三年甲辰八月初一日庚申夜，暴風，海水汎溢，及于外塘，崇明尤甚。飄來屋木家伙遍滿塘外，往往有男婦附木而浮於海澨者。時惠禧菴禎祥爲川沙參將，冒雨衝風，躬率將士，駕舟海濱，到處撈救，全活甚衆。

四年乙巳六月望後，有海鳥來止海岸。是年大水，自正月至九月，霪雨，水發凡十五次。朝廷詔求直言，許中外臣工各陳得失。

五年丙午六月十四日癸亥，暴風驟雨，河水頓漲四五尺，坍毁民居廬舍無算。吾鄉如川沙城中喬憲副石牌坊、大聖寺脊，及里中十餘圍大樹相傳植於洪武初年者，是日俱傾倒拔起。聞有群龍鬥於空中，雖未目睹，然從來未見此大風潮也。

七年戊申六月十七日甲申，酉時，地震。予館郡城，樓房有傾側之勢，有頃而定。後見邸報，知是日北直、山東、河南、淮揚地震尤甚，兼以水漲，衝倒城郭屋廬，人民死者甚衆。七月初三庚子，京師大雨，三晝夜不止，平地水深數尺。初九日尤甚，至晚，山西水發，衝倒蘆溝橋。橋上水高數尺，西城坍毁數丈，行人裹足，文移停閣。

九年庚戌四月，大水。五月積雨，水勢益漲，與順治戊戌八月同。然戊戌之水，計日而退，是歲則逾月如故。月杪，予往澄江，由郡城歷青浦、崑山、吴門、無錫抵江上，皆一望無涯。六月十一日丙申，風潮大作，暴水增漲，浙西諸郡幾沉水底，歷冬逾春。此亦數十年間僅見之水災也。予作庚戌水災聞見録，詳紀其事。

十五年丙辰十二月己酉朔，厲風奇寒，甚於朔北。亦生平所未見者。

十七年戊午四月初五日甲戌，未刻，地震，聲如隱雷。時予在筍里館中，正草是編，田産甫畢，適逢之。六月七月亢旱，河水俱涸。余於四月二十六日往澄江，六月二十六日歸，舟次杜行内趙家樓，潮不得達。舍舟步至筍里，半由河底作途。後見邸報，知大江南北、河南、山東俱旱，赤地千里，京師尤甚，每日渴斃多人。皇上躬行步禱，日至天壇拜祈，齋戒禁屠。余在江上，茹素已逾半月，一路歸，絶無葷腥鬻於市肆，亦異事也。又華、婁二邑自六月望後起，至十一月大疫，吾鄉家至户到病殁者甚多，或一郙而喪數十人。予有薄田在泖上，佃户不過六七家，病殁者男婦凡三人，大概可知矣。因旱而病，戽水無力，召募無人，田多抛荒。即號稱熟者，亦皆歉收三斛。起租之田，上好不過收米二石，次者一石五斗，甚者止收石許。田家八口嗷嗷，家徒四壁，逃亡相繼。幸而浦東一帶溝深稻早，農雖勞苦，頗號有秋。

十八年己未正月，山東、河南、江南北大饑，朝廷遣官分道賑濟。山東行旅俱絶，蓋因馬料初喂食，饑民一見，啖之立盡，故騎不敢行。河南差勝，往來都下者，寧紆道從之。然人食草根，剥樹皮，千百成群，要奪官糧，當事者憂之。廬、鳳及江寧、常、鎮俱就撫院慕公鳴鶴，檄勸所屬官紳富户助米施粥以賑。蘇郡及松之青浦亦然。惟吾邑去歲較鄰邑頗稔，故獨免流離饑困。七月二十八日庚申，京師地震，自巳至酉，聲如轟雷，勢如濤湧，白晝晦暝，震倒順承、得勝、海岱、彰儀等門，城垣坍毁無數。自宫殿以及官廨、民居，十倒七八，壓傷大學士勒得宏，壓死内閣學士王敷政、掌春坊□□子翰林侍讀莊冏生、原任總理河道工部尚書王光裕一家四十三口。其他文武職官命婦死者甚衆，士民不可勝紀。二十九、三十日，復大震，通州、良鄉等城俱陷，裂地成渠，流出黄黑水及黑氣蔽天。有總兵官眷經通州，宿於公館，眷屬八十七口壓死，止存三口。直至八月初二日方安。朝廷駐驛煤山[一]，凡三晝夜，臣民生者露處枵腹，死者穢氣薰蒸。詔求直言，嚴飭百僚同加修省，發幣金量給百姓修理房屋。自是以後，地時微震。惟初八、十二、三日復大震如初。近京三百里内，壓死人民無算。十九至二十一日，大雨，九門街道積水成渠。二十五日晚，又復大震。下詔切責大臣，引躬自咎，備見邸報。八月初，飛蝗蔽天，自江北而南，迄於蘇松。時余在

---

[一] 朝廷駐驛煤山 「廷」，底本誤作「延」，據文義逕改。

崑山，親見其狀，心甚憂之。幸而不食禾稼，間集蘆葦之場，群集於東海之涯，不甚爲災。九月初，江鳴，聲如牛吼，三日乃止。又廣東肇慶府城東北地震，有聲如雷。九月二十四日丙辰，京師地復大震。皇上齋戒，躬詣天壇，易服行禮。十一月初九日庚子，陝西西安府及興安州地震，自早至午，震倒房屋，壓死人民無算。十一月二十四日乙卯，酉時，江南溧陽縣地震，黑氣冲天，聲如轟雷，震倒房屋，壓死人民，略如京師七月。俱見邸抄。

十九年庚申四月十八日丁丑，京師地震，自巳至午，其聲如雷。二十八日丁亥，又震，自酉刻起，連震四次。房屋動摇，官民徹夜露處。至五月十八日，尚未安寧。六月至七月望後，大雨時作，江南大水。七月杪，水方退。八月初二日夜，澍雨竟夕，水復驟漲，衝倒上海南城數丈，壓死居民七人。七月初四、五、六日，山西大同、遼州等三四十州縣雨雹，大如斗如升，盈地數尺，積處如冰山。江南江北大水，一望如海，罕見平陸。自常州以迄蘇松，大疫遍地，吾鄉家至户到，談鬼事者如見。

二十二年癸亥十一月初十日，狂風大作，至十三日，嚴寒冱凍，數十年間所未見。十七日尤甚。余在筍里館中，自朝至暮，終日擁爐飲酒，而寒不能却。硯池中用酒及醋，而頃刻成冰。黄浦中亦凍，兩塘叠冰如山，自閘港以北，中間稍通數尺一路。然冰牌乘潮而下，勢若排山，舟逢之者，往往立碎；以西則全浦俱凍，潮汐往來，皆由冰下，不通舟隻。閔行渡口略通，而冰牌覆舟，死者數十人。上海董家渡渡船亦覆，死者亦如之。縣大夫親臨驗閱，重責篙師，禁止開渡，漕白亦俱停比。直至二十四日，冰始稍釋。二十七日，浦中始通船行，兩塘疊冰猶未解也。

二十六年丁卯九月初二日丑時，京師地震。午時，皇上傳集滿大臣九卿面諭云：「朕奉太皇太后懿旨，謂地震皆因朕過。或大臣罪輕而譴重配邊，或用刑過當而無辜受害，或帶往行圍人員困苦，各家男婦含怨，皆是朕不是。以後再不帶你們大臣行圍了。」是時因有滿州吏部尚書達哈達奉命馳騎，隕越而死，又漢軍内閣學士吴興祖因不善馳騁被責，憤而自刎，故太皇太后慈諭指及，而聖上亦深自悔也。

二十七年戊辰五月十七等日，雲南鶴慶軍民府、劍州地震，壓死兵民、營馬，震倒公私房屋，毁壞軍器、城樓、垛橋等甚衆。見邸抄。

二十八年己巳五月初五日庚子，夏至。二十五日，初陰雨兼旬，天氣涼如深秋，晝服夾衣，夜用綿被。是時，病者甚衆。至秋，吾郡歉收異常。直隸、遼東旱荒。詔蠲本年及來歲田租，遣官運米分賑，京師施粥以食貧民，淮、徐皆然。直至次年春夏方止。

二十九年庚午三月二十一日壬子，浙江寧波府鎮海縣鄉民張希亮家牛産麒麟，産下即斃。見邸抄。是年，三輔及山東、山西亢旱，至四月二十七日澍雨竟日，二十九日又雨，京城内外兼雨雹，内城更甚。五月二十日庚戌，陝西鎮原縣大雨雹，平地尺餘，豆麥壓盡，民皆號泣。七月二十三日壬子、〔二十〕四日癸丑，浙江餘姚、上虞、慈溪三縣山水大發，高有丈餘，田禾房屋俱淹没，因起蛟也。是兩日，吾鄉風水大作，田禾、花豆亦頗損壞。見邸抄。

三十二年癸酉五月，周浦人家菊花盛開，川沙人家生小猪八口，内一猪隻眼，額中有肉角下垂，邑城俞家衖居民生子，一身兩首對面，隨産而斃。

## 田産一

吾鄉在禹貢揚州之域，田稱下下，今乃賦居上上，宜乎民窮極矣。然天下之號繁華者，猶首推焉。雖曰習俗相沿，亦地力之所出也。意者芟荒墾蕪，非復三代以前之舊乎？就吾郡一府之田論之，華、婁、青邑畝收三四鍾，皆石外起租，甚至一石五六斗者比比，獨上海上田，不過石一二斗，次則八九斗，下至六斗起租耳。崇禎中，華、青美田，每畝價值十餘兩，上海田美者每畝價值三四五兩，縉紳富室最多不過數千畝，無賤價之田，亦無盈萬之産也。順治初，米價騰湧，人争置産。已賣之業，加贖争訟，連界之田，挽謀搆隙。因而破家者有之，因而起家者亦有之。華、青石五六斗田，每畝價值十五六兩，上海六七斗田每畝價值三四兩不等，田産之貴至此極矣。厥後米價漸平，賦役日重，田價立漸馴減，至康熙元、二、三年間，石米價至五六錢，而差役四出，一簽賦長，立刻破家。里中小户有田三畝五畝者，役及毫釐，中人之産，化爲烏有。狡書貪吏，朋比作奸，圖蠹虎差，追呼絡繹，視南畝如畏途，相率以有田爲戒矣。往往空書契券，求送縉紳，力拒堅却，并歸大户，若將浼焉，不得已委而去之，逃避他鄉者。中産不值一文，最美之業，每畝所值不過三錢五錢而已。自均田均賦之法行，而民心稍定。然而穀賤傷農，流離初復，無暇問産，於是有心計之家，乘機廣收，遂有一户而田連數萬畝，次則三四五萬至一二萬者，亦田産之一變也。是時，數年之間，豐歉不一，米價亦不大昂，然賦役大非昔比，故惟多田者多藏。第紳户漕白已加徵十之三，士民之差派，如十六年之舡工、青樹、灰炭、河夫，亦稍稍漸起，彼越陌度阡之家，不可不思預爲之備耳。

康熙十九年庚申春，因米價騰貴，田價驟長，如吾邑七斗起租之田，價至二兩一畝，甚至有田地方各就近争買者，價至二兩五錢以及三兩。華、婁石四五斗起租之田，價至七八兩一畝。昔年賤價之田，加價回贖者蠭起。至次年辛酉，米價頓減，其風稍息。

## 田産二

瀕海斥鹵之地、沮洳蘆葦之場總名曰蕩，不在三壤之列。明興，並給灶户，不容買賣，俾刈薪挹海以煮鹽。商人運米易鹽，聊以代食而已。其後沙灘漸長，内地漸墾，于是同一蕩也，有西熟，有稍熟，有長蕩，有沙頭之異。西熟、稍熟，可植五穀，幾與下田等。既而長蕩亦半堪樹藝。惟沙頭爲蘆葦之所，長出海濱，殆不可計。萑葦之外可以漁，長蕩之間可以鹽，税輕役簡，雖有該年總催之名，税無賠累，役無長征。沮洳斥鹵，遂爲美業。富家大户，反起而佃之，名雖稱佃，實同口分，灶户轉爲佃户。利之所在，人共争之，勢使然也。本朝因之，長蕩以内税隸鹺司，較之田賦，十不及一，業户以之成家，司役視爲奇貨。因于正供之外，倍加使費，然民猶未甚病也。順治十六年己亥，江上海氛深入。次年，朝廷遣大臣蘇公訥海等，相度沿海機宜，奏遷瀕海之民于内地，並棄長蕩，不容樵採耕駐。于是盡徙山東、閩、浙以及江北、江南濱海之地，嚴禁不許人跡至海澨，片板不容入海洋。鹽課、蘆税，幾幾不可問矣。吾鄉獨從南匯所守備劉效忠議，以爲松屬沙灘，素號鐵板，船不得近，不在遷棄之列。惟以浙、閩、山東等處，因遷而缺之課額，均攤于蘇、松不遷之地，曰攤派，而鹽課之額極重矣。自海甯將軍郎賽駐劄吴門，放馬數千于沿海，沙頭遂爲牧地，而蘆課之税賠矣。于是民視蕩業，幾于康熙元、二、三、四年間之田，即徒手授人，莫肯顧而問者。年來海禁已弛，攤派遞減，總催之累稍息。獨是沙頭，自康熙元年，蘆政達陽安，躬臨丈量而後，上下其手者，因而獲利。迄今清丈不已，弊孔百出，監司郡縣接踵督行。職掌愈多，業户愈困。究之沙涘荒蕪，茫無涯畔，非若熟田有溝洫徑塗之限，有廬舍墳墓可以記認，圖形按册可以計畝之比。望空升科，總是賠累，遥度減賦，尤屬空談。民間有數倍之征，公家無毫末之益。將來日甚一日，竊恐漁鹽之地群委而去，悉化爲甌脱之墟矣。可不慮哉！

濱海鹽課，自有明相沿，各場于灶户中編簽家富而蕩多者，每歲若干名爲總催。各灶户每年輸糧于該年總催，總催從場官起批至分司處驗銀，倒换批文，解至鹽運司收庫，輾轉經承，總計各項貼費依三限完足者，大約額銀一兩，使用倍之。若後期徵比及託非其人，或爲役蠹、場蠹侵蝕者，倍價賠累三四倍不止。自康熙二十一年，浙江巡撫王康侯國安立法，悉照縣徵民田例，設櫃于分司衙門，使納户自封投櫃，分司按限轉解運司，從來積弊，爲之肅清。然而役蠹、場蠹，百計作奸，聲言不便，必欲聳動巡鹾使者，百計挽之。未幾，王轉督閩中，其法果變，弊不能革。至二十七年戊辰，吾郡王印周先生爲大司徒，儼齋王鴻緒爲總憲，力爲主持，自封投櫃並歸縣征，不關分司，其局始定。

# 閲世編卷二

## 學校一

吾生之初，學校最盛。即如上海一學，除鄉賢奉祠生及告老衣巾生而外，見列歲科紅案者，廩、增、附生共約六百五十餘名。以一府五學計之，大概三千有餘。比昔三年兩試，科入新生每縣六十餘名，歲入稍增至七十。其間稍有盈縮，學臣得以便宜從事，是以少年子弟，援筆成文者，立登庠序。一時家絃户誦，縣試童子不下二三千人，彬彬乎文教稱極隆焉。順治乙酉，江南初定，學政悉仍舊制。至三年丙戌，始裁定入泮額，大縣不過四十名，中三十名，小二十名。學臣恪遵功令，不敢稍逾一人矣。然松郡俱爲大縣，縣學四十名，縣又取二十名撥入府學，則猶有六十名，去舊額不遠也。其後論者追理二年前案，謂與新例不符，將照新額以外者，謂之溢額，並令學册除名，幸而已捷省解、中南宫者不及追論。其在學者，無故被黜，士林不無惜之。至十六年己亥，又裁入泮額，大縣不過十五名，中縣十名，小縣七八名。如吾邑大縣，連撥府學，每試所入，不過二十名耳。然而新進稍差，郡材無恙，宫墻猶有色也。迨十八年辛丑，又以江甯撫臣朱國治奏銷一案，合蘇、松、常、鎮四府并溧陽一縣，共黜諸生史順哲等一萬一千三百四十六名。蘇、松糧最重，故詿誤者最多。本年冬，學臣胡在恪歲試所存在册，與試者每學多者不過六七十人，少者二三十人，如嘉定學，不過數人而已。胡公唱名，爲之墮淚，以爲江南英俊銷鑠殆盡也。自十六年裁額，即定歲入泮，而科不入泮之例。康熙改元，學臣孫天閑胤驥承胡歲入之後，復試童子，考取入學，被論部駁，幾至不測。賴有中州學使者同事并力挽回，始准作將來歲入，故江南自壬寅冬入學之後，直至康熙六年丁未，方復童試。入泮之難，至此極矣。故以後學子喪氣，甚者改業，每逢縣試，不過二三百人耳。十二年癸丑，復行歲科兩試入泮之例，學者甫幸進取有機，旋以四方多故，國用告匱，總河臣王光裕建議暫停一歲一科考試，俾童子納銀入泮，以濟河工。部議僉謂：捐納既有入監之例，則入泮無容再納，惟更裁其額，則有志者盡并入監，亦足用之一法也。于是裁定歲、科入泮，大縣不過四名，中縣三名，小縣二名，幾于停試矣。十六年丁巳，始從江南督臣阿公席熙議，以爲入泮之額既窄，則多才淪棄可惜，合于四名而外，有志上進者，不拘額數，納銀若干兩，即准入泮，庶幾於國用、人材兩得。章下所司，議定每名納銀一百兩，准作生員。于是多者每縣納至數十名，少者二三十名，幾過當年舊額。然而中人之産，尚難勉從，單寒之家，力豈能辨？徒爲富民進取之捷徑，于真才無益也。至十八年八月，上因地震修省，群臣紛紛上書，咸請亟停捐納生員，仍復入泮舊額，得邀諭旨。于是歲、科兩試畢復，仍得康熙十五年以前大縣十五名、中縣十名、小縣七八名之額，考取入泮，後學始復有進身之階矣。

十九年春，又因安徽撫臣徐國相言，令學臣科試入泮，照康熙十五年以前舊額進取外，倘有情願急公者，仍許納銀一百兩，准予進取新生，一體送學，再候歲、科兩試。後停止捐納。

二十八年己巳春，御駕南巡，詔：江南、浙江二省人材日盛，入學之額宜廣，該督撫酌議應廣之額數以聞。于是議定府學增廣五名，大縣增四名，中縣增三名，小縣增二名。與原定康熙十五年以前進取額一體取中入泮。奉旨准行。

## 學校二

太學之選，明初最重，或由庠序拔入，或由冑子恩廕，天下之英才畢集焉，故歷朝除官與進士等。自景泰以後，納粟之例行，而太學遂濫，士林亦漸忽之，馴至啓、禎之間，俊秀雖列衣冠，官長視之，殆與富民無異，積輕之勢使然耳。本朝定鼎，革除援納之例，太學爲之一清。厥後因事間開，然而例銀頗重，隨開隨止，非大有力者不敢問，故終順治之年，選拔多而援納少，誠慎之也。

康熙之初，一秉舊章。三、四年間，納銀入監之例尚停。其後以城工、河工相繼，舊例始開，既而淮上水災，流離接踵，又開賑饑之例，比昔例銀尤重。庠生二百兩有差，俊秀三百兩有零，納者猶未衆也。自十三年甲寅以後，軍需告急，事例廣開，或納米菽，或納馬草，或納鳥鎗，種種不一，近而本省，遠而秦、楚，更遠而閩、越，總歸大堂，計其所費，俊秀不過百餘金，廩、增、附生不過幾十金耳。于是一時向風，急公恐後，有司承旨，多方勸諭，禮貌有加，太學生員增至數十萬人，而名在藩籍未咨到監者不與焉。成均之盛，從古未有也。然而進身之途既雜，流品不無難辨，所以暴客之子、捕盜之役盡列橋門，致大司成特疏糾參，抑亦學宫之玷矣。惟是恤其資斧，不必坐監，可以謁選，各就本省，可以鄉試，稍有才力者，咸共便之。第恐仕途壅塞，解額未廣，窮變通久之方，又所當亟講耳。

康熙二十年辛酉，以雲南蕩平，四方無警，詔凡因軍興所開各項各省捐納事例，盡行停止。惟向來舊例，生俊援納入監者，照康熙十四年以前納銀入監。于是賢關有清汰之機矣。

二十八年己巳，因畿輔及山、陝、淮南、淮北歲荒，御史周士星題請天下郡縣修立常平倉，令職官得納粟陞級，及生員俊秀得納粟入監，各貯本地常平倉，以備饑荒賑濟。既而科臣譚瑄條奏，沿邊郡縣，陸運多費，請照各省捐納米穀數目量減，以示鼓勵。奉旨准各衙門合議，各省俊秀納米二百石，或穀四百石，廩、增、附生員以次遞減至米八十石，或穀一百六十石，准作監生。其直隸及山、陝沿邊郡縣減半捐納。其納銀舊例，暫行停止，俟常平倉積貯既足，督撫題請重開。

## 學校三

前朝學校最盛，廩貢最難。凡歲、科兩試，不列一等一、二名，無望補廩，甚或有一、二名而無缺可補者，廩生非二十年之外，無望歲貢，甚或有三四十年〔一〕，頭童齒豁而始得貢者。蓋材多則難以見長，人衆則艱于須次，理勢然也。然一登廩册，即歲食餼銀一十八兩，令長欲給印串，即扣本户田糧，而本生尚不願領，以爲糧銀可以漸輸，廩餼分應取盈耳。一叨歲薦，即給旗匾銀一百二十兩，可作赴京廷試之資。廷試後，教職可立授也。本朝之順治九年、十年以前，歲貢銓選與進士等，其後以度支告匱，而廩餼遞減，銓政壅滯，而歲貢停選。諸生非中式，無由進身沾升斗之禄矣。馴至十八年奏銷而後，學校幾空，遂有今年補廩而明年即貢，年未二十而登歲薦者。貢之易，從來未有也。府學廩缺至三十餘名，縣學缺至十七八名，歲科一等之末而亦得遞補者，廩之易，亦從來所未有也。自康熙十三年軍興而後，廩餼盡裁充餉，廩與增、附無異。歲貢開援納之

〔一〕甚或有三四十年　「四十」，底本誤倒，據文義逕改。

例，不論廩、增、附生，俱可歲貢，監生亦如之。大概由廩起捐者納銀三百兩，由增者四百，由附者五百。既欲銓授教諭者倍之，訓導稍差。今日取庫收，明日即報貢，今日納急巽，明日即注銓，而廩生之挨貢者，旗匾盡裁，不納急選者終無銓授地方之期。即急選之中，有先用，有先先用，有急選，有即用，苟非即用，亦在須次之列。歲貢與廩生無異，極盛而反，又勢使然，是又廩貢之變局也。自康熙二十年海宇蕩平，停止各項援納之例，獨歲貢仍許生員捐納。至二十六年丁卯二月，禮部題請停止歲貢，廷試竟令本省學臣考試，彙集試卷，造册報部，不必到京，以免年老長途資斧之費。其銓選訓導照舊挨選，人亦便之。是年五月，又以兵科給事中王紳疏請，停止歲貢捐納之例，户部奏覆邀准，歲貢之途始清。

## 學校四

前朝惟京師有武學，郡邑無之。凡應武科鄉試者，雖謂之武生，要皆學業粗疏，負材矜氣之子弟。或原屬軍籍而學書不就者，則習武經，學弓馬，中式則爲武舉，不中則依然齊民耳，無所謂武生員也。崇禎之季，始詔郡邑考取武生員，并入學宫，令督學考校。然而積習輕武，苟有志者，不屑應試，學臣亦視爲具文，或有無多寡，不拘定額也。迨本朝順治之初，猶未舉行。九年、十年之間，始照舊例增設，而應試者尚無其人。十一年甲午，石仲生申以翰林侍讀督學江南，檄行郡邑，考送儒童，猶未及武童也。時惟欲假衣冠以便衙門出入者，或浼縉紳向學臣批案行學而已，故雖有武生員之名，而人不知之。丙申以後，始命文武生童一體考校，而應試者稍稍間出。迨十四年丁酉以後，裁定入泮大縣不過十五名，武亦如之，于是不得於文者翕然應武，有司亦明知其故，假以禮貌，殆與文生等，而從事者益衆。至康熙十五年丙辰，又裁入泮四名之額，而應文試者愈難，武則仍舊，歲入泮而科則否，十五名之原額，猶未減也，宜乎求進取者盡入武科矣。而丁巳之歲，求得武學者反緩，直使二十名之額，過半出于單寒，是亦人情之所不可解。越二年己未，應試者復多，幾至額不能容，豈盡由司衡之故哉？

十九年庚申，令學臣暫停武生入泮考試，武童有志進取者，每名納銀五十兩，准爲武生員。惟納一次，即行停止，以後仍舊考取。

## 學校五

考規之嚴久矣。聞之前輩，悉如會典所載，即如縣試童生，則有蓬廠，有供給，彬彬乎甚可觀也。等而上之，府則視縣三倍矣。再等而上之，學院則又視府十倍矣。府、縣試之寬簡，自禹修方公守郡始。方公守松十四年，予初應試，猶及見之。其年蓬帳雖上不加幔，下無板鋪，而高猶數丈，明牕軒豁也。不搜檢，不瞭望，不編坐號，然而覆試最嚴，弊竇肅清也。而且簡竿牘，絶苞苴，每一案出，前列數十名，皆真才也。若學院則供帳之盛，擬于王侯，爲諸上臺冠，而規矩嚴肅，視場屋有加焉。諸生府、縣季試，則有供給，有激賞，而規矩全寬，録科則嚴肅矣。學院賞銀，一等每名一兩二錢，首名倍之，二等八錢；三等三十名内則備紙筆，花紅俱在外也。供給每人餅餌八，時果數枚，擺列無虚席也。他如各上臺之觀風最多，自撫院代巡而外，巡差、巡屯、巡江、巡漕，下逮監司，莫不各有供給。湯飯茶點，一如郡縣。季試賞銀，一如學憲，而惟鹽臺爲更豐。即不當堂給發，吏胥罔敢乾没也。本朝定鼎，因之者十餘年，後以軍興，節省錢粮遞減，應試者日少，而規矩亦日寬。賞銀供給之薄，府、縣蓬廠之卑陋，自學臣改道始。賞銀供給之盡裁，府、縣試之不蓋廠，自奏銷以後，入泮減額始。是時，各縣院停差，觀風賞銀俱廢矣。至康熙十三年，户部酌議損省，而後修廠、協濟，派及諸生。諸生試卷以及學臣供應，並發價自備矣。猶憶昔年，每遇歲、科兩試，水次停泊，舳艫數里，高艑畫舫，多如櫛比。今皆小艇，數亦寥寥。稍可容膝者，每逢上臺徵舡令下，縣邑得而封解之，亦可見物力之日艱，人心士氣之不振，而時勢之多故也。并記于此。

小試之提調，向以府、縣印官爲之，猶鄉試都下用京兆尹，各省用方伯，重其事也。昔年外省學臣俱屬監司，守令猶必親提調之任，南北兩畿學院更無論矣。自順治十一年甲午，總制馬公國柱建議，以時方多故，正印官不應輕離地方，每逢學臣考校，始以府佐提調，以後遂爲定制。然而試畢考察，猶親到焉。後改學道，無考察之體，府、縣印官罕至。惟有事相干者，間一到耳。

縣試之整肅，惟崇禎七年甲戌劉念先先生濬來宰吾邑，最爲有法。是時，應試童生不下二三千人，先期蓋廠北察院中，借取總甲棹杌，編號排列，用竹木綁定，不得動移。將儒童姓名編定次序，如院試挨牌之法。各路巷栅，先遣官役把守，朝不得早開，獨留學前一路。諸童俱集廣場聽點，自擁高座，以次唱名給卷。領卷畢，即向東轉北，由東栅入試院。卷上編定坐號，入場對號而坐，又分號出題，題即密藏卷後。既封門，方示以題之所在。外無擁擠之擾，內無傳遞之弊，亦吾生所僅見者。其後婁縣初分，真定李雪生老師浣首來爲宰，以三月二十五日縣試，二十八日覆案，全案並出，覆試二十七名，正取二百五十名。初一日，內衙覆試，弊竇肅清，試卷隨交隨閱，面定甲乙，縉紳薦剡不及進，胥役上下無所施，故余列覆案二十五名，拔置第二名。由此入學，亦縣試之良法也。

府試之嚴肅，惟順治四年丁亥盧公士俊守松時，搜檢瞭望，坐號點名，一如學憲之制。是時法令森嚴，人畏盧之嚴，罔敢紊越。後康熙六年丁未，張公升衢守松亦然。要皆官備棹杌，故可使之恪遵規矩。其他令童生自備棹杌，而欲其守法者，斷未有能從者也。

新生之撥入府學，發案時不之知，迨紅案轉，方行分撥耳。自順治戊子，蘇次公銓科試入泮，始于發卷拆號時，即撥明府學，另列一案，在各學之前。其後或先撥，或後分，各隨學使者之意，不得以舊例拘矣。

舊例，諸生入泮，必取府、縣考試原卷與入學試卷一并連釘，覆試之日，給發新生，令覆試所作文即謄于入泮試卷之後，以對筆跡異同，防頂代也。順治丁酉，予初入泮猶然。至康熙初，始廢連三試卷之例，令新生另備試卷覆試。然而入泮原卷猶于試朝發新生閱視，府、縣試原卷，提調官猶帶至公寓，以備吊取也。自援納之例興，并入泮原卷亦不發出，遑問連三試卷者。猶憶明季，予初應試時，入學案發，後凡府取童生，院試落卷並發出，令人自閱，以示至公。諸童生不入泮者，並馳驅而往，覓視落卷，以驗己之得失，國初猶然。順治五、六年後，此典遂廢。嗟乎！所取非所好，所好非所取，卷之上下，主司已不堪自問焉，堪問世耶？是亦考試之變局也。

號房自鄉會場以及學使者考試俱列東西，兩文場南面而坐。至康熙十八年己未，劉文宗木齋果歲試于崑山，吊考蘇、松二府生童，忽改面北而坐，亦一變局。坐號舊例，于唱名給卷時，當堂印浮票上，出場交卷時揭去，故必俟拆開折角彌封，方知編號姓名。今坐號先印卷面，給卷隨即印點名册上，一望瞭然，不必拆號而先知姓名矣。舊例發案時，上書所編坐號，下填姓名，其後徑填姓名，不著字號，已覺太簡略矣。自康熙十七年，捐納生員始不榜明姓名，案上止列所坐字號，自各記認。至十八年己未，劉文宗歲試，發案陸續懸掛，前後名次俱不可辨，又一變也。

童生府取，在吾生之初，已無公道。凡欲府取者，必求縉紳薦引。聞之前輩，每名價值百金，應試童生，文義雖通，苟非薦剡，府必不録。當時入泮，每縣六七十名，府取不過百餘名，文理稍順者，竭力營謀，府取入泮，直如拾芥。故當日童試不難于入泮，而獨難于府取，謂之府關。自方禹修先生來守松郡，始拔真才，而取額亦漸廣。然每縣所拔，孤寒無過二三十名，而取額直多至三四百人，故府取之價，縉紳家亦自貶。方在任十四年間，自五十遞減至一二十兩。

本朝順治之初，郡守考校，大概如方。惟李茂先先生守郡，力破情面，概絶竿牘，獨府取略事通融。時兩旁勢要縉紳，每薦不過二三名，以故價亦復昂，每名增至三四十金。後此遞減至二十金，以至數金。至康熙之初，入泮額減，府取照舊，故每名所值不過三四金。及捐納例開，入泮減至大縣四名，府取價值愈賤。馴至十八年己未，劉木齋宗師無不收之，府取價值每名不過一兩，甚至有五六錢者。府取之濫，至此極矣。十九年庚申，户部等衙門會議，科臣余□疏内一款，凡應試童生，每名納銀四兩，該州縣給與本生印票，赴道投卷應考，不必更由府、州、縣録送，省其資斧，以濟軍需。是或一道，特真正孤寒，四金亦不易辦耳。

提積者，賫貨隨學憲所在開市，惟崇禎十三年庚辰，陝西張公鳳翮督學南畿，歲試臨松時最盛，古玩珍異，比户而列。是年，因試院東西房租過昂，乃約會俱開市于對河莊老橋南北街上。

一家陳列，至值幾千百金者。鼎革而後，兵燹之餘，日漸遞衰。年來積市上，惟書鋪尚多，然亦無甚價重之書。其餘不過略陳尋常應用之物，古玩絶響，亦世風之一變也。因附于此。

舊例，童生入泮于覆試後一日，即着公服，各學師率領向文宗謁謝，行師生禮。文宗躬率新生，先于試所文廟内參拜，然後各回本籍。俟發紅案，發各府、州、縣，擇吉迎送入學。國初猶然。自順治七、八年後，新生進謁文宗畢，始令各學師率領謁廟，而文宗躬送之禮遂廢。康熙而後，并學師亦不率領，諸生各從師友，或三或五，先後到廟而已。

舊例，上海縣試童生附南匯所，如金山衛附于華亭之例，納卷、命題、出榜俱別于本縣。府取入泮，總歸于金山衛學。極盛時，南匯縣取二三百名。崇禎八年乙亥，予姊夫羅尚闇名士傑，南匯首名，猶仍舊也。本朝順治二年科試時，人驚風鶴，應縣試者總計不及一二百人，無願屬南匯者，以後仍之，此案遂廢。今惟華亭仍帶試金山衛學如故耳。

## 禮樂

傳曰：「安上治民，莫善于禮。移風易俗，莫善于樂。」禮樂者，馭世之大防，而致治之原本也。三代以降，禮樂不可問矣。孔子曰：「禮云，禮云，玉帛云乎哉？樂云，樂云，鐘鼓云乎哉？」周季且然，況今日耶？以予所見玉帛鐘鼓之文，三四十年間又不無變遷之異，故略舉數端，以概其餘。若夫制作之大，中和之微，更非草茅管見所敢議爾。

冠禮，古人最重。予幼聞父執行冠時，尚邀冠賓，三加元服，一如古禮。及予所見，初冠者出見親長，必拜揖。親友見之，亦必揖而稱喜。余冠于順治之初，猶習舊文也。近來三歲童子即加元服，與成人無異，不擇吉日，不謁家祠。其設香案，參天地，拜父母，盛服筵賓，諸禮俱廢，古制蕩然矣。

婚禮隆殺。以予所見大概如常，獨迎新綵轎日異。當崇禎之初，輿服止用藍色紬，四角懸桃紅綵球而已。其後用刺繡，未幾而純用紅紬刺繡，又未幾而用大紅織綿，或大紅紗紬滿綉輿上。裝綴用大鏡一面，當後或左右各一，後用數小鏡綴于頂上，更覺輕便飾。觀今俱用西洋圓鏡，大如橘柚，雜於五綵球中，如明星煌煌，綴綵雲間，華麗極矣。輿上左右向各懸染紅綵箭，不知何所取義。順治以來，踵營中之俗，箭上各加箭三枝，今則不懸轎上，而以兩人執之，夾輿而行，尤爲馴雅。

喪禮不古久矣，然余幼所見，猶不盡廢。凡守制而稍加禮者，三年之内，衣冠必麻，間用白布，不緝不縫，不與吉典。縉紳輿服必以白布或麻，居家器用不用彤□。治喪之後，凡祭奠者，必致胙，出謝親友，必徒步，不乘轎也。今則衰麻幾廢，間用白布爲袍，出見賓客，必加黑色外套。白輿之上，蓋以雨衣。帽上惟去紅纓，或用白布爲頂，亦惟初喪則然。若期功之服，幾置不問矣。

縉紳之家，治喪不致胙。非縉紳之流，謝孝或乘肩輿，嫌其喪服，反以徒行爲不雅，相習成風，恬不之怪。是風俗之變也。

祭先大典，所以致其誠也。以予所見，吾邑縉紳之家如潘，如陸，如喬，家必立廟，設祭品，四時致祭，主人必公服，備牲牢，奏樂，子孫内外皆謁廟。自歲時以迄朔望皆然。喬氏家祠内，椅桌亦按昭穆不移易，如夫婦二人者，一桌二椅相連，三人者，一桌三椅相連。左右各分屏障，代不相見。雖非古禮，亦見專誠之意。其餘祭器之不他用，更可知已。諸士林之力薄者，或不能備物，要之稍知禮法者，必盡其誠。今則縉紳家不立廟，亦不備物，而寒士無論，庶民亦益無論矣。

古樂不可見，其來更久。予幼時尚聞郡庠、學宫樂器猶備，每逢春秋丁祭，鐘、鼓、管、籥、笙、簧、琴、瑟、鞉、磬、柷、圄之類悉出陳列，舞則朱干、玉戚、鷺羽、鷺翿，俱令黄冠羽士服皮弁黄衣，按歌出舞，畫地爲佾，庶幾古風。自鼎革之際，樂器失亡殆盡。順治中，予嘗入廟觀祭，惟編鼓、鐘磬、簫管、琴瑟之屬僅存什一，至于巨業、崇牙，無從復問，黄冠畫地而舞，徒存其意，鷺羽、鷺翿，不可得見矣。廟祭如此，家樂可知。他若尊彝之屬，亦俱散盡，反不如吾邑學宫尚完。然而樂器、樂舞，邑庠更不可見也。其在民間之樂，向來如常。近有西洋琴瑟之類，俱用銅絲爲弦，彈之聲甚淫麗。昔于江上聞邊關之調，悉用胡琴朔管雜弦索而奏之，頗異時音。軍中往往以此爲樂，民間尚未習見也。最可異者，邑城近習，苟非縉紳官長在座，則歌兒奏技皆列坐彈唱，是雖無關于樂要，亦樂工之變局，惜未有起而正之者。

初喪殯殮，昔年雖縉紳之家，概不舉樂，惟服孝日用鼓樂耳。今則中人之産，殮時必鼓樂發炮矣。報赴鄉紳，惟以知事家人出名。具呈郡縣，不刊訃單也。其後以白全帖印訃單報親友，自縉紳之喪始。數年以來，始用全幅涇縣連泗紙刊刻大字，不獨縉紳家行之矣。其喪中孝帖，向用連泗紙，今蘇俗改用奏本白全，而吾郡尚仍舊制。恐幾年之後，好事者又將效其尤耳。

前朝縉紳大老之喪，但有行狀。墓志、墓表及神道碑、家傳，皆藉手于名公鉅衮，無孝子出名之行述也。行述、行略之刻，自順治中始。其初縉紳大老家間用之，其後凡屬縉紳皆用，今則士流亦效之。恐日後濫觴，流及市井輿隸之温飽者，從風而靡耳。更有身後稱待贈者，必其子孫列于士林，或已入仕籍而未蒙綸誥者，親友從而頌禱之。後則概用，若爲固然。今則子孫自稱之矣，習焉不察，可發大笑。

婚姻六禮，貧家久不能備矣。至于納采、問名，庶民寒陋者亦所不免。以余所見，順治戊子年，民間訛傳朝廷將采女童入宮，城鄉有女之家，婚配者紛紛，無論年齒，不擇門第，朝傳庚帖，晚即成婚，儐相樂工，奔趨不暇，自早至暮，數日之内，無非吉日良時，陰陽忌諱，略不講擇。然而是時婚家亦不見干犯不祥，始知選日合婚，徒多炫惑耳。至康熙壬申十一月復然。然朝廷正選旗下女童，不及民間也。先是六月中，昌兒家信内云：晤禮部郎陸曾菴先生云，將有如漢制選侍之舉，至八月而不聞，將謂中寢矣。不意十一月望後，舉國若狂，然而婚嫁者因此盡削繁文，亦便民之事。故當事者不禁，亦聖人從儉之意也。

## 科舉一

〔原闕〕

## 科舉二

舊制，以辰戌丑未年二月八日設科會試，獨崇禎十六年癸未以流寇充斥河南，已停壬午鄉試，各省計偕舉子道阻難集，改至八月會試。故事，會元大概非鼎甲即館選，惟崇禎庚辰會元楊瓊芳年邁中式，不得入詞林，皆會試之變局也。逮乎本朝順治丙戌會試，一仍舊典，尋以開創之始，加恩士子，是秋再舉鄉試，次年丁亥春再舉會試，又出常格之外。至九年壬辰，會元程周量可則以文體被論，不准殿試，至康熙中始復。十五年戊戌，以滇黔新定，計偕士子不能如期到京，詔緩一旬，于二月十八日始試初場。是時懲丁酉之役，禮闈嚴肅與棘闈等，四書三題，皆奉欽定，于試朝特命大臣齎至貢院，繕刻頒發，中式者四百人。次年己亥，又以海宇悉平，需材正急，秋八月再行會試。吾里朱岵思錦由此掄元入館職。自十八年辛丑，會元陳鐵山常夏始補外缺。其後，康熙甲辰會元沈昭子珩、丁巳會元黄礽緒俱不得登翰苑。庚戌會元宫宗衮夢仁以冒籍被論，雖旋即辨明，而不及與殿試。及至癸丑會元韓元少菼、丙辰會元彭凝祉定求相繼取大魁，而宫亦與登館選，是亦本朝前此所未有也。康熙二十四年乙丑，會元陸肯堂亦狀元及第。欽定會場四書題目，始于順治十五年二月御史趙祥星題請。至康熙二十四年乙丑，禮部請仍照戊戌科例，欽定第一場題目，于試期前一日午時密封付試院，其餘考官擬出，以後順天鄉試亦然。至康熙二十六年丁卯八月初一日，上諭：順天題目竟自主考出，不必請旨。試卷竟取，亦不必進呈。

從來會試分南北中卷，順天府、延、保二州，盛京之奉、錦二府，山東、山西、河南、陝西爲北卷；江西、浙江、福建、廣東、湖廣五省，江南之江甯、蘇、松、常、鎮、徽、甯、池、太、淮、揚十一府，廣德一州爲南卷；四川、廣西、雲南、貴州四省，江南之廬、鳳、安三府，徐、滁、和三州爲中卷。後因滇、黔、川、粵道梗，會試至者甚少，自康熙丙辰去中卷，止分南北。二十四年乙丑，臺臣劉□題請復中卷，奉旨該部議奏。

二十七年戊辰，禮部以皇祖母太皇太后喪，請展會試期于三月初九。上念舉子貧者資斧難繼，命緩十日，于二月十九日初場。又從臺臣陸祖修議，考試官閱卷，舊例鄉場無過九月朔日，會場無過三月朔揭榜，恐内簾官草草塞責，致有遺珠之歎，特並寬期十日，務俾細心校閲，以拔真才。至于謄録所苛求細故，貼出不謄之弊，亦行禁止。除真草不完篇及題目差落以至七夫七蓋七結字相同等照舊貼出，其餘小過及犯試官名字俱不准貼。若墨塗油污卷面甚者，稟明監臨給换。

康熙庚午，順天同考試官俱聘知縣，不點中、行、評、博，從上年左都御史董納議也。向例十五房，是科因任縣知縣賀勛聘而不到，内監臨糾參，并春秋爲一房，止十四房，從正主考王掞請也。

## 科舉三

臨軒策士，鼎甲最貴，鼎元尤貴焉。然其間遭際，亦有不同。崇禎庚辰，魏公藻德鼎元不二年而大拜，何驟貴至是也。迨甲申都城陷，而卒爲闖賊所害。是科下第舉人及歲貢生俱蒙召對，稱旨者數十人，並賜進士。進士亦召對，稱旨者即授科道，亦變局也。癸未鼎元楊冰如廷鑑不半載而遭國難，且罹清議，終身廢棄。是科榜眼爲溧陽陳百史名夏，歸附本朝，不三四載〔二〕，由少宰而大拜，究不克終。探花宋其武之繩亦附本朝，官不過編翰耳。即以本朝之鼎甲論，惟順治丁亥

〔二〕 不三四載 「載」，底本誤作「戴」，據文義逕改。

之呂公宫由狀元未幾而大拜。其餘即有位列大僚者，皆未登揆席也。他若鼎元戊戌科孫扶桑承恩、辛丑鼎元馬章民世俊，俱屈于短馭，不克大展，尤可惜焉。惟韓、彭二元之會狀聯綴，玉峰徐氏立齋元文首中順治己亥鼎元，伯兄健菴乾學繼中康熙庚戌探花，仲兄果亭秉義又中康熙癸丑探花。同胞兄弟，三登鼎甲，亦間世一見者耳。

康熙二十八年春，徐元文以户部尚書拜相。

殿試向于會試後三月十五日，至康熙壬戌，因駕幸奉天，五月鑾回，部議九月初七日殿試，特旨改九月初一日。至初四日，傳臚賜蔡昇元、吴涵、彭甯求等及第，出身有差。

康熙乙丑科三月二十日殿試，賜會元陸肯堂狀元，第二名陳元龍榜眼，黄夢麟探花及第。因是科會榜前十名皆主考官閱擬，將硃卷重謄進呈，請上親定名次，于揭曉前一日封付貢院，同諸中式試卷，公同拆號填榜故也。上定陸肯堂爲會元，御批示主考諸臣曰：「朕未習時文，覽其大概，此卷時文格局醇正。二場工穩，三場議論好，猶恐未妥，卿等細加斟酌。」皇上之虚懷延納蓋如此。

## 科舉四

進士一科，鼎甲而外，最重館選。由庶常教習養成宰輔之器，非泛然進士之比。前朝不由庶常不入詞林，惟崇禎末間有之，推知行取入詞林者。不由詞林不入内閣，自嘉靖後，間有以外官而入閣者，要知皆非常格也。是以舊制殿試後，于新進士中妙選少年美質，學富才優者，命學士爲館師，俾教習之，課滿之日，以留館爲貴，外補科道，猶怏怏焉。本朝因之，始用點選。然每科得人，亦惟此爲盛。第年來留館者少，外補者多，外補科道者少，補部曹者多。康熙之初，會元如陳，如沈，如黄，俱不得館選，惟宫以下科殿試反始得之。庚戌而後，天子右文崇道，每選庶常，必採一時文望，故凡解元之登會榜者，必獲館選焉。然而求賢若渴之心，惟日不足，故于康熙十七年戊午，特開博學鴻儒之選，命中外大僚各舉所知，無分山林朝野，在任在籍，並得應舉。詔以八月會集京師，上將親試之，後以道里遼遠，事故不一，不能遽集，直至次年己未三月朔御試，取己亥進士彭孫遹等五十人，分爲二等，充纂修明史官。有職者照原官補翰林院侍讀，無官者悉除授編修、檢討。是又擴館選而大之矣。

康熙壬戌，以殿試改期，館選至十月初八日始點。

從來翰林官無每年外轉之例，康熙二十五年丙寅，上從部臣言，倣吏部屬官及科道每年外轉之例，每年掌院學士指摘四百員，會同吏部列名上請，候旨降外。自修撰而下對品外調，修撰調府同知，編修調知縣及三司首領，甚而有革職者。是年，侍讀高萊以不謹革職，編修馮勗等二人補布政、鹽運司首領，亦翰林之變局也。至二十七年戊辰秋，奉旨停止。

# 科舉五

鄉會試中式者各刻硃卷，分送親友。舊例，本房座師在第一頁上總裝批語於中式名次籍貫之後。四六駢儷，連篇累牘，以後則同考官依次小批，末後兩大座師批取及中字。自順治己亥後，始革去分房名色，同考試官公閲、公薦，遂無四六總評。是時，除受業師及教官而外，凡房師、座師、薦主及拜認等師，一概奉禁。會試中後，刻有大小題房稿，改稱京稿。向有同門稿，彙集一房，所中鬼稿選刻，至是亦禁。向有序齒録，彙刻同年中式姓名字號，并所生年月日時，及曾高祖、考妣、伯叔、兄弟、子姪，婚娶履歷，每人一頁，各依年齒，編列前後，裝訂書本分送，時已先行禁止。於是鄉會中式者將前項履歷另刊一頁，裝於所刻硃卷之前，別有履歷一本，每人止刻字號、籍貫爲一行，次列三代脚色爲一行，人共二行，亦變局也。刻硃卷者倣硃卷體，既列姓名於前，題下例無姓名，今題下復刻矣。由廪生中式者稱某府州縣學生，增稱增廣生，附稱附學生。今廪生中者稱廪膳生，非體也。

康熙己未，御史大夫魏公象樞建議，以公閲反有推委之弊，不若仍舊分房，倘有情弊，可以專責。諭旨遵行，始復舊制。鄉會大主考舊例，一正一副，今會場添至四員，或更用總憲、掌科參列，防範愈嚴矣。江南主考嚮用詞林，後亦間用科臣部屬。至康熙戊午，用太僕少卿熊君一瀟，亦是特簡。而是科拔取最公，凡大有力者，俱不獲售，可謂不負君恩矣。副主考李公迥，刑科給事中，亦清介著望，宜放榜後，翕然服衆也。是科監臨屬慕公天顔，乃江甯巡撫也。科條寛簡，亦從來未有。凡試卷除不完及污壞最甚而外，一概差失，並不許粘貼。宿場至次日午後，猶未謄完者，亦不許搶卷，直待謄完後類收，多士德之。康熙二十一年壬戌正月，恭上太皇太后徽號，覃恩中外，凡牌坊旗匾以及舉、貢、監費，花紅銀兩，前因兵興裁減者，准照舊全給。

向來鄉會硃卷，惟中式者解部，餘皆棄去。好事者各就本府縣收歸，俟諸生之有志者，每卷出銀二三錢購閱，其間點竄，往往有未竟，甚或不染一筆者，亦付之無可如何也。順治辛丑，始令會試硃卷無論中式與否，必須細閱加評。至康熙二十年辛酉鄉試，以科臣建議，凡硃卷，同考官務須細加評閱，中式呈堂者，明註加褒，不中者亦必分別詳評，以示勉勵。揭榜後，除中式硃卷解部外，其落卷即令本生各自領歸。倘有故誤，許本生據實告部。吾友周子鷹垂卷，因同考官點竄破句，三場誤謄他人作，具呈禮部題參，將同考官及收卷謄録各官降革有差，士論稱快。

鄉會試録舊例，放榜後，將中式姓名依次開列，下註某府州縣學生，或增廣，或學生，或貢監生，及習某經。前開監臨、提調等各職銜，次列主考及同考、彌封、對讀，以至巡綽、供給等職銜，次列三場四書、五經、詔誥、論表、策問題目，次列前五名一、二、三場文字，彙刻印訂成本，兩主考爲前序，監臨爲後序。進呈後分給中式之家，甚盛典也。自順治十八年辛丑停刻，至康熙八年己酉停刊[一]。十四年乙卯因浙撫陳東直疏請停止，節省費也。二十三年甲子，因俞科臣請，仍刊刻。及京師放榜後，物議沸騰。九月初三日，上諭九卿、詹事、科道、進士出身者，即刻赴午門外，公同磨勘順天鄉試硃卷，將不合式原中舉人汪起蛟等十二名交禮部看守。主考秦松齡、王沛思，同考官王諄等七員着吏、禮、刑三部會訊口供。十一日，啓奏：徐樹屏、徐樹聲、史麒生、汪起蛟、朱廷迪五名革去舉人，其餘七名俱罰停科。主考二員、同考二員俱革職，其餘同考降罰有差。奉旨：「這次順天鄉試情弊顯然，嚴審立見。朕從寬，免其嚴審，其文體不正，文理悖謬舉人，徐元文之子等革去舉人，其餘照例議處。」順天府進呈題名録，奉旨録内第二名高曜，是何項監。生八十七名陳于荆，江南人，乃註廩膳生，明係訛誤，着明白具奏。原録并發。

從來京兆鄉試同考試官，例用中、行、評、博六部主事，及科甲出身知縣。康熙二十六年丁卯，左都御史董納建議，以爲中、行、評、博、主事，官階閑散，與在京監生平日往還交好，入闈恐有情弊。主考監臨，向無統屬，一時難以稽察，請停其分房，專用科甲出身知縣，直隸不足，轉聘鄰省科甲出身教官。至期督撫遴選二十員，酌量道里，俱于八月初一日至順天，初五日同主考官同

[一] 至康熙八年己酉停刊　「停」，疑當作「仍」。

入貢院，庶無前弊。奉有諭旨遵行。至八月初一日，直撫咨取簾官齊集京師。初二日，京兆尹奏聞，皇上傳九卿諭曰：「往年開列京官，人數較多，尚防囑托。今外縣起送二十餘人，内進士不過十餘人，而所用者十六房，外人何難揣測，逐處鑽營，合照舊例，速開京官進來，朕行親點。」隨于本日開進。二鼓時，屏去左右，上親自批寫封固，發内閣于初六日中堂開拆，依單點進貢院。

康熙二十六年丁卯，江南鄉試例值上江安徽撫臣監臨，安徽藩司提調，以撫臣薛斗柱内陞，勅印在兩江總督董公納所，而新撫楊素蘊被命未幾，場期將届，應聘内外簾官，安藩柯永昇遂請總督監臨，處分已定。至八月初□日，楊撫兼程而至，未往安慶抵任，先來省城，董公遂以監臨事權還之。通省士子已竊議其躁而非體矣。至二十八日放榜，省城生監見中式者半屬膏粱子弟，同聲不平，遂于省城遍貼主考狥情受賄，相率于九月初三日先往文廟鳴鐘伐鼓，跪哭櫺星門外。常熟知縣楊震藻，房官也，道經廟門下轎，諸生監群共毆之，碎其轎。又遇監試鳳廬道楊嘉，衆擁而前，楊云：「吾乃外簾，不司去取。」衆舍之而往正主考米漢雯署所，鼓噪肆罵。米令家丁三十餘人執械馳逐，衆並驚散。米丁執十三人，縛送臬司李國亮，轉發江寧府署府糧廳趙顯，又發上元縣收審。米復報聞監臨，請具疏上聞。初四日，上元令于述統審十三人中，惟一生、一監、一武生，餘皆經過平民。詳覆臬司，臬司會議，欲將平民釋放，安藩不可。楊撫即于初五日具疏入告。時總督董公奉命往淮上會勘河工，省中司道具文詳報。董公于初六日在高家堰，亦具疏題明。

二十六日，督府回署，生監百餘人具呈控告。董公召入，當堂細訊顛末，云已拜疏，諸生各回候旨。次日即傳臬司將十三人暫釋，候命下定奪。督撫章下禮部，部議請勅督臣查審具題。後遇恩赦，俱免。及禮部磨勘江南硃卷，不合式者十人，各罰停會試有差。米漢雯及副主考龔章俱照不謹，例革職。

## 江南諸生監具控督院呈詞 據省報抄録

爲虐士虐民奇慘異變事，切以鄉試大典，不第朝廷名器攸關，士風視爲隆替，是以聖諭諄諄，務必矢公甄别。豈意江南典試之米漢雯，壟斷操觚，公行賄賂，一榜之内，富貴者十居八九，而通省孤寒，未收一二。雖蹁躚王謝，不乏奇英，而落寞窮儒，豈無特出？致十四府之生、監激爲不平之鳴，拜訴先師後，相與指摘。榜下千人擁擠，兼之風日摧殘，故守吏有毁榜之報。然生未經身列，亦不敢擅置一詞。至捏稱打毁公署，皆因通省士子遵奉部文，求發敗卷，而米漢雯内愧于心，羞對多士，叱逐門外，士子遂而星散。豈漢雯慮物議洶洶，欲借端搪塞，陡遣虎僕數十餘人，各執鐵尺短棍，邀截通衢，凡遇往來士民，即行捆綁，思以惡黨冤害無辜，生尚受毒刑，靴傷耳門，棍被太陽，雖一息僅存，而遍體鱗傷，復送上元縣監禁。堪憐守法士民，或垂白雙親，望禁門而慘籲，或髫年稚子，被毒刑而哀啼。始以苞苴公行而激變通省士子，繼以黨棍冤民，而驚駭各行罷市。

誠近來未有之奇變也。伏乞太宗師、大老爺親提嚴究，并賜拘米漢雯，質審情形，按律參處。士子幸甚！百姓幸甚！

## 江南檄文

竊以唐堯御宇，尚有放殛元凶；司馬文章，不乏同升僻士。但豺聲未振，先見爲難；豈鴟性横張，斯心不昧。如今之貪賊米漢雯者，托足權門，獻松壽而謬稱阿舅；乞憐昏夜，拜菊叢而擠殺淵明。曩已佈穢滇中，今復塵污南國。操觚顛倒，衹憑此日冬烘；鎖院深沉，不記當年辛苦。暗通鄉故，巧爲楊億之拂衣；招攬親知，肯學夏卿之擺袖。違煌煌之天語，藐亹亹之聖言。阿房宫賦就不傳，鬱輪袍曲中誰賞。南金已盡，確是車載斗量；隋珠靡遺，盡入奚囊木橐。趙公子海稅漏錙銖，偉矣名登二十；駱員外典庫滲些微，榮哉姓標六十。祖總憲父督闗，何須金雀生輝；内大成外三壽，何必螢牕五夜。凡吾同輩，改圖短擔長鉏；自今以始，勿復懸梁刺股。太史公之貨殖，宜各究心；王安豐之持籌，仍須熟講。若泣無媒于學徑，誰憐白髮盈頭；空愁不寐于松牕，莫問青陽逼歲。豈是歐陽之鼓噪，當爲劉蕡以訟冤。請看今日之簪花耀彩，畢是若輩之鼠目獐頭。

禮部爲題明事，議得總督董等疏稱，江南放榜後，有生監百餘人，將榜文打破，放聲叫喊，擁入主考米署内，毁碎執事等項，現獲不知姓名十三人等因。具題前來。查得科場條例内，如場後有等生儒，不咎學業之不精，惟恨主司之不明，無端造謗，撰搆歌謡，已經嚴禁。今該督既稱其中有無黨援，懷挾情弊，取具各犯確供姓名，另行具題等語。相應請勅下該督，現獲十三人，并有百餘人姓名，查明嚴審確實，具題到日，再議可也。

禮部磨勘順天鄉試硃卷不合式者九人：屈如辰、穆宗道、王家楨、謝宗玉、路得、李安迂以上六名罰停會試一科、沈博、喬崇烈、何瑞明以上三名罰停會試二科。正主考楊大鶴、副主考王思軾及同考官兵部督捕主事趙增等，俱交吏部議處。

禮部磨勘江南鄉試硃卷、墨卷，不合式者十人，四人罰停會試一科，六人罰停會試二科。正主考米漢雯、副主考龔章，俱照不謹例革職。

解元張兆鵬，係松江人，即總督倉場户部侍郎張□之子。王楨，係浙江學院王□之子。徐樹本、徐樹敏，俱得高中，是以不服。上元學生員趙建中，乃係遼東人，原任總督趙廷臣之孫，江南海關道趙□之子。駱鳴鷃，係句容人，乃大富之子，撥入江甯府學。

## 科舉六

録止松郡，自甲子始就所見聞也。前此載在郡邑志，可考耳。

前朝天啓甲子科周鑣榜

黃德麟青、袁熿華、楊汝翼華、吴天胤金、陸鏧華、郭繼周華、唐允諧華、張肯堂華、蔡文陛上、張元始上、章簡華、喬之文上、潘衷昉青、徐天麟上、朱永佑上、俞廷諤華、吴佳胤北、計安邦北。

天啓乙丑科華琪芳榜

一甲：余煌、華琪芳、吴孔嘉三名俱外郡、唐昌世、袁熿、張肯堂、單國祚、楊汝城五名俱松郡。

天啓丁卯科沈幾榜

主考：陳具慶。

中式：張士範、唐昌齡青、陳于明華、張元瓏上、張安磐府、張玄之、王鐘彦、金于山青、王廷貞上、潘垣上北、李淑青北、施沾青北、陶良楫北、宋徵璧北。

崇禎戊辰科曹勳榜

一甲：劉若宰、何瑞徵、管紹甯。

中式：陳正中、施沾姓李、莊元禎、張元始、曹勳本浙界而兼松籍。

崇禎庚午科楊廷樞榜

主考：姜曰廣、陳演。

中式：夏廷球府、張世基青、黃徵蘭上、朱積府、陳子龍青、彭賓華、楊枝起金、張眉錫、何厚名剛、喬履將上、李待問北、徐期生北。

崇禎辛未科吴偉業榜

一甲：陳于泰、夏曰瑚、吴偉業。

中式：吴禎天胤、張世基、徐天麟、杜麟徵。

崇禎癸酉科桂伸榜

主考：丁進、蔣德璟。

中式：周汝誼上、薛靖華、楊懋官青、單恂華、葉兆龍華，本姓平、張安恭華、郁汝持華、鄭雅孫府、朱紹鳳上、李愫華、沈泓北、徐行青、徐銘常府、張壽孫華、朱在廷北、王陛彦北、吴文胤華，後改名培昌。

崇禎甲戌科李青榜

一甲：劉理順、楊昌祚、吴國華。

中式：楊枝起、翁元益、吴文瀛、朱永佑。

崇禎丙子科章曠榜

中式：章曠華、包爾庚上、陳于王上、韓文昭上、鄭重光、錢綺府，本姓李、包塏府、袁國休名定、嚴在明本姓徐，上海人，嘉定學、徐纘高、朱襄孫上、陳玄憲、王宗熙北、徐世禎、奚士龍府、郁繼垣、吴永孚北、葉日華金、莫日嚴華、徐銘敬府、李長苞浙籍、高汝量。

崇禎丁丑科吴貞啓榜

一甲：劉同升、趙士春、陳之遴。

中式：唐昌齡、陳子龍、章曠、夏允彝、袁定原名國休、包爾庚、奚士龍、吴培昌。

崇禎己卯科湯斯祜榜

中式：張若羲青、諸舜發府、沈龍華、陳正容、徐丙晉華、吴欽章府、唐汝玫上、張所珍北、顧其言金、徐洊承華、沈士英府、錢世貴青、錢嘉泰青、秦宜弘青。

崇禎庚辰科楊瓊芳榜

一甲：魏藻德、葛世振、高爾儼。

中式：單恂、錢綺、吴永孚、錢世貴、顧其言。

崇禎壬午科盧象觀榜

中式：陸慶衍、陸亮輔、張翃之、陸慶臻、陸慶紹、許啓源、袁國梓、宋之蘭、張黼、朱在鎬北、徐孚遠北。

崇禎癸未科陳名夏榜

一甲：楊廷鑒、陳名夏、宋之繩。

中式：張若羲、沈士英、李待問、徐丙晉、陸亮輔、郁汝持、陸慶衍、王宗熙、宋徵璧、張翃之、朱積、沈泓、沈龍。

本朝順治乙酉科張九徵榜

主考：成克鞏。

中式：李延棨、張安茂、宋徵輿、徐鼎、曹垂燦、周茂源。

順治丙戌科李奭棠榜

主考：馮銓。

一甲：傅以漸、吕纘祖、李奭棠。

中式：（闕）

順治丙戌秋復行鄉試范龍榜

中式：何鏗、姚騰芳、顧鏞後改名大申、曹爾堪浙籍。

順治丁亥復行會試李人龍榜

正主考：馮銓。副主考：宋維名權。

一甲：吕宫、程芳朝、蔣超。

中式：張安茂、諸舜發、徐鼎、宋徵輿、曹垂燦。

順治戊子科袁大文榜

主考：梁清寬。

中式：王廣心、姚世曙、許纘曾、陸振芳、施維翰、王日藻、田茂遇、郭藩本姓袁，後改名袁璿、胡復誠。

順治己丑科左敬祖榜

主考：范文程、洪承疇、王文煃、宋權。

一甲：劉子壯、熊伯龍、張天植。

中式：許纘曾、何鏗、王廣心、周茂源、陸振芳、朱紹鳳、袁國梓。

順治辛卯科袁孟義榜

大主考：黃機。副主考：高珩。

中式：沈荃、張有光、陸夢蛟姓高、王之明姓程、章本練後改名霖、陸鳴珂、徐士吉、朱錦、張郴、方文席北、陶忰、陸廣俱浙籍、沈珣、楊應標浙籍、張錫懌。

順治壬辰科程可則榜

大主考：胡統虞。副主考：成克鞏。

一甲：鄒忠漪、張永祺、沈荃。

中式：李愫、沈荃、許啓源、徐士吉、李廷渠、顧大申原名鏞、施維翰、曹爾堪。

順治甲午科朱朝桂榜

大主考：姜元衡。副主考：馬燁曾。

中式：單顒、蔡文炳、張淵懿北、董含、潘堯彩、宋祖年、顧昌時、夏長泰、馮善世上，二名北。

順治乙未科秦鉽榜

大主考：金之俊。副主考：胡兆龍。

一甲：史大成、戴王綸、秦鉽。

中式：陸鳴珂、王之明、王日藻、夏長泰、張有光、章霖、潘堯彩、張雲孫、張錫懌。

順治丁酉科蔣欽宸榜

大主考：方猶。副主考：錢開宗。

中式：何炳、黄樞、周官、王又汧、莫春芳、葉映榴、唐子瞻姓趙、李樞、張士紳、張一鵠、陸箎上，三名俱北、張陳鼎浙籍。

順治戊戌科張貞生榜

大主考：傅以漸。副主考：李霨。

一甲：孫承恩、孫一致、吴國對。

中式：陸夢蛟、張一鵠、沈珣。

順治己亥科復行會試朱錦榜

大主考：劉正中。副主考：衛周祚。

一甲：陸元文姓徐、華亦祥、葉芳靄。

中式：朱錦、陸篪。

順治庚子科申繸榜

大主考：譚篆。副主考：諶名臣。

中式：董俞金、朱憺姓王、諸嗣郢青、朱廷獻上、宋慶遠府、朱玉青崑山人。

順治辛丑科陳常夏榜

大主考：衛周祚。副主考：成克鞏。

一甲：馬世俊、李仙根、吴光。

中式：葉映榴、董含、王又汧、唐子瞻、諸嗣郢、宋慶遠。

康熙癸卯科馬晉錫榜

大主考：王勗編修。副主考：王日高工部給事。

中式：王項齡、張喆、吴元龍北、程文彝、張世綬北、朱衮浙籍。

康熙甲辰科沈珩榜

一甲：嚴我斯、李元振、秦宏。

中式：吴元龍、程文彝。

康熙丙午科儲方慶榜

中式：金維甯、錢芳標北。

康熙丁未科黄礽緒榜

一甲：繆彤、張玉裁、董訥。

中式：闕。

康熙己酉科牛奎渚榜

中式：王元臣青、程化龍、黄雲企、張集、顧昌祚、沈蕖俱北。

康熙庚戌科宫夢仁榜

一甲：蔡啓僔、孫在豐、徐乾學。

中式：黄雲企、王元臣、程化龍。

康熙壬子科陸輿榜

主考：沈允范。

中式：張守、張起鼏本姓顧，後改名啓祚、何綏來姓焦、范勰、金然本姓周，北、龔爾美姓周、唐子鏘北、錢芳模、王鴻緒原名度心。

康熙癸丑科韓菼榜

一甲：韓菼、王鴻緒、徐秉義。

中式：王鴻緒。

康熙乙卯科施震銓榜

中式：楊瑄、沈藻、張翼北、高層雲北、閔瑋北、彭開祐北、張士鉉浙、沈業。

康熙丙辰科彭定求榜

一甲：彭定求、胡會恩、翁叔元。

中式：楊瑄、張啓祚姓顧、王頊齡、范勰、張集、高層雲、唐子鏘、朱衮、彭開祐。

康熙丁巳科潘麒生榜

主考：趙士麟。

中式：艾汝成、陳琰、沈宗叙、陸祖修、朱志樑、何康錫、胡昆、王九齡是科特試，現年到監生員不得與試。

康熙戊午科宋衡榜

大主考：熊一瀟。副主考：李迥。

中式：陸燧、陳嘉璧、王師旦、曹泰曾、楊繼祖、金甫本姓錢，北、沈宗敬、董德其。

康熙己未科馬教思榜

主考：馮溥、宋德宜、楊雍建、葉芳靄。

一甲：歸允肅、孫卓、茆荐馨。

中式：金甫、朱廷獻、王師旦、陸祖修。

康熙辛酉胡任輿榜

主考：朱彝尊。

馮瑞府、戚懿金、姚弘緒婁、路垓北、徐賓北、曹國維北、張映璧浙籍。

康熙壬戌科金德嘉榜

大主考：黄機。副主考：張英。

一甲：蔡升元、吴涵、彭甯求。

中式：曹國維、金然、宋志樑、王九齡、王喆生。

康熙甲子科潘宗洛榜

中式：張淵、戴有祺、李登瀛、高曜、施是培、姚釗上三名，北。

康熙乙丑科陸肯堂榜

主考：張士甄、王鴻緒、孫在豐、董訥。

一甲：陸肯堂、陳元龍、黃夢麟。

中式：馮瑞、沈藻、高曜、李登瀛。

康熙丁卯科張兆鵬榜

大主考：米漢雯。副主考：龔章。

中式：張兆鵬華、張永申上、潘軼美、王楨、吴元詒、王原、張王爽北，本姓王。

康熙戊辰科范光陽榜

主考：王熙、徐乾學、成其範、鄭重。

一甲：沈廷文、查嗣韓、張豫章。

中式：沈宗敬、王原、王爽、張豫章名翼、徐賓。

康熙庚午科劉輝祖榜

主考：王尹方。副主考：裴衮。

中式：王鎬上、聶恒府、劉貞吉上、張德純青、姜遴北。

康熙辛未科張瑗榜

主考：張玉書、陳廷敬、李光地、王士禎。

一甲：戴有祺、吴昺、黄叔琳。

中式：姜遴、吴昺、陶爾燧、姚弘緒、王楨。

# 閱世編卷三

## 建設

後來制作，無一定之法，通變隨乎時，廢興因乎勢，雖聖人不能使千百年無更易之制矣。特善變者轉弊而爲利，不善變者無益而滋害，原其興革之心，無非爲國爲民，及其變更之後，遂分世升世降，斯亦氣數使然，若非人力所能爲也。謹略舉其概，筆而録之，大者可以覘世運，小者可以觀士風，庶使後之覽者得以考也。

華亭水次倉在西郊跨塘橋之内，秀州塘之南，土曠水深，以便漕船停泊交運也。其初不過環以水垣，内列倉宇公廨，以便積貯官司暫憩而已。崇禎之初，穀城方禹修先生來守吾郡，慮其地近泖濱，盗賊出没不時，冬春貯米，防禦難周，乃與縉紳士大夫謀築城以衛之。爰即其地浚濠啓土，環築甃磚，建四門以通出入，分街道以便往來，引水貫城，架梁度水，監臨督護，廨宇森列，雖斗大一城，人烟輻輳，居然有金湯之勢。本朝因之。後分婁縣，以城中河爲界，北屬華而南屬婁。每值貯米，提標婁員防汎，至今賴之。董其役者，爲吾邑陳仲台于階，時爲鳳司博士，相國徐文定公之甥也。才多知巧，與方守爲忘形交。其委托專任，其册籍尚存。數年前，仲台嗣君子式、子正持來，予曾見之，今不復可考矣。

府縣城隍之神，向故各有廟貌，以司香火，然亦重門複道，殿宇軒舉，備堂皇之制而已。自崇禎之初，府城隍前啓臺門，後營寢殿，壯麗特甚，而吾邑縣城隍廟亦于儀門上建樓，以備演劇，中堂後擴地，以造寢宫，稱並美焉。蓋自殿以前，規模不逮府廟，而後寢之制較勝，亦地勢使然耳。自是以後，郡鎮社廟，樓門寢殿，亦紛紛並建，總不若府縣城隍之規模弘遠也。

閣老坊在縣治之南，爲相國徐文定公諱光啓所建也，成于崇禎辛巳之秋，工費甚繁。予初見其立柱時，每柱基下先掘地方丈，布木樁數十，並于高木懸大石以下樁，樁與坎内土齊，鋪以方石，而後立柱于上。柱之立也，先于架上横亘大木作盤車，象施大絙以垂，下縛于石柱，用數十人作氣以盤之，絙漸短而柱漸升。俄而直立，復用二大石鬬筍合抱于柱底，用壓石獸於其上，故頂蓋紛疊而下不動揺，亦石工之巧也。以後吾郡名公鉅卿不乏，旋逢鼎革，而建坊者罕見矣。

江南舊爲陪京，原設五府六部，大小九卿、科道，一如北京之制。以後官雖量裁佐貳，然衙門如故。惟都察院有操江都御史，則管上下兩江地方民事，其餘非奉欽差者，則與地方無與也。故明季好訟之民，至操江而止，無總督及布、按兩司也。順治二年乙酉夏，大兵下金陵，改南京爲江南行省，始設布、按二司。豫王凱還，命大學士洪公承疇總撫江南，駐劄江南省城，總理文武兵餉。總督之任自此始矣。以後馬公國柱繼任，總督江南、江西、山東三省，既而河南、山東亦設總督。江督所轄，惟二省而已。康熙四年，麻公勒吉來任，統轄猶如故也。至十二年癸丑，每省各設總督，至今因之。總督之銜不大遠于巡撫，然而事權極重，勅令巡撫、提督並聽節制，文臣六品而下，武臣四品而下，皆得便宜行事，庶幾古節度使之風矣。

吳中帶江濱海，賦甲天下，最稱重地，然前朝未聞有武臣提督也。相傳嘉靖中，因倭亂設總兵於鎮江京口，後移駐吳淞海口已耳。自順治二年，大兵定江南，始設提督。時奉旨張天禄着授都督同知，充總兵官，提督徽、寧、池、太軍務；吳勝兆着授郡都督同知，提督蘇、松、常、鎮軍務。如吾松雖有李總戎成棟，亦止以都督僉事駐劄吳淞，時至松城而已。自李帥調征閩、廣，吳、張相繼來松，吾郡始有提督。然至馬惟善逢知，亦止轄四府，時駐吳淞，亦不專在松城也。十六年己亥，崇明水師總兵官梁公化鳳破海艅于江上，遂解金陵之圍，克復鎮江等府、州、縣。朝廷嘉其功，遂以梁代馬，提督江南全省，仍駐防松江，遂爲定制。康熙辛亥七月，化鳳以疾卒于官，繼任王公之鼎、楊公捷統轄駐防如故。十三年甲寅，因楚中告警，徽、甯、安、池震動，提督駐劄海濱，鞭長難及，因分上下兩江，各設提督云。

江南故爲南京直隸衛、府、州、縣，自順治二年改爲行省，于是始設布、按二司，然亦仍前朝行省之制，布政使二員，左右並建，按察使則惟一員，俱駐省城。順治季年，因蘇、松賦重，特分江甯及蘇、松、常、鎮五府，屬右藩，而駐劄於蘇州，左藩則轄安徽等九府，徐、和、滁、廣四州，駐劄省城。至康熙六年丁未，盡裁天下右藩，獨于江南添設江蘇布政使，照舊駐蘇，而按察司亦添一員，分轄安徽等府，駐劄安慶。于是上江、下江名雖一省，幾同貳省矣。

上海倉舊在小南門之外，面東啓門，當浦水薛家港口，以漕船泊浦，便于交兑轉運也。方廣百餘步，外週土垣，內列倉廩，中設公廨，以備官司臨視，規制亦略具焉。崇禎十三年庚辰，邑宰章茂闇光岳因而修葺之，周垣覆瓦，門建重樓，雉堞森然，殊有倉城之象。中添公廨一所，以爲監司督兑憩息之所，尤爲輪奂。未幾鼎革，貯米、運漕猶存舊制。至順治十年癸巳九月，海寇入浦，直至閔行鎮，大掠而去。時汝南閻康侯紹慶正宰吾邑，慮徵漕貯倉萬一海艐復入，則貽誤不小，因申請各臺遷倉入城，相度東南隙地，遂即杜氏廢宅而建倉焉。以其地近舊倉，去浦不遠，運米出入亦易，而在城內水關之口，隄防尤便耳。倉宇凡數百間，重門公廨，雖稍遜于舊，乃越兩月而畢具。公私俱賴，亦稱能吏矣。

松江之有婁縣，自順治十三年始也。按舊志自元以前，爲華亭縣，屬嘉興府。元始建淞江府，而分府北一帶立上海縣。明初，以郡多水災，因於淞字去水而從松，稱松江府。又分上海之西，立青浦縣，以後廢而復建于嘉靖之間。吾生之初，松府惟華、上、青三縣而已。錢粮土地，華爲最，上次之，青又次之。即有公事，則華任十之五，上任十之三，青任十之二。百有餘年，莫之易矣。順治十年，河間李茂先正華來守吾郡，以松屬積逋多，而役繁重，華亭尤甚，乃議將華亭中分爲二縣。十二年，請於各臺。時巡撫大中丞張公中元素重李廉能，遂允其議，具疏上聞，得邀諭旨，分華之西半爲婁縣。縣初寄治于西倉城，後因遇公事入城，往還道遠，遂買府後朱太史第而立縣治焉。然而獄囚倉庫尚附華邑，學宫亦未鼎建，諸事猶多草創云。

蘇州賦甲天下，府治門無麗譙，惟松江之麗譙最爲巍煥。下築臺基，上建危樓五楹，樓上横匾曰譙樓。樓前竪匾曰松江府。匾旁立冕服木人二，相傳于其中設大鼓，司更漏，規模極爲弘敞。崇禎十七年五月，以弘光帝諱，改松爲嵩，因易匾額，重加修葺。次年八月，大兵下松城，府前一帶直及西郊，街市俱毁，譙樓亦廢于火。守臣即臺基蓋屋，而立匾于門上焉。至順治十五年，遼左祖公永勛以任子來守松，謀復舊觀，不支公帑，不擾民間，惟令呈稟者計紙輸磚，自三至五不等，所費人不過分文。松俗多好事者，每朝總計之，千百立具，又取本府贖鍰及屬縣官助工銀，遣幕僚採辦木料於上江，用作臺下棟宇。而臺上重樓，則買故尚書張公第後樓改建之，砌新磚於舊築之外，施新樓於舊樓之基。東西較舊雖量節一間，然而綉闥雕甍，翬飛矢棘，南軒北牖，外繞花闌，工巧較精于昔矣。譙樓横匾照舊安設，而樓前竪匾仍移樓下。門上規制稍遠于舊，而樓前明曠，可以登眺。上架鼉鼓，用司更漏，爲一郡之壯觀焉。譙樓上下二匾，皆周公遠裕度所書。公遠即學憲萊峰思兼孫也，筆法遒勁。

前朝吴中撫院原轄應天、蘇、松、常、鎮五府，而衙門駐劄于蘇府學宫之西北，體制規模極爲弘敞。順治初年，蘇城初下，撫院公廨毁於兵火。時以河南總戎土公國寶改大中丞，首來撫吴，乃暫駐節于故相國申文定公舊第。順治八年辛卯春，予適吴門，道經撫院故址，猶一望瓦礫也。次年，土公被參自經，周公國佐繼任，不欲居申相第，復即撫院舊址鼎建廨宇，重門複道，前堂後寢，綿亘幾百餘畝，樓觀臺榭，以備宴游，庫廄倉廩，以儲峙糧，賓有公館，吏有直廬，列戟當門，高牙外擁。康熙之初，兼統淮揚，儼然江南半壁之屏翰矣。

前朝文宗，每逢科試，則在句容吊考，逢歲試則按臨各府。自萬曆四十一年癸丑，分南直學院爲二，上江轄八府三州，應、安、徽、甯、池、太、廬、鳳及滁、和、廣德是也；下江轄六府一州，蘇、松、常、鎮、淮、揚及徐州是也。于是上江仍以句容爲駐劄之所，下江建書院於江陰，爲駐劄之所，而科試吊考、歲試按臨則仍舊焉。玉峰之有書院，向爲學使者按蘇時歲試之地，且以介在蘇、松之間，間或吊考松江，亦兩便故也。會逢鼎革，書院圮廢。順治乙酉冬，江陰未下，學使陳公昌言于常府吊考蘇、松以後按蘇，則駐節於蘇州府學，地更寬敞，爲尤便焉。十二年乙未，奉旨改學院爲學道，以山西張公能鱗督學三吴。因府學在撫院之前，鼓角發炮，體統不便，爰即玉峰書院舊址而重建焉。取材于蘇、松，協濟各屬助工，越二載而落成。前堂後寢，一如江陰之制，文場號房亦俱瓦蓋，特下未鋪磚，内衙稍狹耳。自是以後，即有奏銷、減額之令，蘇、松應試生童無幾，即逢歲試，竟于玉峰吊考，而按松之例廢矣。康熙十八年己未，總憲魏公象樞條奏學政内一款，凡學臣歲試，必須逐府按臨，不得任意吊考，致士子跋涉間關，告病者遠赴臨驗。獨松江之館坍毁，有司議修工費難辦，乃詳請撫院移咨部院而止，仍于崑山玉峰書院吊考云。

前朝舊制，學臣提督學政，南北兩畿，各差御史一員，其他行省則于布政兩司中特差佐貳一員，並給勅印關防，專一提督。凡關學政，撫、按各衙門，不得參預中制，重事權也。南直隸幅員幾二千里，三年中，歲科不能周匝，子衿往往有終身未經歲試者，而童子進取之期亦曠，大非鼓勵作人之意。萬曆中，邑紳姚永濟通所先生居禮垣，疏請分南畿學臣，上下江各設一員，于是三年兩試，士知儆勵，入泮者亦易。本朝因之，江南雖改行省，提督則仍差御史。至順治十年癸巳，上以臺臣爲耳目之官，不應出使，除巡鹽照舊欽差外，他如提學、巡按、巡漕、巡屯、茶馬各差御史，盡皆撤回。京畿及江南督學，則差翰林院侍讀，仍異各省也。閱二年乙未，論者謂行省不宜與京畿同，始命上下兩江俱改學道。江南之學道，上江自李公來泰始，下江自張公能麟始。康熙改元，復裁江南學道一員，自是以後，提督通省學政，以僉憲爲之，與各省一例矣。

御史之出差，自前朝已然，如兩畿提學，京省代巡，兩淮、兩浙、河東、長蘆之鹽課，四川、陝西之茶馬，河南、江北之巡屯，上下江之巡江，淮上之巡漕，其職不一，要以皇華銜命，察吏風聞，霜威特重焉。本朝因之。其始代巡不得其人，長吏無所顧忌，士民重足而立。世祖章皇帝洞悉其弊，極重巡方之權，首懲代巡之不職者，立置大法，革去巡書、承差，以清本衙門之蠹，禁帶主文記室，以端文職官之方。勅内開載：在外總督、巡撫、提督、總兵等官，如有蒙蔽專權，擅作威福，及縱兵害民，縱賊害良等事，許巡方御史不時糾劾，則下此不待言矣。時江南正當法敝紀弛之日，而瑞寰秦公世禎奉命巡方，首劾監司之最不職者，繼之參總戎，既而參巡撫。撫臣土公國寶留心地方，興利除害，無他大過，祇以寬于察吏，馴至縱奸，遂蒙嚴旨，投繯自盡。他如衙蠹之蟠踞而挾持官府，地棍之刁訟而魚肉善良者，往往訪懲誅死，半壁爲之肅清。順治十年癸巳，上慮臺諫空虚，撤回各差，御史巡方遂廢。越二年乙未，復差。至十八年辛丑，凡御史一概停差，惟巡鹽向來獨留。近來鹽使亦禁出巡，專駐省會，殆與運使無異。其他御史，至今尚未有出差者。

道臣之職不一，其出駐外府、州、縣者，一曰分巡，一曰分守，皆以布、按二司佐貳爲之。當未設撫、按之時，道臣得專舉劾之權，分巡即如代巡，分守即如巡撫也。迨既設撫、按，則道權遂輕。然而總轄文武，兼統軍民，依然憲臺之體。南北兩京無布、按，則借員於他省，故銜稱欽差整飭某府等處地方兵備兼理糧儲，某省提刑按察使司，或副使僉事，或布政使司參政、參議，與京差等。其後因事添設，一省增至數人，合巡、守二道計之，幾于每府一員，不無太冗。國初因之。至康熙六年丁未，裁汰各道，凡非省會要地及事權職專之所，共裁道臣一百八員。其後稍稍漸復，然已非昔日之舊制矣。即如蘇、松、常、鎮四府，其初有二道，一駐太倉州，一駐江陰縣，而駐虞山之督糧道不與焉。今兩道衙門俱廢，而并蘇、松、常三府爲一道，駐劄蘇州，亦可以見道員之省也。康熙二十一年，撫院余公國柱奉旨議裁道員，又裁去蘇、松、常道，而并于虞山之督糧道，移駐蘇州。

松江府佐，舊制五員：曰海防，曰督漕，丞也；曰水利，曰糧捕，倅也；曰理刑、推官，位班五員之末，然爲各上臺耳目之官。按院出巡，必先委推官一員，查察錢穀、刑名于所屬州縣，一如上臺出巡體，以故按君統轄之地，皆稟奉之。如本府司理最稱權要，其胥吏、輿臺驕踞加於紳士，小民畏之如虺如蜮，彼視府吏蔑如，各廳無論矣。順治四、五年間，裁去督漕、水利，理刑之權愈重。九、十年間，先復水利。康熙四、五年間，又復督漕，重見五廳之制矣。六年丁未，盡裁天下理刑，積年衙蠹俱爲怨家告訐，奔竄四散，至今永廢。郡守領官，向有經歷、知事、照磨、檢校，今檢校亦汰。

前朝儒學，府，教授一員，訓導四員；縣，教諭一員，訓導二員。國初因之。至順治五、六年間，府學裁訓導二，縣學裁訓導一。康熙初，盡裁天下訓導，每學惟留教職一員。十五年丙辰，因學貢銓選壅塞，不論府、州、縣學，各添訓導一員。又以軍興費繁，俸薪難辦，令正佐共食一官之俸，而兼視其事云。

松江守禦，前朝止設千户一員，統兵有限。蓋以内地承平，不須武衛，聊備獄囚、倉庫、司城門之啓閉而已。本朝初，駐總兵官，繼之以提督，而標官遂衆，提標額兵五千，分配前、後、左、右、中五營，又設城守營兵一千，各統以游擊、守、把，共計六營，而提督親兵之戎旂營不與焉，儼然重鎮矣。上海向承倭亂之後，留兵獨多。吾生之初，甯謐日久，裁定額兵，尚有三百餘名。然惟統之以哨官，官皆札委，銜不過千、把總，設公廨於城隍廟東之李公祠内。遇霜降及上臺按臨，例應閲操，則各兵集演武場聽操。若令長及哨官新任，則邑宰與哨官共臨閲焉。然而日餉每名不過銀二分，兵皆土著，或習工技，或負販貿易，與市井小民無異。崇禎之末，又添水營，哨船數隻，水哨官一員。自鼎革以後，間以參將、游擊統各兵分駐，因而裁去土兵，僅存數十名，以備倉庫、城門之守，謂之城守營。迨順治十年，海艅入犯，直至閔行，人心惴惴，當事者謂城守單弱，議撥撫標參將一員，統兵一千，長駐上海，謂之黄浦營，而建牙於學東之南察院。十七年庚子，大司馬蘇公訥海奉詔巡閲，請調崇明水師二千名，副總兵一員，移駐上海，建牙於虹橋南艾方伯故第，幾與郡城等矣。康熙七年戊申，邑紳張青琱宸爲夏官郎，疏請裁歸崇明，而於提標量撥汛兵防守，駐于城隍廟西之驛館，即今所稱松江分府，爲海防駐劄之地也。十三年甲寅，以方隅多故，復移吴淞副將一員于上海，亦謂之黄浦營，而駐于北門褚氏之民舍焉。十七年戊午，副將王虎山陞去，復於提標撥守備一員，爲黄浦營，而仍駐南察院云。

川沙濱海而城，向設把總一員，額兵四五百名。北連寶山，南達南滙，與青邨、柘林諸堡並隸金山衛參將。自順治十七年江上之警，次年庚子，上命兵部尚書蘇公訥海等相度沿海機宜，乃議于鎮江京口設鎮海大將軍一員，松江設川沙參將一員，罷寶山城守兵，而併于川沙，共一千名，建牙於南城故喬憲副第，而以舊總司爲中軍守備所，與金山衛參將分轄松江沿海，自南滙以北隸川沙，以南隸金山。時蘇州添設甯海將軍，駐劄於婁門海甯陳相國之拙政園内。康熙甲辰，撤回將軍〔二〕，園改蘇松常道，後復歸陳相公子，旋賣于王額駙永甯。永甯爲平西王吳三桂壻。康熙癸丑冬，吴三桂反，額駙已没，第入于官。十七年戊午，蘇松常道祖公澤深輸價于官，復買爲駐劄之公廨焉。

吾郡府學明倫堂後，舊有尊經閣，予猶及見。崇禎之季，閣雖稍殘，而巍然雄峙也。後遭兵燹，竟致坍毁，明倫堂亦廢。順治初，廖公文元守松，重建明倫堂，不三載而毁于颶風。順治十二年乙未，太守李茂先正華以聽訟罰庠生唐廷球寶言鼎建，共費八百餘金，規制不甚弘麗，至今因之。堂額舊爲朱徽國文公手書，筆法端凝雄壯，不知何往。今所懸者，寶言憤其費多，不復更求名筆，肆意揮成，殊無古意矣。文廟之紅牆衖西爲志道、據德、依仁、游藝四齋，皆訓導公廨也。

〔二〕撤回將軍　「撤」，底本誤作「撒」，據文義逕改。

今亦俱廢。

上海縣學文廟西北有訓導齋，有射圃，東南有文昌祠，今俱廢。尊經閣自有藏書數十部，自鼎革後，散失無存。順治中，學博高雨吉遇重修尊經閣，迎文昌像供於閣上，而移藏書舊橱於側，至今因之。

松郡向有公館三，以爲上臺巡行駐劄之所。府東東察院規模最爲壯麗，大抵撫、按及文宗諸院駐焉。華亭縣南南察院體制同，而宏壯稍差，大抵各道及監兑諸部差查盤、理刑駐焉。城東南隅新察院則商灶所建，以爲鹽運司分巡之所。崇禎以前未有也。順治季年，南院猶稱完備，府試生童於此，與東無異也，今已廢爲瓦礫之場。東察院自按差裁後，文宗因奏銷減額，生童寥落，不復巡試，數年之中，日就坍毀，不堪駐足。康熙十八年己未，學臣因總憲條奏，歲科必逐府按臨，檄行葺廠，有司議葺，物力難辦而止，第恐失今不修，將來亦必爲平地，舊制不可問矣。余于康熙乙丑入郡，固已爲平地久矣。

聞東察院東尚有公館，云是東理刑廳，蓋司理嫌本衙門湫溢，僅可爲私第，而别營此廳爲聽斷之所。今惟荒址一邱，門前外屏僅存，一望曠然，故迹寗可問哉？

海邑縣治内衙前後堂舊有界河横亘，上有石梁，規制甚壯。崇禎甲戌，劉念先濳來令吾邑，填土築室，遂失舊觀。大堂後有穿堂，康熙中陳令君之佐解任時拆去，迄今未建。大門外石獅則陳令君自北察院移來，舊所無也。

沿浦自吴淞海口而入，率滸築土墩，高方數丈，上匝土牆，内蓋小房，謂之寨臺，前此無之。自順治十年，海寇入犯，因而簽役建築，並于浦之近邑入郡一面，約計數里，擇要害處築臺，撥兵防守。浦濱兩岸，大小水口俱造橋梁，通馬步。凡遇寇至，則守禦官兵夾岸堵截。十二年己未，閔行之捷不無得力於此。然建立之初，臺有卒，哨有巡，人心猶知警備。迨日久懈弛，登陴無卒，臺上牆屋俱廢，甚者或潰於水，或宅於草，徒棄良田，空勞民力而已。其後更有架木爲台，九里一建，置鼓其上，一聞寇警，鼓聲相應，以便官兵援捕，則官塘要路在在有之，不但沿浦也。然法非不良，今亦或毁或廢，徒爲具文，寗獨一寨臺爲然哉？

太平菴在裕伯題橋之北，百曲之西，向止結廬一間。有陳和尚者，土人也，栖息于此，苦行焚修，忽于順治七年庚寅若有所憑依，言輒驗，群往叩之。病者求治，隨取座間灰土之屬與之，輒有效，遠近翕然向風，進香皈信者，繹絡而至。一歲之中，徑爲之開，菴亦鼎建，重軒匝宇，宛若名園，丹碧塗金，擬於古刹。逐末者輻輳而集左右，遂成市肆。肩摩轂擊，晝夜不停，旅次留賓，舳艫數里，江南海外，奔趨恐後。撫院土公慮有他故，檄遷和尚于蘇之北寺。越三載而示寂，菴亦遂衰，今益寥落矣。

萬安橋在朱涇鎮當砦、雲諸溪由浦入海之衝，水勢最爲洶湧。鎮中人烟萬井，商賈輻輳，往來濟渡，舟楫頗艱。崇禎之初，穀城方禹修相國來守吾郡，設法輸助，構石爲梁，極稱雄壯。順治初，橋有傾側之勢，忽逢異人，自言力能挽正，遂募麻緪數條，剋期於某日某時，候東北風起，以緪纏橋，召集多人，向南挽之。屆期觀者如堵，須臾東北風果起，遂如其法，鳴鑼作氣，頃刻而橋正。其人不取酬而去，衆共異之。越數年，一夕暴風驟雨，橋竟砉然而崩。後有僧募資重建，略移北首，基址甫定，而工用不繼，迄今告成無期。甲寅春、冬，余曾兩經其地，積石填塘，工作猶未興也。鎮之東市，向聞有洪武中富人沈萬三之卧床，今爲佛座。予時往觀，座高六七級，上周以雕欄，内施以牕槅，質皆彤鏤，頂如佛殿體制，斗拱架叠，盤旋以上，漸鋭而結，世俗所謂螺頂也。聞之昔年，漆色最古，如斷紋古琴，所以爲貴。今則丹雘焕然，不復辨其爲古器矣。然看來或本是佛座，乃沈所施耳，未必是卧床也。

松城西南數里，有北錢邨，相傳爲吴越王分封子弟於此。以北錢别之者，因其南亦有邨也。今居民寥落，當年邸第不可問矣，大半廢爲邱墓。有石橋當道而峙，下俱墾田，絶無池影。惟橋北有多墳，想造墳時，從此收水口而入，以橋鎖之，今已湮爲平地故也。橋下鐫成化五年里人張輔等鼎建，此張輔必非英國。計其年不過二百五十耳，然而滄桑已不可辨，况遠而千百年哉？乃今之造墳者，爲千百年不朽計，争執風水，不遺餘力，吾恐數百年後，誰復辨其故迹耶？可發猛省。

崇福菴俗名三官堂，在十七保七團大護塘之内，爲濱海喬氏發源之所。菴建于元，一修於嘉靖之初，先大夫東瀛公書其事於碑，而立於門左。再修於萬曆之初，張方伯七澤先生記其碑，而立於門右。雖非古制，由來久矣。每當春初，兹菴香火，千里走集，自朝至暮，舟楫絡繹不絶，香船所停，舳艫相接者三四里。崇禎辛未，予初入小學，從師游觀。近菴有街市，摩肩揮汗，爐烟聞於里外，猶甚盛也。自喬氏既衰，少年子弟，輕薄無賴，至春日以游蕩爲事，三五成群，環觀進香婦女，遇少艾者，甚至循途踪跡，偶語戲談，遠近懲之，遂罕至焉。鼎革後，日益衰落。二十年來，寂無一人，而廟貌亦日圮矣。菴後高閣，下臨八灶港，東可以眺海塘，諸烽堠纍纍可數，上供三茅真君，左文昌，右真武，頗足壯觀。康熙十九年春，爲喬氏子拆去，餘亦剥蝕僅存，恐再經一二十年後，莫爲修理，必將廢爲瓦礫之場矣。東北有菴，在護塘下者曰小普陀，其初香火亦盛，凡至崇福者，必到焉。今菴已荒廢，惟正殿僅存，巍然爲魯靈光爾。至康熙甲子，里人龍九上等倡募修葺，今復舊觀，惟崇福菴仍舊廢。

松江西門外市西盡處，有南北橋，石梁跨秀州塘，曰跨塘橋。潮汐最急，舟行遇逆水，數十篙師不能挽一舟而過。水洞三環，高可通巨艦，漕船當水漲，亦出入無礙也。南北兩岸更樓當其上，列栅以司啓閉，規制頗壯。康熙十九年庚申坍毁，土人改木架梁，鼎新舊制，尚未有日。至康熙二十三年甲子，得重造成功。

崇明縣舊隸蘇之太倉州，爲蘇、松沿海外屏。然在前朝，素無重兵，本朝定鼎後，因海寇出没不時，特設水師營總兵等官，額標兵六千。康熙十三年甲寅，起原任浙江總督劉公兆麟爲帥，以官階既貴，改陞總兵爲提督，而標兵如故。至二十三年甲子，以臺灣蕩平，海氛盡熄，户部酌議節餉，疏請裁減。崇明營水師乃裁去三千，存兵三千，仍設總兵官統轄，提督撤回。

提督學政，各省向設司道官。江南在國初雖因舊京之制，與北直隸並差御史，從未改翰林。至順治十二年乙未，上下兩江俱改學道，與各省一例矣。康熙二十三年冬，山西道御史郡紳張集題奏：學臣文運攸關，必得年富力强、才華俊傑之員，方能考拔得才，不宜專用資俸深滿部郎道守陞補。奉旨：直省提學，必得品行素優，才學兼長者，方能稱職，應不拘定例，將内外各衙門由進士出身官員作何選擇銓補，着九卿科道會議具奏。於是江南已銓趙隨，改用翰林院侍講李振裕，浙江已銓畢忠吉，改用右春坊右贊善兼檢討王掞，各以本衙提督學政與直隸學臣一體，而各省仍用僉事如故。

五方賢聖神不知始於何代，亦不悉其氏族爵里。或云通稱福德五聖，固上界貴神，明太祖憫陣亡戰士，因五人爲伍之義，俾得廟食一方，遂假託五聖之名。要不見于正史，莫可得而考也。惟大江以南，廟貌最盛，自通都大邑以及三家村落，在在有之，不下數千百萬，名亦種種不一：在田者曰田頭五聖；在大樹者曰樹頭五聖；在民居屋上者曰簷頭五聖；在路間者曰路頭五聖；

在水濱者曰水仙五聖；民間婚嫁，或在新婦冠上者曰花冠五聖；在橋者曰橋前五聖。廟制壯麗者，等於府第，湫溢者不過盈尺，高不過箭，或塑像，或畫圖，或託巫言，或憑病者，或迷婦女，或現真形，皆能著靈異，祭禱迎賽，殆無虛日，而惟蘇州之上方山爲尤甚。大概一筵之祭，約費中人十家之産，士民竭蹶修誠者，日以數至，猶懼不能感格。于是廟僧巫覡，因以爲奸，故張誕詞恫嚇，人無貴賤貧富，不敢擬議也。康熙二十三年甲子，中州湯公斌以内閣學士來撫吴中，廉明持己，屬僚凜凜奉法。訪知吴俗惑於淫祀，下車即行嚴禁，不能遽止。次年乙丑秋，躬詣上方山，先取五聖神像，立毁之，于是遍檄屬郡州縣，廟無大小，盡行拆毁，神無塑畫，悉投水火。凡一閲月，而湯公已内召爲大宗伯。時屬境雖無五聖之迹，猶慮去任之後，巫覡仍復㪅興也。因于起程之先，拜疏上聞，請敕直省通行禁止。部議准行。奉旨：淫祀惑民者甚衆，着再議具奏。部議請敕直省嚴查，凡屬淫祀，一併禁革。如有遺縱者，將地方官嚴加議處。奉旨依議。數百年之惑，一朝而解，亦世變之一奇也。

郡城蓬萊道院，在東門大街上面南牌坊下往北，其衖甚小，向西開門至内，始向南建廟。鼎革以後，日漸傾圮。康熙二十四年乙丑，重建宇廟大門于大街上，面南高敞，規模甚壯，遠勝舊觀。

邑城正陽道院，俗稱水仙宫，因其廟内供水仙五聖像也。舊制，廟向南。國初，里中嫌五聖廟庭狹窄，每年出會，排班擠擁，改建向東，前庭頗大。康熙二十五年春，燬五聖像，供天妃于内，正合水仙之名，亦有兆也。

予初見縉紳家大門外墻門，或六扇，或四扇，或二扇，皆以木爲骨，而削竹如箸者豎編上下，中間以横板，而刻花于其上，皆墨質，而或紅或緑其花，以昭文也。其後下則用板，而上仍編竹，或用細花蔑簟，以鋈錫釘釘之，可謂華美矣。年來則以實板厚三寸許者爲門，而截竹筒闊寸許、長尺許如人字樣密排，而各以鋈錫泡釘釘之，皆始於世家。後及於士類，甚且流于醫卜胥吏之家，皆用之矣。

上海之有榷關，始於康熙二十四年乙丑。關使者初至松，駐劄漴闕，後因公廨窄陋，移駐邑城。往來海舶，俱入黄浦編號。海外百貨俱集，然皆運至吴門發販，海邑之民，殊無甚利。惟邑商有願行貨海外者，較遠人頗便，大概商於浙閩及日本者居多。據歸商述，日本有長耆島者，去其國都尚二千餘里，諸番國貨舶俱在此貿易，不得入其都。島上居民，華夷雜處，格物者多利比中國，不能倍價。凡奇技淫巧，市俱有禁，惟必需之物方收。若細帛書籍，尤易售。嚴禁西洋貨，及畫像，攜入者必置重典。向來交易，俱用紋銀，今日濫惡，祇八九成，直有三成者。客商扣算資斧及官税外，餘利無幾矣。其人物土俗頗有華風，初尚直樸，今漸狡滑，恐任其往來，奸民或糾合倭之黠者，如明嘉靖中故事，又爲地方釀禍耳。當事者不可不防之。

# 閲世編卷四

## 士風

士風之升降也，不知始自何人。大約一二人唱之，衆從而和之。和之者衆，遂成風俗，不可猝變。迨其變也，亦始於一二人，而成於衆和。方其始也，人猶異之，及其成也，群相習於其中，油油而不自覺矣。要之移易風俗之權，必操之自上，則不勞而效速。予生也晚，猶及見前輩老成，重然諾，嚴取予，士大夫勵名節，畏清議，落落難合。迨其合也，不爲利移，不因勢熱，時有惴惴焉，惟恐不爲君子而蹈于小人之一心。少年佻達者見之，肅然敬畏，赧顔自愧，罔敢竊議其非也。即以功名一途論，童子應試，當時府縣取已大半得諸薦剡，然其間猶或有欲薦之而甯擯孫山，斷斷不願者，或即列薦牘，猶有惟恐人知者。偶有語言侵及，遂愧歉無地，甚而成仇者。要之前數十名不易得，三五名内斷無私也。至若院取入泮舍，勢要縉紳子弟而外，無敢萌夤緣干進之心。主文衡者尤無敢萌貪賄自私之意，所以府縣每逢歲科，入學凡取六七十名，皆就文章掄拔，素封之子文理荒疏者，雖累千金，不可得也。是以一遊黌序，即爲地方官長所敬禮，鄉黨紳士所欽重。即平民且不敢抗衡，廝役隸人無論已。至等而上之，科鄉會榜，則法紀愈嚴，名義益重。即勢要子弟，亦不敢萌闗節之心，況素封乎？故一登科甲，便列縉紳，令人有不敢犯之意，非但因其地位使然，其品望有足重也。雖其間事干謁，趨勢利者，亦或有之，但一爲正人君子所擯，則終身不齒於士林，當事亦從而薄之。若養高自重者，不特郡邑長敬畏服教，即上台亦往往稟命咨訪焉。其視貲郎異途蔑如也。素封之家，非有姻戚交關，縉紳不與之往還抗禮。同姓者非有稽考，亦不通譜稱宗。若夫輿臺胥吏之屬，即力能上下其手者，不敢望縉紳之少假顔色，惟時懼其有發奸摘伏之心。以故體統尊嚴，上下顧忌，鄉人咸賴其福，雖子弟家僮，不無假勢作威，凌虐庶民之事。自方禹修先生來守吾郡，力持法紀，風俗即爲一變。良由士大夫初或失于不知，其後交相戒禁，故弊自革，而體貌之尊嚴如故也。凡此風俗，在當年祇視爲固然，由今思之，遂成古道。夫賤妨貴，少陵長，淫破義，寖寖乎成惡俗矣。夫亦士大夫有以示其隙而啓之乎？

予幼所聞，有司或有盡情之囑，而無暮夜之金，縉紳或有竿牘之私，而無通賄之事。至於上臺振肅庶僚，力持風紀，尤非私意所敢干也。郡縣衙役有假勢作威者，撫、按風聞，官長以不職論矣。直省屬員有任情自私者，科道露章，撫、按以縱奸劾矣。犬牙相制，上下相維，即有不甚自好者，蓬生麻中，亦不得不直耳。即如屬官參謁，上臺一拒不相見，即見而一言不合，歸即閉門謝事矣。一聞丁艱，或罹清議，立刻繳印請署矣。絕無留戀徘徊，希候挽回交代之心也。是以上臺亦以禮待之，有糾參抵罪之法，而無鞭朴罵辱，久拘地方之事，奉符檄而下郡縣者，亦莫不循循恪謹，無敢喧擾經承，索貨無厭也。以故吏安其職，民樂其業，刁訟不興，苛政不作，雖非至理，庶幾小康焉。自崇禎末，而福藩帝於南中，賄賂公行，紀法盡廢。然當時京師實甚，外官習俗相仍，禮法猶舊，尚未變也。本朝初定江南，設官委吏，習聞弘光之風，不復尋先朝之度，當事者往往縱情任意，甚而惟賄是求，訟師衙蠹，表裏作奸，賦役繁興，獄訟滋擾，郡縣胥吏得以狎侮士林，舊日朱門無不破家從事。數十年之間，士風靡弊極矣。幸遇世祖章皇帝親御太阿，乾綱獨奮，特簡巡方，用肅吏治，法紀爲之丕變，惡俗因而頓更，復見太平之風，民有重生之樂。始信開基聖主，度越百王萬萬也。年來士氣人心不無稍懈，又有寖寖日下之勢矣。江河砥柱，所仰賴於主持風化者，豈淺鮮哉？

前輩讀書，或從古學，或從時藝，莫不埋頭攻苦，心領神會，久而得之。是以文有程法，中有定式，出闈閱文，魁元可預決也。數年以來，縉紳子弟接踵而取科第者，別有捷徑，經傳註疏不必究心，古文時藝不必誦讀，惟精擬鄉會題，以重幣聘名師於家塾，令將所擬題作文熟讀，燬棄其稿，入闈對題直書，甚或暗通關節，先期得題，窗下揣摩，三場不爽，遂有名列巍科，而未窺經史，并未知讀書作文之法者。一旦被命衡文，不得不因陋就簡，聖賢理義、先正典型概不知講，傳法妙門，轉相授受，文運科名，遂成江河日下之勢。間有一二賢豪，慨思力挽，一齊衆咻，亦無如之何矣。

前輩兩榜，鄉紳出入必乘大轎，有門下皂隸跟隨，轎傘夫五名，俱穿紅背心，首戴紅毡笠，一如現任官體統。乙榜未仕者則乘肩輿，貢監生員新貴拜客亦然。平日則否，惟遇雨天暑日，則必有從者爲張蓋，蓋用錫頂，異於平民也。今則縉紳舉貢概用肩輿，士子暑不張蓋，雨則自擎，在貧儒可免僕從之費，較昔似便，然而體統則蕩然矣。

前朝外官，四品以上用黄傘，以下用青藍，七品以下俱用皂蓋。京官在京，例不用傘，出外則與外官等。惟詞林用黄傘，庶常及小京堂俱用金紅色。今京官中翰、部曹俱用黄傘，庶常以及小京堂不必言矣。外官按察司、僉事，舊用藍傘，今亦用黄。八、九品雜職概用藍傘，皂蓋絶響矣。黄傘舊止用輕綾，今俱用花緞，藍傘尚用綾也。灑金障日大傘扇，昔惟京官用之，所以代傘也。今外官不論大小俱用，鄉紳士亦然。

古之循吏久任不遷，則增秩賜金，以獎勵之。自漢已然，非自近代始也。前朝如蘇州太守況鍾增秩至正三品，而知府事如故，然亦不數見矣。本朝順治間，亦多久任之吏，要皆從考績報最，或覃恩薦舉所致，未可捷得也。康熙而後，加級漸廣，如江撫韓公心康秩正一品，而又加一級是也。年來以軍興開例，令中外官員各就所開例處，或納銀米，或捐馬匹弓矢若干，並得准加一級。于是力急公者，往往加至數十級，而或下僚而階同大吏，或有司而秩等公卿，猶且帶加幾者，鶴綉玉犫，幾同常服矣。

令上海者，以余所見，在崇禎中，爲江右熊經、粵東麥而炫、西蜀劉潛、萬安王大憲、浙江章光岳、鹽官彭長宜；在順治中，爲西秦孫鵬、遼東高維乾、江右姚修蔚、中州閻紹慶、浙中商顯仁、東魯陸宗贄；在康熙間，爲江右涂贄、秦中王蘭、山東陳以恪、廬陵鄒弘、渤海陳之佐、江右康文長、遼東朱光輝、會稽任辰旦。四十年之間，凡歷二十餘員，而其間接署者不可勝紀，大約有一令必有一二署篆，總而計之，不下五十餘員。其才之長短，品之貪廉，心之邪正，政之仁暴，學之博陋，或人人各殊，或一人而始終異轍，要皆座未及煖，參罰隨至，因催科拙者十之七八，因不職劾者十之二三，從未有一人報最陞遷。惟康熙七年戊午，任待菴辰旦，督、撫兩臺，以博學鴻儒薦。次己未，召試不中，歸仍理縣事。十九年庚申，復以卓異薦，行取至京，考授給事中。此吾生以後，海邑令長之僅見者。自任陞任之後，會稽之史彩因薦而陞治汴河。史去而中州之王錟、武昌之朱萬錦相繼而來，皆以被參去任。今奉天之董鼎祚莅任又半年矣，而史尚勤勞河上，迄今未有陞遷之期也。繼董而來者，又有粵東之梁以楠。

吾松士子昔年無遊學京師者，即間有之，亦不數見。自順治十八年奏銷以後，吴元龍卧山學士始入都，援例入監。癸卯、甲辰，聯登科甲，選入庶常。其後遊京者始衆，其間或取科第，或入貲爲郎，或擁座談經，或出參幕府，或落托流離，或立登膴仕，其始皆由淪落不偶之人，既而縉紳子弟與素封之子繼之。苟具一才一技者，莫不望國都而奔走，以希遇合焉。亦士風之一變也。

舊例，文武官員必三年考滿，報最無過者始得給由。一品封贈四代，二、三品封贈三代，四、五品封贈二代，俱給誥命如其官；六、七品以下，封贈二代，八、九品止封本身一代，俱給敕命如其官。遇朝廷有喜慶覃恩，則不拘考滿之例，然大概止及京官，外官惟藩、臬兩司可得，府、州正佐而下便不可必，間或覃恩中外，則凡現任官俱及，爲曠典矣。自康熙二十一年壬戌正月，朝廷以滇南蕩平，四海底定，恭上太皇太后徽號，覃恩中外，自現任大小文武職官俱照本身封贈，給與誥敕外，其授職考選、陞轉加級者，俱轉新銜封贈，可謂異數隆恩矣。二十三年甲子，聖駕南巡，頒恩中外。及二十七年戊辰，太皇太后祔主太廟，恩詔亦然，遂以爲例。先是，以軍興開例，凡職官照品納糧，不俟考滿，給應得誥敕。是時惟有財者得以邀恩耳，至是更周匝矣。

守松江者，以余所見，在崇禎中，爲穀城方禹修岳貢，歷任十四年，因韓城薛相國案内中書舍人邑紳王陞彦訶連被逮入都，未幾得白，歷漕儲，陞都御史，不二載而大拜。閩中陳蓮石亨，弘光初爲餉科，參罷吴興姚瞿園序之，以本朝大兵將至，委印遁歸。在順治中，爲遼東張銚、滿州傅世烈、三韓林永盛、盧士俊、廖文元、河間李茂先正華，繼此爲郭啓鳳。惟林陞睢陽道，朱抵任而卒。

李雖最賢，亦以註誤積逋論降回籍。康熙中，爲祖永勳、于汝翼、劉洪宗、郭廷弼、張羽明、耿繼訓、劉櫄、劉名標，或以註誤，或以被論去，惟會稽之魯謙超菴歷任九載，始陞淮陽道，不二載由中州臬長内陞京卿。雖以洪宗之賢，去任遠不及也。後若嘉禾之朱霱三叟，雖陞山西學道，未抵任，以舊任未完復降。山陰之趙甯以大計不及降。今爲李元瑨，山東人。

## 宦蹟

士君子分符綰綬，奉簡命而出治一方，則生民之休戚、風俗之淳漓、百度之廢興咸係焉。人非至愚不肖，莫不願爲循良，乃不數數見者，非好庸劣、惡廉明，亦時勢使然也。大抵承平之日，上下同心，直道可行，物力充足，考績公而名義重，賞罰信而黜陟嚴。筮仕者咸相砥礪，即有庸陋，悉勉而爲循卓矣。迨世當叔季，政出多門，直道不容，動多掣肘，當路以撫字爲迂疏，銓政以催科分殿最，賄賂則上下相蒙，廉潔則陽收陰棄，苟非本性强項，未有不從風而靡者。故曰爲治於盛世易，爲治於衰世難，良非虛語。予生明季，旋遭鼎革，草昧之初，俗難遽改，廉吏可爲而不可爲也。乃有介然自守，獨立不懼，澤在民生，功垂奕世者，雖詩書所稱，又何以加？爰舉所知，表章其概，以俟後之任載筆者有所採擇焉。

郡守方岳貢，字禹修，湖廣穀城人也，登天啓壬戌進士。崇禎初，由部曹來守松郡，廉潔有才幹。時松江縉紳大僚最衆，子弟僮僕假勢横行，兼并小民，侵漁百姓。攖其鋒者，中人之産，無不立破。公廉得其實，往往執法究懲，幾丁被註，真稱不畏强禦。士大夫之賢者，亦從而重之，戒無相犯，風俗爲之一變。先是，童子入泮甚易，而府取最難。凡歲、科，入學六七十名，府録不過倍之，而學使之嚴者，尚有截去後段不收考之數，大概一登府録，入泮十有七八。然而府録非有要津薦牘不可得也，故中人之家，不惜百金之費，以爲入學階梯，單寒之子，得列縣取十名内，尚可薦府，不然不能望見學使之顔色。所以有「府關」之名，以爲幸而得過此關，則文理稍順，取青衿如拾芥矣。自公下車後，力請學憲廣收數以拔孤寒。每逢考校，寬於規矩，而嚴于覆試。計每縣各覆二三十名，大抵皆真才也。後此共取一二百名，縉紳薦牘未嘗不周旋，而不礙孤寒之路。學使重其望，原其心，往往一概收試，自是童子入學始易。其爲地方興大工，如築西倉城以衛漕，築石塘以障海，造朱涇萬安橋以濟民，此皆庸才所縮手而不能舉者。公不費公帑，不擾民財，設法勸輸，委任得人，費節而功成，豈非才大而量優乎？守松凡十四年，不遷，然每以大計入覲，上已心識之。至崇禎壬午冬，以他案事詞連，勒令到京，事白，稍遷上江漕儲道。旋以督運先發，特擢爲御史中丞。未幾，遂命入東閣。十七年甲申二月，闖賊犯京城，上命公兼户部尚書，護皇太子南行，未果，而京師陷，公遂遇害。士論惜之。子二：長曰征思，承廕，吴門申氏壻；次式思，吾郡姜氏壻，順治中，喬居松郡，以穀城自流寇蹂躪之後，無家可歸故也。後之守松者，惟河間李茂先先生最慕公之清介，尚惜其後人，敬禮有加焉。

令君彭長宜，字德符，浙江海鹽人也，成崇禎癸未進士。甲申夏，來令上海，謙和下士，慈惠愛民。凡署中器用服食，並給俸薪銀平買，或至家鄉運至，絲毫不擾民間。即日用汲泉，例有水夫供給，公曰：「水夫，亦吾民也，何故而日索其汲？」乃計擔而酬之值，故當時有「不食上洋勺水」之謡。先是，差役借勢擾民，胥吏舞文亂法。自公下車，即集衆諭之曰：「吾來作令，誓不取民間一文，若輩不能藉衙門作生計矣。願留者供役，欲去者聽習他業，毋令父母妻子共受飢寒。」衆咸感激，矢志効命，不敢欺亦不忍欺也。故日刁訟，自公臨讞，委曲諭之以情理，無不歎服，而里胥役蠹侵糧抗法，公不施鞭朴，而輸將惟恐後期。以德化民，向聞其語，至是始見其人。時南中福藩新立，四鎮擁衆跋扈，各遣員役坐派地方督餉。至上海，有横索經承酒食貨賂者，公奮起力争，義形於色，員役亦服公之廉惠，相率斂威而去。撫院祁公彪佳有真切愛民之手札，代巡周公一敬有東海聖人之奬勵，非虚語也。時權相馬瑶草士英建議，凡童生應試者，令納銀三兩，免其府縣録送，竟赴學臣考試。公念貧士無由進取，乃親試文理優長者，拔取二三十名，捐俸代爲輸納，彙册送學使者。會學臣未及按試，而大兵已下金陵，弘光帝出走。公聞報，即集諸童之納銀者，悉給還之，隨令家屬歸里，誓與城社同亡。聞安撫使將至，公即閉户自經。學博陶公鑄，公之同鄉湖州人也，急走解之，百端慰諭，扶之偕歸。公乃徒步出郭，百姓倉卒追送者，不可勝數。授以騎乘之，贈以贐不納，闔縣如失慈母。其後大兵入浙，抵海鹽，公曰：「吾爲令，不能與城俱亡，悔之無及，今日猶得死于故主之土。」遂不食而卒。順治中，邑人慕公不置，肖像奉祠於城隍之東偏，即今玉皇閣下面東遺像是也。

巡方監察御史秦世禎，號瑞寰，遼東人也，以豐、沛從龍，歷官御史。順治六、七年間，巡按浙江，彈劾不避權貴，爲民興利除害，釐奸剔蠹，一時有鐵面之稱，吏畏而民懷之。時天下初定，法紀從寬，司民牧者鮮體朝廷至意，大半惟賄是求，庶僚相倣，大吏包荒。無情之訟，莫詰其奸，而訟獄日繁；不急之征，誅求四出，而差徭絡繹。縉紳之後，修怨者概指爲通南；素封之家，無端者指名爲拔富。虛詞誑上，按家計而算緡；游手謀生，望屋廛而搆隙。凡有中人之產者，莫不重足而立，遁逃無地，控訴無門，民生日惴惴矣。自世祖章皇帝親政而後，洞悉萬方之弊，惟賴巡方之官。先簡廉能以清其源，特假事權以重其任，大僚而下，一命而上，舉劾之權，悉以付之。官箴不肅，責在巡方；巡方不職，責歸憲長。而公以按浙報最。九年壬辰，復命之巡行江左，墨吏望風解綬。入境後，參劾糾彈，殆無虛日。積年衙蠹，經告發者，立正典刑，倖漏網者，抱頭鼠竄，風俗爲之廓清，民生得以安枕。江南半壁，實利賴之。及瓜報命，上識其能，擢爲御史中丞，巡撫浙江。浙人聞命，歡聲載道。其撫浙也，益勵清操，力持風紀，以肅百僚，因參浙閩總督佟不法事。

上遣緹騎逮佟入都，久之獲釋。公尋解職，江浙人至今尸祝之。

郡守李正華，字茂先，直隸河間府獻縣人也，以歲薦明經。初授山東福山縣令，孑然襆被，徒步抵任。道逢候人于逆旅，問以福山縣長消息，公曰：「若何爲問？吾即令也。」衆皆大驚，羅拜負其行囊，同之任所。清惠明察，吏不作奸，民賴其福。三年報最，稍遷濟南府同知，專理濟南等處河工。督、撫、按交章以卓異薦，順治十年癸巳陞知松江府事。松俗故靡麗，公躬率以儉樸，布衣蔬食，官舍蕭然，而吏事精勤，案牘山積，纖悉必親爲裁決。午夜即起，簽書吏持文書至，必視其可否。緩急失宜者，笞罰隨至；可否失實者，立置重典。久之而案牘肅清，吏以得免送判爲幸。絶竿牘，禁苞苴，縉紳屬吏視若神明，罔敢干以私也。初承鼎革後，督、撫差弁下郡縣，與守令抗禮。自公下車，力争其非。時札弁周某捧撫檄至府，持名帖上堂，公正色拒之，抱恨而去。訴於撫院，公以去位争之，賴制府挽留而止。以後差弁凛畏，遂爲定制。時泖寇沈新糾衆刦掠，提鎮張公桂吾天禄欲發兵剿捕。公力言，兵行必濫及無辜，不若嚴督捕役，刻期捕之。乃立重法，懸賞格，俾不敢萌縱盜之心，且不容有通盜之術。役争自奮，寇無援營，旬日間即獲數十人，訊鞫得實，立置之死。閲兩日，而渠寇亦得伏法，不煩兵革，巨寇潛消。公之造福于民非細矣。松屬舊惟華、上、青三縣，而華亭附郭最大，積逋粮額甚多。公患一令難以清理，乃建議中分華亭爲二縣，請諸上台疏於朝，從之。命以西華亭爲婁縣，自土地、人民以及學校、市廛、賦役，俱中分之。迄今華、婁猶稱大邑，號難治也。在任四年，以催徵積逋未清，部議降級而去。撫院張公中元、代巡李公森先俱重公廉能，交章請留，部持例不得請。去之日，士民送者擁塞道路，自府以西，直抵西郊外數里，人不能行，家設位焚香燃燭，或具酒漿蔬果，或齎粮米布帛，或聚銀錢祖餞。公酌量辭受，慰以温言，遣之使歸。有涕泣徒步，或鼓棹相從，送至吴門，遠及江上者，不可勝計。自古長吏去官，餞送之盛，未有如公者。既歸里，杜門却掃，不與外事。其後，松人思公不置，凡入都者，往往紆道晉謁，公必具酒食款之，細詢近日地方風俗，仕宦交遊，興替得失，或留信宿而別。康熙十年辛亥，吾邑士民數十人以公事北上，特走謁公。公方開家塾，坐絳帳，授生徒，并課子孫。被服不異寒士，而鬚髩皤然，與野老無辨。款留士民，一如平日。鄰里聚觀，公亦歡然自得也。子二，其長君自公守松時已補博士弟子員，次君初就外傅，今已中式武科。于公之門，將來正未可量耳。

邑令李復興，字應斗，山東濟南府濱州人也。舉順治丙戌孝廉，屢困公車，不得已而謁選。康熙四、五年間，除授婁縣令。婁故政繁賦重，又附郭滿、漢大臣，不時巡歷，軍伍充斥，供頓迎送不遑。治歲餘，殊無異績，後失愛于巡鹺使者，因公詿誤，被參罷職去。歲餘而論定，仍以原官叙用。時吴中積逋，縣必數十萬，令長如治亂絲，苦無其緒。民間十年並徵，疲于奔命。吏胥乘間作奸，或田少而反充囤首，則一人而辦一圖之粮，小户而催大户之税，完課者日受鞭笞，逋賦者逍遥局外。兼之征調不時，工役不息，富家以賄得脱，貧户重叠而當差，前工未竟，後役又輪，一票未銷，數牌叠至，差役勢同狼虎，小民時被雷霆。民自受田三百畝以上者，即有鼇頭囤首之虞，中人之産無論已。黠者以遁脱，愚者以命殉。一人逃去，累及三黨，故有全里舉鄉爲甌脱者。公向已憂之，及再來令婁，細心計之，衆議僉同，謀所以救之者，莫如倣嘉興、湖州均田均役之法，力請于郡首張公升衢羽明、撫院心康韓公世琦，移咨浙屬，禮聘嘉、湖精於會計者到松，仿彼成例，斟酌立法，悉除收兑、囤首、鼇頭、總甲、塘長諸役名色。凡有田者，各自立户完粮。自完粮外，别無雜派徭役。于是豪猾無所施其詐，衙役無所逞其奸，居民始得安枕，逃者稍稍復歸。迄今賦雖重，而室無逃亡，田無汙萊者，皆公一人首倡更張之力也。自公立法，而華、上、青三縣皆效之，則公之利民溥矣。其後，以前任逋額催徵逾限罷任，松民若失父母，攀留不得。公尚居松候代，未幾病卒，闔郡悲之，幾爲罷市。公之任内，以胥吏侵挪，尚空帑金二千餘金。任後一年不完者，法應全家徙邊。公卒後，將逾限，松民懼累公，咸願捐資助完。具呈郡守魯公謙菴超，請先報完期，而約合郡士民樂助。魯公既許之，一時助者響應，不日而足。公之家屬得免。公律己嚴，待人寬，貌癯而性和，兩涖婁邑，四壁蕭然，幾至不能舉火。廉吏至此，不克大用，可惜也。然松郡自黄童至白髪，無不戴公慕公，家祠而户祝公者比比。自本朝三十餘年，令松者惟公爲第一，則公之遺澤歷千古而不朽，雖古之循吏，又何以加焉？

制府大司馬于公，名成龍，號北溟，山西永甯州人，中順治辛卯副榜，貢入太學，選授教職。歷任縣、府佐、正監司，至福建布政司，皆以廉能著績。康熙二十年辛酉，陞都察院右副都御史，巡撫直隸三輔，長吏望風肅清，八旗屯丁相戒斂迹，嚴捕逃連累之禁，清驛站冒濫之弊。愛民如慈母，察吏如嚴師。上心簡之。次年壬戌，特陞兵部尚書，兼都察院右都御史，總督江南江西文武事務。陛辭召對，密諭叮嚀，賜鞍馬衣帽及白金千兩，以旌其廉。厥後雖隆殺不一，遂爲督撫寵行成例。公拜命，即襆被出都，從者不過三五人，沿途旅食，無異過客，候吏迎接，不知其爲官長也。至河南，即出禁約，禁所屬官員送迎供帳及儀衛鼓吹。入境内，一如在途。謂正人必須正己，化下必須躬行，乃申六戒自省，曰勤撫恤，慎刑獄，絶賄賂，杜私派，嚴徵收，崇節儉。而後以四禁率屬，一通賄，二遊客，三節禮，四假命。下車之日，屬僚凛凛，人不自保，而公則先以寬大示之，謂前此穢迹，各宜痛自湔洗，今後官箴，慎勿再蹈前轍，倘有敗檢，白簡無私，莫冀姑息也。屬吏又喜出望外，然已不寒而慄。由是轉貪官爲廉能，化酷吏爲循良者甚衆。其勸民也，嚴保甲則遊手奸猾越境而逃遁，崇鄉約則農工商賈不學而良，民間無益之費，如迎神、賽會高臺演劇之類，不禁而自息。其宴享、婚嫁、喪葬諸大禮，好奢者輒以于公之戒爲自斂戢。而最惠於民者，前此里人有以殺命訟者，無論真僞，必連及里甲，富户爲之破家，貧者經年犴狴，甚至鄰里有逃亡一空者。及地方失盗，不聞於官，則以失盗罪失主，一聞官，則以盗之大小問失主。報小盗必駁，疑其爲大盜，報大盜則官懼考成，又必駁令改小盜。甚至失物無幾，因各衙門之駁，提認贓而破家，連年匍匐公庭者。因公蒞任，而此風爲之頓息。其絶私干，雖鄉衮大僚，罔敢以片言陳情。至爲公事，即子衿氓庶，皆得晉謁盡言。于觀風試士，拔其尤者，兩江共五十餘人，彙致省城，膳之公館，選嚴明教諭朝夕督課之，時親造勸勉，評其制義，以期必售，多士無不愛戴之。他如嚴捕役以縱盜害民之禁，武弁縱部兵生事之禁。其有益地方者，不可枚舉。上聞而嘉之，特賜額匾，一曰「清慎勤」，一曰「貞晚節」，賜以對聯二，一曰「十目所視，十手所指，其嚴乎；仰不愧天，俯不怍人，二樂也」，一曰「敷奏以言，明試以功，車服以庸，爾其勗諸；視其所以，觀其所由，察其所安，可不慎與」，皆遣官齎賜。人臣之榮，亦僅見者。有士流兄弟搆訟，公以至誠片語動之，各愧悔謝去。其後以法懲龍江關使者，故要津客也，入訴之當事，競請差專員往勘，上不許。時適有滿洲使者以他事在省，即令體訪以聞，滿使上其事，謂曲在督臣，章下所司，議革職。上以太重，駁令再議，繼議降級調用。上大怒，至抵部覆於地曰：「于總督是清官，苞苴不至，爾等便如此議了？」部臣惶懼而退。後上終全部臣之體，准其降級，特命免調留任。中外大喜，無不頌聖鑒之明且遠，而幸兩江之不失慈母也。自是以後，公益勵精圖治。二十三年甲子四月初，尚强健無恙。至十七日，忽抱疴，遣人往天妃宫卜之以籤，籤云：「過盡風波險浪災，此身方許脱塵埃。一聲霹靂生頭角，直上青雲跨九垓。」是明示以騎箕之兆矣。至十八日，宴然而卒。守省將軍聞訃，單騎馳入署中，檢其篋中，惟白金三兩，制錢千餘文，及緞一匹，敝衣數事而已，此外一無所有。將軍大慟而出曰：「我枉爲小人！」蓋將軍平日見公清操凛凛，尚疑其僞，至是始心服之也。省城百姓如喪考妣，屬官賻贈以殯殮之，士民爭賻者甚衆且厚，公子以爲非公志也，概謝不受。事聞，上甚悼惜，諭所司議諸恤典，加贈賜謚及祭葬以旌之，卒謚清端，憐其居大僚而貧，且種種不得遂其志也。公督兩江時，有與公同姓名者，乃旗下任子，官知州事。公知其廉能，特薦爲江甯知府。甲子冬，上南巡，諭之曰：「于總督薦你做好官，今聞果然。」賜御書手卷一軸。即日，陞江南按察使，未幾轉陞直隸巡撫，甚得寵眷，至加宫保，重公之薦也。其爲朝廷敬禮如此。

大司空湯公者，名斌，河南睢州人也。順治己丑進士，改庶吉士，授翰林院編修。時有建議者，謂詞臣將荷大任，正宜歷中外，故往往外陞。公以例外陞陝西按察司副使，分守潼關道，廉明率屬，慈惠愛民，臺使者交薦。將内陞，以親老乞終養。告歸後，晨昏菽水，怡然自得。定省之暇，惟以讀書談道爲己任，自號潛菴，若將終身焉。未幾，丁外艱，哀毁盡禮。服闋，因母老終不赴補。康熙十七年戊午，以博學鴻儒薦，内召入都，敝衣藿食，薪水幾于不繼。逮御試璿璣玉衡賦稱旨，補授翰林院侍讀，尋升學士，清操愈勵，上心識之。二十三年甲子，特陞都察院右副都御史，巡撫江南江蘇等處。陛辭之日，召對賜宴，賜白金、鞍馬、文綺，慰諭諄諄而出。甫下車，墨吏望風解綬，而公則以身範物，不怒而威，不令而化，吏畏而民懷之。蒞任未幾，會上南巡，有司議拆毁蘇州閶門外南濠一帶，西至楓橋沿河市房，治馳道，且便挽舟。南濠爲蘇州最盛之地，百貨所集，商賈輻輳，人情惶惶。公毅然曰：「皇上心切愛民，必不忍以巡遊之故毁壞民居。御舟篙槳，亦可運行，何必强爲牽挽之計耶？」有司懼罪，猶力請。公曰：「此地方事，倘有罪及，我獨任咎，與諸公無與也。」遂不果毁。人情安堵，乃偕總督王公新命渡江迎駕，凡供御所需，處分井井，用不乏而民不擾，公私賴之。及鑾輿臨幸，與臣民相見，藹然和悦，並不以馳道不修爲忤也。扈從駕至金陵，賜蟒袍一襲，又賜御臨蘇帖律詩手卷一軸，恩寵甚渥。回鑾之後，公念天下賦税莫重於江南蘇、松、常三府，博訪廣詢，謀所以減賦之道，具疏題請，而士民呈懇不已。公出示云：「江南賦甲天下，蘇、松尤甚，業已繕疏入告，爾民宜静聽上裁，不必紛紛呈控」等語，卒爲計部所格，不果行。然公爲民請命之意不衰也。他如勸講鄉約以敦風化，嚴懲奸蠹以除民害，不可殫記。而曠之宴飲，有禁山塘、絶畫舫笙歌荒嬉之惡俗，力排寺僧，無魚軒笱屐，豐功善政，不經世不概見者，則洗滌淫祀，以解民惑也。吴中淫祀，自狄梁公奏毁以後，種種復興。其家崇户奉，鄉城遍布者，莫如五聖祠，而最作威福，使縉紳士庶凛凛奉承，不敢稍有懈志者，莫如蘇州之上方山五聖。一祀之費，幾破中人十家之産，而自朝至暮，靡日不舉，婚嫁出入，靡事不祈。稍有失儀，殃禍立至。士民苦之而不敢告勞。公廉知其實，遣使封禁寺門，抑祭者不得入，則群於門外望禱如故。有甯觸憲禁，無干神怒之意。公乃躬詣上方山，命燬其像。左右逡巡不敢，公曰：

「愚民無知，一至此乎？神果能爲祟，則我實使然，與汝輩何與？」手揮之下，命從役縱火悉焚之。因遍檄所屬江甯、蘇、松、常、鎮、淮、揚七府及徐州一州境内，無論鄉城衙宇，凡有五聖神祠者，檄到之日，悉皆拆毁，投其像於水火，違者責在有司。一月之間，江南絶五聖神祠之迹，而公已内陞矣。歲省民間金錢數千百萬。苟非盛德正氣，其能使鬼神辟易如是耶？公慮入都後，此風復熾，臨行具疏上聞。奉旨嚴禁，一如公奏。是時，皇太子出閣講讀，博選天下耆碩名儒以輔導之，命公以禮部尚書掌詹事府事。入對陛見時，上殷殷遍詢天下大事，及江南利弊，暨諸大僚賢否。公一一陳對，不訐不隱，上首肯久之，賜宴而出。故事，講官侍東宫立講，皇太子坐聽。至是，太子雅重公，特命公坐講。公曰：「講官自宋程頤侍東宫坐講以後，此禮久廢。臣不敢坐。」太子曰：「想因未奏皇上耶？」隨命緑頭牌啓奏，奉旨：「湯斌着坐講。」其爲皇上及皇太子敬禮如此。厥後，每有大事，上必訪公，每有大議，上必問湯斌以爲何如。且時有密勿咨謀，公亦知無不言，言無不盡，遂爲當路者所忌。遣人摭拾公撫吴時所短，杳不可得，遂以公前諭士民以減賦上請之榜示〔一〕託左右密呈，謂公以國賦市恩於民，以沽美譽。上心不懌，而翰林院及御史臺交章劾公，謂事事沽名釣譽欺君，競請譴黜。上皆不許。公亦以疾告，上命在邸調理。又以母老乞終

---

〔一〕遂以公前諭士民以減賦上請之榜示　「諭」，底本誤作「論」，據文義逕改。

養，上召至乾清宮，諭以迎母來京邸。即在告，仍聽支本職俸薪，而論公者猶不止。上知公以正直，不爲同朝所容，持其章不下。適大司空缺官，上特補公工部尚書，勉令視事。衆尤忌之，而公以憂憤，疾亦日甚。會議鑄錢市銅事，事屬工部，公以疾不赴，遂劾公會議不到，又不明言不到之故，大不敬，宜罷黜。因鐫二級，而公亦騎箕棄世矣。上甚悼惜，命議贈卹。禮部以照降級例請，奉旨：「湯斌卹典仍照工部尚書例全級，不得照降級例。」則公之忠節，皇上業已洞悉，不爲群言揺惑可見矣。本朝開創以來，巡撫江南者，推公爲第一，而竟未大用，天下惜之。贈諡文正，賜祭葬典禮有加。

# 宦蹟二

左都督梁公化鳳，字翀霄，陝西長安人也。善騎射，多機略，方頤白晳，有儒將風。以武科成順治丙戌進士，除授四川遊擊將軍。積功加級，陞江南安慶府副將，尋陞蘇松水師總兵官，駐防海外崇明縣。内輯兵民，外消寇警，總督郎公廷佐雅重之。會蘇松提督馬逢知驕悍不馴，郎公知公可大任，厚結以爲腹心。每請軍中事宜，輒爲提報，至減馬屬戰舡軍資以益之，公益感奮。順治十六年五月，海寇鄭成功大舉入犯，艨艟蔽江，勢甚猖獗。操江都御史朱�之江上，兵敗被執。

總漕都御史亢帥衆來援，全軍覆没，遂抵鎮江。江甯巡撫蔣及提督管禦之京口，俱敗走。鄭入鎮江，徇屬縣，江南惶惶，人無固志，直薄金陵，城門晝閉。報至京師，亦爲震驚。郎檄馬鎮上援，馬以蘇、松當海口，乃江南門户，提防亦宜慎密爲辭，第遣屬員帥衆五百人赴援，身竟留松不發。郎乃檄公，公以鄉勇守崇明，而悉衆往救。時常、鎮道梗，公帥所部從無錫、九龍迂道而往。秋八月，大破海師于省城外，擒其僞將甘，殺獲甚衆。成功踉蹌遠遁，省城圍解。是役也，城困者凡三閱月，寇黨所至，漸及江右，皆望風而靡。聞鄭敗，始皆逸去。事聞，上嘉公功，召馬鎮回京，陞公爲江南全省提督，加太子太保左都督，駐劄松江，賜賚甚厚。康熙七年戊申，丁外艱，奉旨奪情留任。公鎮松凡十餘年，日集將佐校射，仍命屬員於月之三、六、九日，各練其卒伍，嚴其賞罰，不以承平而稍暇也。公意思豪爽，喜吟咏，暇則集諸名士，偕其子鼎，會文課詩，至席歡飲，公必主席，從客談笑，極其謙和。至十年辛亥秋七月，以病卒于官，時年五十有一。訃聞，贈卹有加。子鼎，字公吕，以諸生而承恩廕，授御前侍衛。護喪歸里，而後入朝，至今在職。

## 名節一

語云：「疾風知勁草，板蕩識忠臣。」人有忠孝節義之名，非有國有家之福也。然而正人心，維風俗使人類不致淪亡者，實維賴此。是以朝廷重褒揚之典，聖賢有表章之文，良以天地間之正氣，不容一刻不存，國家所不願有者，正天下萬世之所不可無者爾。雖其間際會不同，故行己各異，或激烈於一朝，或永貞於一世，要皆出於至誠，天性之良斷，無勉强好名之意。是不得以全身遠害爲易，而視死如歸爲難，亦不得謂慷慨赴死猶易，而從容守義爲難矣。謹據見聞所及，録而紀之。名教内固有丈夫，閨閣中亦多士女，譬如三辰河漢，同耀千古，不得不連類而並彰之，一方一時之人瑞，實古今天下之坊表也。

王光承，字玠石，華亭青邨堡人也。家世力學，父君謨，以明經薦入仕。公與弟烈字名世並明敏好學，冠絶一時。幼補博士弟子員，每試則兄冠上海縣學，弟冠金山衛學，若操左券。時松郡文社甲天下，陳黄門、夏考功輩主持壇坫，仰聲譽者，莫不倒履影附。公兄弟獨從君謨先生嚴諭，閉户讀書。縉紳名士仰公兄弟，欲求一見而不可得。方相國禹修時尚守郡，高公文行，折節下交。公兄弟亦不數見，見則以道義自持，文章相質，絶口不談俗事。相國亦重公兄弟，不敢齒及塵俗，以故家計食貧。崇禎己卯，丁内艱，書賈走幣以選政請，公勉從之。所選庚辰房稿樂胥，雞林爲之紙貴。海内慕公兄弟，如仰山斗。午、未鄉會未舉，即想慕公之所選，以爲揣摩風氣之的，一出而天下應響。當時吴下選家最盛，自公選成，而皆若爲之削色。陳、夏諸先生曲求致之，而公始入社，一時聲名之重，未有如公者也。會逢甲申之變，弘光改元於南都，公以恩拔貢於王廷，未期而遭鼎革，年方壯盛，即絶意功名，甘居肥遯。順治初，溧陽陳相國百史先生柄政，王敬哉先生爲大宗伯，皆公故交也。重公望，移書趣就闈試，且懸鼎甲以待，公不應。其他要津謀所以徵聘公者，公皆峻辭。兄弟力耕以奉親，親戚故交延之家塾，亦不往，遣子弟就業者就之。所居環堵，四壁蕭然，幾于不蔽風雨，而擊鉢詠歌，怡然自得，一切餉饋，槩屏不受。仕兹土者，往往徒步訪公。公請以野服見，然後許，談久日昃，款以疏食，粗糲不堪，輒與對飯，忻然而去。沈宫詹繹堂荃初及第，給假歸省，泛一葉舟，自郡城來謁，公款之亦如是。四方之士執贄來學者，遠及三秦，近者無論已。公律己嚴，而與人甚寬厚，客見公者，如坐春風，如飲醕醪，人人以爲知己。好揚人所長，而揜其所失，以故人高其義，而樂其和。公初娶袁氏，賢而相得。母太孺人課公兄弟最嚴，夫婦罕得聚首，後因早亡，公悼惜之，終不再娶。庶出一女，擇配揚子岳雲，雙鶴快壻也。自丁外艱後，如夫人亦棄世，後弟名世相繼殁，公遂絶吟咏，孑然獨處，如枯禪老衲。贅壻於家，相依爲命。晚年多病，足不窺户外。間遇天氣晴和，一接賓客，執手慇懃，緩步以送，不覺過橋至數百步外。行人見之，目爲人瑞。都門達者，遍檄士林，每遇松人，必問先生安否，詳詢其起居狀貌，有生不同方之恨。要之，非公所樂也。年七十有一而卒，時康熙丁巳五月也。從公治命，以名世之次子蒼庭爲嗣，海内聞者無不歎惜之。

侯承祖，字懷玉，其上世自洪武初以開國軍功世襲直隸金山衛指揮，因家于官。平居慷慨，多大略。時承平日久，武備廢弛，公既襲爵，鋭意講武。崇禎中，歷陞本衛參將。見四方多故，時有請纓之志。衛多軍籍，所隸半屬親故。公日勉以忠孝大義，愛之如子弟，而訓之如嚴師，衆皆感奮，咸以靖寇立功自任。會遭甲申之變，弘光帝即位于南都，政以賄成，官以賂得，莫用公者。公知事不可爲，遂與弟承祚誓以死職。乙酉，大兵下江南。八月，克松江，都督總兵官李公成棟遣使招公，公不應，集衆諭之曰：「吾與若等世受國恩，既不能俘成滅獻，報先帝于地下，義不可更事二君，以辱祖宗，惟有與此城俱存亡，勿爲降將，同臣僕也。」李鎮義之，使一再往，許以復位世職，同立功名。公閉城拒守，終不得入。李乃親帥三軍以攻之，王師自克維揚南下，勢如破竹，軍聲所至，無不望風納款。蓋以軍法最嚴，凡將士攻城，密布雲梯，緣尾而上，前者被殺，後即繼登，稍退縮者即斬以狥。惟金山攻圍既久，積尸盈城下。城上登陴拒守者，亦死傷相繼，而以逸待勞，百道並進，守禦彌固。且時出鋭師，以襲外兵。其後廣調外兵協攻，金山孤城無援，軍實粮餉俱絶，而守備自若。會有庠生某開門納鎮兵，城中遂潰。公聞變，退歸私第，遂與夫人訣。夫人曰：「公不負國，我甯可負公哉？」先自殺，乃謂其二子世禄、世廕曰：「吾分當死職，汝宜姑遁，以圖後效。」二子曰：「父爲國死，兒爲父死，義也。」争願同死。其兄世禄謂弟曰：「父死，不可以無後。吾宜從父，爾宜亟走，相機以圖復興，亦父志也，不可違。」世廕遂拜辭父兄，突圍而出。李鎮入城，執公父子欲降之。公不從，乃先殺公，示其子曰：「汝降則免，否則亦次及矣。」

公子罵且哭曰：「父已被殺，吾豈求生？惟幸速死，從父地下，報先帝耳。」李命懸諸竿，集衆仰射之。未及中，呼曰：「姑釋吾下。」李鎮喜，意其畏而將降也，遽命下之，索衣冠與之。對父哭拜畢，北向再拜，起曰：「吾今可死矣，仍懸吾上，任汝射也。」乃殺之。二僕哭主不屈，亦同死。李鎮歎曰：「使天下城守盡如侯公，吾兵安能至此？闔門盡節，可謂真忠臣矣。」具禮收葬，設牲牢拜祭，并殺開門生，取心祭公父子以謝之。越二年丁亥，吴鎮勝兆謀叛，公之次子世廕與焉。事敗被執，將就戮。其妻某氏操壺觴奔往生奠之。世廕張目叱使去，婦曰：「吾來非别郎，郎第飲此，吾將從郎於地下耳。」世廕曰：「爾能如此，吾復何憂？」取酒一吸而盡。其妻從衣袖中抽刀先自刎死，而後公之次子亦見殺。

黄周星，字九烟，金陵上元人也。初生時，爲周氏乞養，故從周姓，名星。由湖廣湘潭籍入北雍，登崇禎癸酉順天鄉榜，庚辰成進士。甲申謁選，得請復黄姓，加于原名，不忘周也。公幼敏而嗜古，質直而抗爽，讀書目數行下。詩宗李杜，書兼蘇米，性喜真率，厭繁文，素以節義自許。其與人也，樂引後進。以詩請正者，必爲之斟酌參訂，務俾盡善而止。中有不平，即面折之，不爲周旋世故、遷就悦人之故態。其鄉薦也，出於吾邑張太常訒菴先生之門。庚寅歲，曾來笥里，自述其先世爲粤東和平人，洪武中，遷閶右，實京師，高祖子隆，遂占籍應天。世業儒，以明經孝廉舉者二人，至父一鵬而貧甚。母徐氏，既生二子三女，萬曆辛亥復有娠。楚諸生周逢泰者，故方伯冢孫，年少性豪，與元配張齟齬，客遊長沙，納妾涂氏。張大恚，訴於父叔，訟諸官。周族好事者從而附和之，生不勝忿，乃棄田宅，擲青衿，獨與涂避居金陵，適與黄氏爲鄰。時周無子，涂急欲以得子抗張，知徐懷娠，貧不能舉，因黄之姑潛相訂約，涂乃與周室密謀僞爲有娠。至彌月，徐既生公。黄姑夜抱以畀涂，周遂以生子告。事雖秘，然人言嘖嘖，楚湘間亦頗聞之。至丁丑，公生二十七年矣。周翁於乙卯先舉孝廉，嫡張繼卒，廣置數姬。生有九男四女，而黄翁夫婦年逾六旬，四子長幼俱没，獨次子尚存，然已病羸。聞三男已舉孝廉，而又屬之他姓，恐難與争，念黄氏不絶如綫，每對影嗟吁，涕泗而已。是夏，公以下第還金陵，欲覓一僻地授經，爲揣摩計。一日，偕二三友過秦淮東，覓之，行久飢疲，入道旁家少憩，有老人自外來，揖客而入。少間復出，數數往來，于衆中猶目攝，公亦不自知也。蓋老人見公狀貌酷似其長男，故觸目傷心，且詫異之，爲具酒食，款飲而散。越數日，公懷柬往謝，翁見公姓名大駭，然亦不敢言，惟治饌肅客，有加于初爾。公德翁意，因謀及下帷地，翁就近爲公覓館，有蔡生從焉。翁乃屢持醪脯相勞苦〔二〕，公莫知所謂，而道路喧傳，咸謂公已歸宗矣。周翁怒，令其子作書譙讓之。公發書，駭不可解。詢諸蔡生，爲詳述其故，始知向之老人即公本生父母也。乃相見拜哭，然知周翁怒甚，囑親故往解之，不得白，

〔二〕 翁乃屢持醪脯相勞苦 「醪」，底本誤作「膠」，據文義逕改。

公乃避跡廣陵。庚辰捷後，謀諸先達，僉謂周既多男，公宜疏請復姓。公不忍負周，欲于南歸省覲時，以至情相告。幸而得請，甚善，否則謀報德而去耳。觀政畢，既歸白下，黄翁病羸，次子亦殁。叩周氏所居，則已挈家歸楚矣。公即買單舸，疾趨楚，以除夕前抵中湘，周翁已病半載。公頓首堂下，具幣陳款，杯酒接歡如平時，日侍醫藥。至辛巳仲秋，周翁捐館，公丁外艱，爲處分三十年未定之案，以成周翁之志。翁故有田産萬餘畝，諸姬子析受有年矣，而兆域未卜，乃葬翁於方伯之兆。涂母有田數百畝，不欲去楚，而依其女。諸姬有女未嫁者，公以前所得分之田資其匳。經畫初定，而闖、獻二寇已分踞荆、岳，遂犯中湘，大肆焚戮。公先二日盡棄輜糧，覓小艇由豫章間道歸金陵，而徐母又去世矣。獨與本生父相見，握手悲涕，恍如再世，此癸未九月也。次年甲申，京師告變，福藩帝於南都，乃赴銓曹，得授户部浙江司主事，始疏請歸宗。越明年，大兵下江南，弘光帝出走，公亦棄官入山，年三十有五耳。當路雅慕公名，共謀薦舉。公謝曰：「某自問樗材，素無宦情，遭逢鼎革，所以不死者，上念老親獨子，嫡嗣未舉，偷生苟活，存黄氏一綫耳。敢冀宦達乎？」迨父卒，終喪葬，惟隱居教授以自給，無故餽遺，一介不取。或以筆墨請者，有所贈，則不却，曰：「吾以養廉也。」然必值公興之所至，苟强之，即隻字千金亦不可得。惟投之以詩者必和，是以所著詩詞、古文日富。以坊本唐詩選素見不鮮，乃裒選唐詩快，分驚天、泣鬼、移人三集；以百家姓之無意義也，乃作新編，以義成文；慕神仙之樂，則著將就園圖記、人天樂劇本；見制義之靡，則著補褐草，謂釋褐以前所作，未盡合法也。其他著述，不可枚舉。脱稿後，每爲坊刻購去，梓以行世。嘗游戲作金石古文及八分書，鐵筆精工，特其餘藝耳。海内仰公名如慕上古異人，接公貌者，見端莊凝重，有凛然不可近之槩，而不知其中坦然無纖毫城府也。公年逾五十，未有子，所生四女，長嫁錫山賈氏，元配出；次適嘉禾吴氏；又次適松陵吴氏。至丁未以迄己酉，連舉二子。公喜曰：「今蒸嘗有託，可以從君親于地下矣。」庚申春，復來海上，師門兄弟幾不相識，留作平原之飲。余因得追隨唱和，獲公指示，受益頗多。見公好飲，然飲未半酣輒止，而談笑之餘，時帶愁容，獨坐作歎息聲。余嘗戲慰公曰：「昔杜少陵時帶憂愁，陶彭澤放懷自樂，後人不以陶劣於杜。公何舍陶而學杜乎？」時予出所箸九梅堂雜稿求序，公即以此筆諸卷首，亦爲戲言以對，而愁終不可解也。蓋公之來此，非獨訪故，亦以季君未字，兩嗣君未卜嘉偶，欲託孔、李完向平之願耳。時訒叟先生孫湘，年弱冠矣，而未授室，不敢遽請，微示其意于公之門人張子魯綸。及公别去，張于途中述之，公曰：「世好而爲姻婭，甚善，且得壻如是亦足矣，子盍早爲吾言之？」張曰：「師果有意，即不拘世俗，躬往訂盟，誰曰不可？」越數日，公復挈其長君及其吴倩賡始來，遂與太常公子締姻盟而去。然公志初畢，殉君夙願，自此益決矣。時公依其吴壻，僑寓吴興之南，遂于五月五日自譔墓誌，爲解蜕吟十二章、絶命詞二章，踵三閭大夫之後。遇救得免，家人歡慰，而公志愈堅。六月望後夜，復赴水，冀無援者，適又爲人救免。公憤甚，而家人防益密。至七月十七夜半，乘間復蹈清流，防者覺而奔救之，公乃自絶飲食，至二十三日而卒，時年七十。故解蜕吟首章曰：「苦海空過七十年，文章節義總徒然。今朝笑逐罡風去，縱不飛升也上天。」先是，呂仙于海上曹氏降乩，謂公已冠八百地仙之籍，曹録岩先生來筍里述之，聞者笑其幻不可信。後得公訃，始知神仙之席，原以待忠孝之士。而公所著將就園圖記及人天樂劇本，其先兆與？抑公有先見而然與？公元配蕭氏，楚人；側室趙氏，二子三女皆其所出。長子椈，字禹弓，年十四，聘筍里張氏；次子榔，字寄中，年十二，未婚。皆秀慧能文，公之肖子也。

## 名節二

陳烈婦者，松陵諸生張士柏妻也。士柏死，同里富人周洪聞其美，謀娶之。烈婦大怒，罵勿應。洪欲得之，令其家誘之歸甯，于中道劫去。烈婦愈怒，與周洪格三日夜不息，得免，歸則訟之。邑令章日玠則已入周洪金，不與直。烈婦不勝憤，即罵令。令曰：「爾手能格人耶？」即梏其指。時巡按御史路振飛方按松江，烈婦至松控訴于御史。既投訟牘，遂自刺于階下，立死。御史大驚，驗其尸，則衣皆縫紉，十指俱傷，視訟牘，具得狀。御史憐之，欲窮治其事。時松有無賴諸生某者，入周洪賄，昌言曰：「陳氏居於周洪家三日矣。」御史亦惑之，狐疑未決。時許光禄譽卿里居，聞其事，移書於御史曰：「陳氏以死明其節者也。天下無殉難之貪夫，豈有守節之淫婦哉？」而孝廉陳卧子子龍、太學生徐闇公孚遠帥諸生爲文，以祭烈婦，文甚美。諸生日譁，御史聞之，遂檄捕周洪，及誘烈婦者數人，悉笞死。未幾，吴江令日玠謁上臺，將入門，如有所見，遂暴卒。吴民以是神烈婦，而義松之士大夫，乃會葬烈婦于蘇州虎邱寺之第二山門外之右，墓門東向，題曰「吴江陳烈婦之墓」，門上對聯曰：「身膏白刃風斯烈，骨葬青山草亦香。」鼎革後，余猶見之。十餘年來，匾額及對聯俱失，門上又有改題，不知誰爲之也，可爲浩歎。眉公陳繼儒亦有挽祭詩文，載全集中，兹不録。

劉氏者，宋將劉錡弟鋭之裔孫女也。年二十，適周肇隆爲繼室。閲三載，肇隆以病卒，垂白之翁在堂，承祧之子未舉，劉有遺腹三月，爲宗祀計，哀不忘孤，毁不滅性，誕生一子之才，即參兩也。劉外籌耕作，内課紡績，瞻高堂，撫藐孤，冠笄婚嫁如典禮，悉二十餘年之心力，而後參兩得以成立。參兩幼從季父習舉子業，不就，自念家貧，親老無以致養，遂從胥吏供事府曹，聊以代耕。其後參兩連舉三子，家亦漸裕，而劉始卒，年七十餘矣。參兩每以不得奉養爲恨，喪祭盡哀，營兩世之域，葬祖考妣，奉父肇隆及元配儲母之柩，偕劉合葬，祔于祖墓。參兩中子早殤，二子京、新相繼補博士弟子員，諸孫濟濟，正未有艾，論者咸謂天之所以報節母也。先是，崇禎壬午，邑令茂闇章公光岳旌其廬。本朝大巡瑞寰秦公世禎亦有旌表，行將具題建坊，會郡邑申覆稍緩。

秦公届期復命，未果，尚有待于將來云。

顧氏者，即肇隆弟雲礽之元配也。性勤慎好施，年未三十，而雲礽卒，無子。長房獨子，禮不出繼，乃請於舅，撫叔氏之次子之傑爲嗣。鞠育教誨，逾于己出。稍長，爲聘外姪孫女以婚配之，即達可也。達可本生父故邑庠名士，傳經教子，能世其家學。會當鼎革之初，人情刁險，遍地危機，中人之家，朝不保暮。達可懼孤弱不自存，因從兄參兩亦代食于官。在官兢兢自守，不敢干澤于外，供事承直，資斧悉取給於家。顧母拮据以應之，稍有餘資，則贍分宗黨，雖至傾囊亦不恤，年八十二而卒。余叨嗣君猶子之交，修登堂拜見之禮，猶及見之。

喬氏者，邑庠生澹叟公拱明之季女也。性穎慧，嫻内則，知節義事。順治乙酉三月，歸于諸生鮑如龍玉淑。五月，大兵下江南。八月，克松江，行薙髮之令。鮑居濱海，里中惡少年烏合邪教倡亂拒命，推狂生孔師爲盟主，焚攻川沙堡。川沙守將告急，總兵官李虎癡成棟帥師東渡，凡孔寇充斥之地，不分玉石，縱兵肆殺，俘掠婦女，不可勝計。喬自計韶年，必不能免，兵且至，兩姑挾之行避。喬曰：「我閨中少婦也，避將焉往？有死而已。」强之行，行且數武，至水濱，赴水而死。及兵至，鄰里親黨被掠婦女以萬計，喬獨得免，惟大義素明，故能視死如歸，超然完節也。其伯娣適陳斐之，年二十四，而斐之卒。斐之無子，并無同懷兄弟，室中所有，盡爲親黨瓜分。喬煢煢寡居，父母憐而撫之數載，紡績之餘，稍置田產，以供饘粥。父母卒，倚幼弟，躬勤拮据以自給，今年七十有二矣。皆澹叟公之女，節烈聚於一門，足徵家學，抑亦善人之報也夫。

朱氏者，岵思太史錦之同堂娣也。父邑庠生邦仲，娶於族姑所生，于予爲中表姊。及長，適予母姨之子表兄張宿南，生二女，無子。宿南卒，時年二十有七，翁姑年皆七十矣。以哭子，翁繼殁。家故貧，孝敬如一日。姑卒，喪葬盡哀。撫育二女，又往往分口食以周寡母弱弟。順治辛卯，岵思舉於鄉。己亥，冠南宫，入中祕，顯貴赫弈。胞弟銓亦稍有生殖，常奉母命迎姊歸。歸惟省母，岵思迎之，則往謁伯母，與諸弟姒相見，一問興居而出，曰：「嘗聞先人言，見兄弟不踰閾，況弟已貴，往來多貴戚。易服而居不可，間以不祥之服又不可。」雖固留，謹謝之而已。侍母數日即歸。敝廬不蔽風雨，服食起居不堪殊甚，晏如也。及母卒，送葬後，即弟銓家亦不輒往。二女自宿南初殁時，以翁姑命，長者許配范氏，即宿南伯姊之子；幼者許配凌氏。逮長成，相繼遣嫁。凌氏女先卒，依其長女于范氏姊，今年七十矣。當岵思自都門歸省時，余嘗欲與謀所以旌揚之者，編其節槩，上請當事具題，姊輒峻辭。會岵思尋卒，不果。然而一生苦節，終不可泯也。

閔氏者，嚴端伯之妻也。幼失怙，其母胡氏力苦成家，卒撫一子二女成立，婚嫁盡禮，氏即季女也。年十八，而適嚴。端伯，故素封子，淫戲無度。閔屢切諫不從，卒以此殞其生。時閔年二十三，無子，僅舉一女。閔力綜家計，仔肩門户，家不甚毁。端伯之庶弟虎字威侯，踵兄所爲，産業蕩盡，遂日肆侵削。閔與力争不得，因集親長而告之曰：「兄殁無子，産業固叔物也。第念叔亦未有子，聞姒懷娠，倘生男，得乞歸撫養，以延嚴嗣，則猶在叔矣。何不少留餘地耶？」衆共賢閔而責虎，閔得苟安。未幾，姒亦生女。姒又隨故，虎愈無賴，日伍匪人，棄賣田房無虚日，而閔不得制，遂酌留贍數畝、房數椽爲養老嫁女之資，餘不違顧。虎心猶未厭，遂謀嫁其嫂，爲盡吞之計，私許其黨施姓，密約乘夜搶逼。有老僕知之，潛奔告閔。閔乃以布自殮，藏刃以待。更餘，施果帥衆至，閔佯曰：「婦再嫁，只須本人同媒氏及主婚至，何用衆焉？吾有一言講明，而嫁方可。」施止衆而前，閔執大棍擊施仆地，衆駭而散。里黨見而義之，故不敢逼，竟得完節。後雖困乏日甚，享祀掃墓，必躬必誠，三十年如一日也。女長適凌氏，亦早寡無子。翁令再醮，度勢不能免，夜分潛出，凡三涉，得達母姨家，更乾衣，遂詣邑長告批守制，始復還家。紡績度日，三載而卒。三節相承，世所罕見。其真得諸胎教者與？

陳氏者，新場鎮南之農家女也。年二十，未字。張太常訒叟先生夫人之弟顧君惠衰年無子，聞陳氏賢，娶爲側室。顧妻張氏亦賢淑，與陳氏相得甚歡。陳生一子，甫二齡，君惠卒，父母勸其改嫁，不從。越一載，子復殤。顧氏親憐其年少無倚，勸之愈力。陳守志益堅，以嫡庶相倚爲命，誓死不貳也。如是者數年，至順治乙未秋，本朝已定江南，而松郡更謀拒守，縉紳偕潰，帥同事諸亡命附之，動稱弁員。顧之中表李君選者，素無賴，聚衆入郡，自號五伯，因糧村落，橐既飽，忽憶陳氏孤寡可逼，馳書顧宗，必欲得陳爲妾，謂不爾，且將以師逆。顧氏懼，告陳，且勸之行。陳度不能免，密紉衣裳，泣謂張曰：「本欲誓以此身從老，今不能矣，奈何？」相與痛哭竟日，夜而自縊。時秋暑，天氣尚炎，越三日，始殮，而顔色如生，衆咸異之。不數日，而大兵克松江，諸紳帥俱斃，君選及其黨踉蹌獸散，亂離甫息，人各自保，莫肯訟冤者。一日，太常長公子蓉左司理往省舅氏，夜止其家，夢陳披髮蒙血向之，若訴冤狀，驚而寤，詢知所卧榻即陳畢命地也。然以陳、顧二家無能創復仇之義，而李亦張太夫人中表子戚，公子以故不忍告之當事，而正其辟。然君選自是亦不爲親黨所齒，抑鬱無聊，困頓而死。陳仇雖不克報，而其清風烈節，終古不磨矣。康熙甲申秋八月，司理爲予述其事，特爲傳以記之。

# 閲世編卷五

## 門祚一

門祚之靡常，由來尚矣。傳曰：「高岸爲谷，深谷爲陵。」三后之季，于今爲庶，甯特近代爲然哉？以予所見三十餘年之間，廢興顯晦，如浮雲之變幻，俯仰改觀，幾同隔世。當其盛也，炙手可熱，及其衰也，門可張羅。甚者，胥原欒郤之族，未幾降爲皂隸；甕牖繩樞之子，忽而列戟高門。氓隸之人，幸邀譽命；朱門之鬼，或類若敖。既廢而興，興而復替，如環無端，天耶人耶？豈盈虚消長之數所必然耶？若曰積善必慶，積惡必殃，乃何以有時而然，有時而或不盡然耶？即如吾先大夫東瀛公，以廉吏起家，外高祖賓山宗伯，以慎勤獲眷，迄今五世，儒冠未有達者，豈真廉吏可爲而不可爲耶？要之樹德積學，譬如居家之布帛粟菽，一日不可暫缺，非遂與天爲市也。彼積善積不善之説，乃聖賢所以警世，而「正其誼不謀其利，明其道不計其功」，吾人所當自勉耳。

謹舉見聞所及，略識于後，其他遠不可考，聞不及詳者，大率類此，以俟後之任載筆者表而出之。

雲間望族，首推陸氏，昭侯以降，盛衰遞有，不必言矣。明嘉靖中，文定公樹聲及弟樹德相繼登進士。文定以辛丑會元入詞林，官至大宗伯。樹德以會魁官至開府。其後軒冕蟬聯，不一而足。以予所見，崇禎壬午一科，應天中式兄弟四人：慶臻、慶衍、慶紹、亮輔。亮輔字左臣，慶衍字椒頌，俱癸未聯捷。其他明經茂才異等，不下數十餘人，可謂一時極盛。自鼎革後，日漸中落。順治己丑，族子蘭陔振芳復成進士，官至少參。丁酉，裔孫慶曾順天中式，未幾譴謫。以後未有達者。

吾郡自嘉隆以來，簪纓之盛，莫如徐氏。徐始文貞太師階、達齋司寇陟兄弟公卿以後，甲科任子，相繼顯庸。崇禎初，文貞之曾孫澹甯本高以恩襲羽林，歷官都督，晉爵太傅，追褒四代。八世一品，同郡罕比。易代而後，世廕既革，科名莫繼。孝廉闇公孚遠遁迹海外，世業遂廢。至康熙中，始從越東因潮州守宋尚木歸誠，爲之詳請具題，未及抵家而卒。嗣後迄今亦無顯者。

吾郡張氏支派甚多，以予所聞，學士里友鴻、一鴻，其尊人醉石，故孝廉也，家頗殷厚，由邑庠入太學。易代後，往往爲鄉黨所侮，年逾五十，奮志北上，中順治丁酉順天鄉榜，成戊戌進士，除授雲南府司理，年將六旬矣。以奏銷議降歸，優游林下十餘載而卒。其以書學起家者，前有大宗伯諱天駿，又有諱翼軫者，字三星。其後有謀遠籌孫，中崇禎癸酉順天榜。順治末，除授直隸大名府司理，亦工八法，年七十餘，以疾歸里，卒，無子。後有少宗伯賓山公諱雹，即余外翁祇園先生諱儒風之高祖也。其在唐行橋者，始有東海公汝弼，以科甲起家，世有兩榜。至萬曆辛丑，瀛海以誠大魁天下，予不及見，然而崇禎之際，家聲猶盛。至本朝順治丁亥，蓼匪安茂成進士，歷官浙江學憲。其兄安豫字子建，初以府佐投誠，官至杭嘉湖道。二子相繼舉孝廉，亦稱一時之盛。今惟一孝廉世綬尚存，家亦中落矣。其在亭橋者，始自王屋先生之象，嘉靖中，以文學名天下。其後科第數傳不絕，以予及見，孝廉子念蓋崇禎中官南京户部郎。鼎革後，未有達者。今其子洮侯彦、之漢、度憲俱以詩名，曾孫孝存、永貞亦能詞。

顧氏自佐山兄弟參政起家，傳子光禄丞，清宇正心，增其式廓，助義田以贍役，賜甲第，闢名園。萬曆中，又以賑荒高義賜官光禄，亦一時之盛。崇禎末，家僅一孝廉闇生胤光，而故業餘風，猶宛然不改。至順治中，子孫以逋賦累萬，馴致毁家。康熙初，遺業蕩然無存矣。

馮氏自南岡先生以忠孝起家，聲震朝野，遂爲雲間望族。以予所見，故業雖毁，而子孫自號多才，如天垂燧。弟緯臣經世以書名家，紫賢善世以孝廉官中翰，世澤尚未替也。

林氏自衡齋太常著望松郡，孫仁甫以任子官郡守，家貲鉅萬，衣冠甲第，予猶及見也。鼎革後，仁甫卒，而家亦廢。今諸孫猶能以文望動公卿，所至延爲上客，記室、參軍，幾遍海内焉。

錢相國機山先生諱龍錫，大拜于崇禎之初，時予尚幼，不及見其盛。後以讉歸，而地方官長尊禮如故，相國之體，猶未全失也。鼎革之際，相國先卒，其後子孫以逋賦毁家，聞之流離實甚，今幾同孫叔敖之後矣。

董大宗伯文敏公其昌，少司寇幼海先生傳策，少宰邃初羽宸之叔，而浙撫中丞諱象恒之從祖也。幼海立朝大節，予不及見。予幼猶識文敏公及少宰、中丞之盛，一時大僚，集于一門，聲勢與徐抗衡，而文敏聲望直薄海外，稱極盛焉。崇禎之末，文敏先卒。順治初，少宰、中丞相繼而殁，門第漸衰。今少宰之孫閬石含以順治辛丑登進士，其弟蒼水俞庚子舉于鄉，俱以十七年奏銷罣誤，家居不仕。俞于康熙十八年以博學鴻儒薦入京，不售而歸。宗伯、中丞之後，尚未有達人。

杜大司空完三先生，諱士全，上海杜行人也。族大衆繁，科第明經孝秀，後先踵接。鼎革之際，公年逾八旬，予告歸家居，仗節而死，其後中落。今其族登春由明經任翰林孔目，同春蜀中作令。康熙十三年，蜀陷，後未知所之。

沈少司馬雲升猶龍，登萬曆丙辰進士，歷任閩撫，招降海寇鄭芝龍，陞兩廣總督，以征蠻功遷少司馬。未及抵任，大兵已下南都，弘光帝出走，遂止于家。貲財鉅萬，當乙酉之夏，松城業已歸命，郡紳復謀抗拒，推沈主盟，因與潰帥黄文麓蜚及吴淞總兵官郡人吴升階志葵同據松城。秋八月，大兵克松江，公死于亂軍中。甲第遭燬，家財星散，産没入官。長子東昇故廕羽林郎，至是削髮爲僧，改名浩然，字雪峰，棄妻子，獨居禪寺，宛如枯衲。然而縉紳先生以其工書法，能詩文，重其品行，猶樂交之。其後淩夷，衰微矣。

翰林學士楊方壺汝成，故宫諭守禮子也。父子詞林，一時華盛。崇禎之季，官階崇重，且晚可以枚卜。會遭寇變，不能殉難而歸，遂相傳有從逆之玷。鄉黨信而薄之，無以自明，鬱鬱卒。今諸子家計蕩然，幾至不能自贍。

莫方伯寅賡儼臯，故中江學憲如忠族子也。中江子雲卿是龍，父子工書，族亦甚盛。其由科第明經歷官郎署者，不一而足。崇禎中，寅賡官江右大方伯，予猶及見之。自本朝以來，其族漸衰。順治乙酉，方伯季子稺聯名春坊者，中式南闈，旋以奏銷詿誤，不得應會試。至康熙十七年戊午，始得援例納銀開復。己未，應試下第，今試署教職。

張鯢淵肯堂，天啓乙丑進士，歷官八閩巡撫中丞。鼎革之際，閩中拒命，與故同安伯鄭芝龍蜚黄共立唐藩爲帝〔二〕。順治三年，大兵克閩，獲唐王，鯢淵遁居海島，闔門自盡，僅存一子，事甯而歸，家産俱已入官，故業無從問矣。

王爲谿庭梅，弟象林庭柏，兄弟並登進士。庭梅官至大京兆尹，亦一時之盛。鼎革後，相繼而殁，家亦中落。

〔二〕與故同安伯鄭芝龍蜚黄共立唐藩爲帝　「蜚黄」，底本誤倒，據文義乙正。

王春卿臺同胞兄弟五人，陛、陞、坊、稑，並登科甲，吾郡罕匹。崇禎末，家已寖衰。至本朝順治乙未、辛丑，其孫日藻與又汧相繼登進士。日藻初名濂，故字印周，由部曹轉江西學憲，歷升浙江觀察使，家資甚富。弟及二姪並以貲爲郎。又汧字孝西，觀察之從弟也。以順治十七年奏銷一案，不得銓選。康熙十五年開納復之例，得捐銀援納，作令閩中。然而家計蕭然，不異寒士。其餘兄弟故業，亦罕有存者。

錢少司寇元冲士貴及弟世貴，先後並登進士。司寇宦成，而遭喪明之變，廣施作福，以祈嗣子，歷有年所。走謁天童密雲和尚，許其得子，命一行僧往。僧應之，隨即示寂。司寇歸，果得一子，即寶汾也。寶汾初名鼎瑞，後改芳標，中康熙丙午順天鄉榜。試南宫不售，選授中翰，給假歸里而卒。司寇殁于崇禎之季，鼎革後，家獨不廢。寶汾既殁，正虞中落，而從子金甫中康熙己未進士，改庶吉士，旋中博學鴻儒選，特授翰林院編修，纂修明史官，家聲復振。

許都諫霞城名譽卿，故通政司惺所先生諱樂善從孫也。歷萬、泰、啓、禎四朝，給事黄門，好直諫，屢罷歸。居鄉侃侃，郡邑長及縉紳俱憚之。鼎革後，削髮爲僧。從弟鶴沙纘曾，惺所曾孫也，中順治己丑進士，改庶常，歷官宫允，出爲臬憲。康熙十二年癸丑，請告回籍，門第猶盛。

浦南袁氏，以予所聞，自我實熿先登進士，其從叔定初名國休，中崇禎丙子南榜，丁丑成進士。弟國梓中壬午鄉榜，入本朝，登順治己丑進士，歷守大郡，以廉能稱。從姪璿復登辛丑進士，雖以奏銷詿誤，至今未仕，而家聲猶未替也。

唐氏自文恪公諱文獻以萬曆丙戌大魁天下，子允諧登天啓甲子鄉榜，從子昌世、昌齡相繼成進士，遂爲雲間望族。昌世字興公，官至郎署，今年八十有四，矍鑠如六十許人。昌齡字我修，先卒，家漸式微，賴興公子子鏘字宸在，中康熙丙辰進士，家聲復振。

陳卧子名子龍，故進士諱所聞子也。少以能文名，四方名士無不樂與之交。崇禎丁丑登進士，授浙江紹興府司理，時諸生許都叛亂，金、衢震動，卧子招之使降，許以不死。都慕陳名而至，卧子爲之申救，請赦其罪。當事不允，卒殺之。超陞子龍爲兵科給事中。鼎革之際，與沈少司馬猶龍等同謀抗命。克城之日，概不追論。順治四年丁亥，復入叛帥吴勝兆黨，捕甚急，赴水而死。存一子，僑居泖濱，家徒四壁，不堪殊甚。今聞亦歿矣。

夏允彝彝仲爲諸生時，即與陳卧子齊名。及同登進士，聲氣益廣，天下莫不知雲間陳、夏。歷官吏部考功郎。鼎革之際，自縊而死。其子完淳字存古，幼稟異資，讀書過目成誦。八歲能文，一時咸以大器目之。及吴帥之叛，完淳爲草檄文，詞連逮捕殺之，年未二十，無嗣。或云遺腹一子，今不知所在。

雲間章氏號稱大族。崇禎丙子，于野名曠中式應天第一，聯舉進士。同時有簡字次弓與俱中鄉榜，以文章名四方。鼎革之際，于野尚宦楚中，嗣傳聞其輔唐、桂兩藩，拒命，後竟莫知所終。

其族本綀改名霖字宗季，中順治乙未進士，家計甚豐。殿試後，除新安教授，卒于官。無子，猶子繼之，今家亦凌夷衰微矣。

虹橋宋氏自明興以來，代有聞人。以予所見，尚木存楠改名徵璧，登崇禎登未進士。兄子建存標明經，以詩文名一時。入本朝，尚木任至廣東潮州太守。從弟直方名徵輿，中順治丁亥進士，官至御史中丞。直方次子子壽名祖年，順治甲午鄉薦，亦一時之盛。自尚木、直方相繼卒于官，子壽及其兄任子河中、泰淵皆先直方而卒，弟泰麓亦殀，止存一幼弟泰夔字戒平，家亦漸替。尚木三子：長雨公霖，官宮詹從事；次久一恒，以明經選，家尚綿延。

故御史大夫岦軒李沾，崇禎戊辰進士，歷任南京兵部給事中。十七年甲申夏，聞北都陷没，與鳳撫馬瑶草士英推戴福藩，擁立爲帝。不數月，驟遷總憲，賜蟒玉，加宮保，一時貴寵莫並。季子愫字素心，先登崇禎癸酉賢書，以被論議革，至是特旨准復。入本朝，中壬辰進士，官中州學憲。父子相承，箕裘不失。未幾，岦軒即世，素心亦卒，家亦中落。今諸孫藩衍，尚未有達者。

楊都諫扶曦枝起崇禎甲戌進士，官至工部都給事中。甲申之變回籍，被論家居三十載，勢漸式微。康熙丙辰，子瑄字玉符成進士，改庶吉士，聲勢復振。

李比部逢申，初由進士官部曹，後以事論革。崇禎末，方相國禹修薦之，復職。長子舒章雯以文望傾動士林，亦由相國所薦。待詔金馬，未及登仕，會遭甲申之變，比部死于賊難。本朝定鼎，採時望，授雯誥勅撰文中書舍人。順治乙酉充山東主考官，丙戌會場同考官，亦異數也。未幾，以疾告歸，卒。二子，諸生：長定遠略繼殁，次子及孫凌夷衰微矣。

王侍御農山廣心，故儒家子也，登順治己丑進士，歷官部曹，以御史巡視倉場。以親老請假回籍。子三人：長顓士項齡，康熙丙辰進士，己未中博學鴻儒選，補授翰林院編修；次子子武九齡，中丁巳順天鄉榜，登康熙壬戌進士，改庶吉士；季季友，初名度心，康熙癸丑一甲第二名及第，嫌與父名同行，改名鴻緒，官總憲。一家父子四登科，三入詞林，亦吾郡近來科名之最盛者。

周釜山先生名茂源，字宿來，少以文章動天下，順治己丑成進士。初由部曹，歷官括蒼太守。宦七年，有異績。以順治十七年奏銷一案議降歸里，遂絶意仕途，優遊林下。又數年而卒。所著有讀書堂稿詩、古文數十卷行世。子二，長鷹垂綸，次十經緯，俱由邑庠入太學，康熙中，以明經薦補博學。綸子冰持穉廉，幼而穎悟，年十二即工詩詞古文，王侍御農山之外孫也。由邑庠入太學，雖在諸生行，時咸以大器目之。

閘港施氏，初以素封起家。萬曆戊子，叔顯大諫，始以科名顯。子紹莘，字子野，有俊才，工詞賦，爲士林所重。本朝順治壬辰，從子硯山維翰登進士。康熙中，歷官御史中丞，巡撫山東。從叔綏宜埏寶作令任邱，卒于官。綏宜仲兄埏量少有文名，亦以奏銷詿誤，援例入太學，改名用賓，爲州佐，山東萊陽令。

徐默菴鼎，字子九，順治丁亥進士，作令楚中。未幾，罷歸。年方强盛，遂絶意宦途，尊酒論文、讀書談道以自樂，優游林下幾二十載而卒。子二：長坤甫，入庠而殁；次禾實，字繡虎，由邑庠入太學。

沈大宫詹繹堂荃故，小沈學士粲之裔孫也。幼失怙，孤寡食貧，而好學不輟。順治壬辰進士第三人及第，由編翰出爲監司，旋以事詿連回京，議降甯波府同知。以書法精工，受知于上，特陞翰林院侍講，賜賚甚渥。歷官詹事、禮部侍郎兼翰林學士。二子宗攸、宗敬，相繼舉孝廉，亦以能書聞。宗敬登康熙戊辰進士，選庶吉士。

顧見山大申，初名鏞，少以能文著。順治壬辰，成進士，歷官西秦僉憲，工詩畫，爲海内所推。康熙中，卒于官。子三：長魯文輔之，次仲堪勉之，俱由邑庠入太學。仲堪以訟毁家，魯文入貲，補中翰。季子尚幼。

浦南李氏自嘉靖丁未元韜昭祥成進士以後，科第繼起，遂爲望族。入本朝，壺山先生名延禩，中順治壬辰進士，補廣西南甯司理。性豪爽，喜飲酒。其視家人生産及一切勢利泊如也。到任未幾，亦以順治十七年奏銷一案謫廣東香山丞，卒于官。貧幾不能殮，知交賻贈，得護喪歸里。長子溍永熯，舉茂才，早卒。餘子四人，不異寒儒矣。

横港彭氏，始自魯溪太守應麟，登嘉靖甲辰進士，由刑部郎出守郡。其孫韋齋彦昭，中萬曆戊午南榜。六世相承，代有聞人。韋齋于崇禎末令常山，陞浙江道御史。鼎革後，韋齋即世，家漸中落。至康熙丙辰，仲子念韋開祐成進士，家聲復振。相傳魯溪之本生父，故老儒也，貧而多子，晚得魯溪，不能育，乃以衣釵裹之，書其年庚姓氏，而棄諸道，并自承其衰老而不能育子之故，且曰，有能收養者，自子之，倘得出身，不可没其宗里。有沈姓者，無子，早適市，見而攜歸，撫育長成。補博士弟子員，猶沈姓。及登鄉薦，沈述其故，令復姓，不没其本生之故也。然雖復姓彭，而仍以父事沈。綸誥廟葬，至今以沈翁爲祖云。

東門外高氏，前朝有名以愨者，字宛思，以乙榜起家。入本朝，子層雲字二鮑，于康熙乙卯科中順天鄉榜，丙辰成進士，官通政司參議。孫曜字遠修，中康熙甲子順天鄉榜，乙丑成進士，選庶吉士。遂爲吾郡望族。

## 門祚二

上海潘氏始自恭定公笠江先生恩及其弟忠，並登科甲。恭定官至御史大夫，歷刑、工二部尚書。二子，長衡齋允哲，次充菴允端，並以進士官藩臬長。其後不特任子、貲郎，聯鑣接踵，即科第亦累傳不絶。孫雲會，字士逢，萬曆己未進士。曾孫桓，字殿虎，中天啓丁卯順天鄉榜，衣冠軒冕，綿衍百年。自殿虎歿後，家業漸衰。至本朝順治乙未，元孫堯采，字聖眉，成進士，世望復振。未幾而卒，迄今明經秀才尚不乏人，然未有以科名繼者。堯采之兄堯中初名襄，以歲薦授寶應學博，亦以奏銷歸里。康熙戊午，年已七十，復童試，邵瞻兩文宗拔取第一名，入泮，應試南闈，不售。次年己未，劉木齋文宗歲試，復取一等第三名，補廩，亦異人也。其他族子不堪者多矣。

東門陸氏自文裕公儼山先生深於弘治辛酉應天發解，乙丑登進士，官至大宫詹，晉階少宗伯。其後代有聞人，如小山、楫舜、陟岑，雖不登科甲，俱以才名顯。至萬曆中，從孫襟玄與姪起龍先後登乙榜，爲邑令。起龍字雲從，弟起鳳字雲翔，以明經薦。雲翔仲子嗚珂成順治乙未進士，司教廣陵，旋以奏銷詿誤，家居幾二十載。至康熙十五年丙辰，援例納復，補常州教授。十七年，陞國子監博士。自文裕迄今百七十餘年，衣冠奕葉，子孫蕃衍，舊第寬廣，至不能容，因而別營第宅者甚衆。若其聚族所居，從未有他姓竄入，亦吾鄉所僅見者。

黄憲副轂城體仁，相國徐文定公受業師也。名儒夙學，偃蹇場屋，至六十三而始登進士，仕至山東副憲。五子，一舉孝廉。崇禎初轂城雖卒，孝廉尚存，家業宛然無闕。自十年丁丑夏旱，縣尹偕諸紳士步禱社稷壇，日中拜跪，以中暑卒，而繼之以鼎革，憲副之澤蕩然無餘矣。

相國徐文定公光啓，字子先，號元扈，萬曆丁酉順天解元，甲辰成進士，選入庶常。萬曆末，以時方多故，請往朝鮮宣諭應援，命以少詹事兼河南道御史，練兵畿甸。崇禎初，由宗伯學士枚卜大拜，不二年而卒于官，旅館蕭然。天子雅重公，贈卹有加，遣大行護喪歸里，賜域祭葬如典禮。一子驥，字龍與，以諸生承廕，稍營家産。己卯、庚辰、辛巳之間，爲文定建坊卜葬。孫五人，三承恩廕，一先龍與卒。鼎革以後，家漸中落。今曾孫濟濟，尚未有達者。

陳冏卿滬海，名所蘊，萬曆己丑進士，歷任南銓部郎，遷中州學憲，晉南太僕少卿。性剛介，縉紳士大夫咸嚴敬之。郡邑有不平事，則于當事前慷慨直陳，守令重之，受教惟恐後。或謝之，則叱使去，曰：「我爲公，非爲私也。」遇荒年，必出家儲米粟，減其值，以濟貧民，咸頌之。惟自奉喜豪爽，名園甲第，用以娱老。年八十餘歲而卒。一子庚蕃相繼歿，族人争繼，家業遂散。

龍華張氏，自七澤所望登進士，歷官方伯，而其族遂顯。其從子或居華亭，亭橋一派是也；或居上海，在城則銀臺一派是也，在鄉則新場太常一派是也。方伯年八十一而卒，子孫繼歿，今故業蕩然，止存一孫，幾於負薪矣。

張銀臺咸池，名肇林，萬曆丁未進士，歷官南通政司參議。崇禎初，以上書忤旨，閑居林下幾二十年，聲勢猶盛也。及京師陷没，福藩帝于南都以原官起用。及大兵南下，弘光出走，銀臺復歸故里，以長子申錫被訟毁家，鬱鬱而卒，今諸子無異寒士矣。弟郴，中順治辛卯鄉榜，不及公車北上，亦以疾卒。

縣東朱氏，自嘉、正以來，歷有科第。以予所聞，子久長世登天啓壬戌進士，選授部曹，以事被逮，卒于京師。從子思皇在廷，中崇禎癸酉順天鄉榜。子周望在鎬，中壬午順天鄉榜。入本朝，歷試南宫，不售。思皇銓授河間司理，周望授廣西司理，俱以奏銷議降罷歸。今子孫有以明經、太學起筮仕者，尚有未見達者。

縣南唐氏，自景泰辛未廷美瑜登進士，歷官都憲。其從子錦字士絅，中弘治丙辰進士，以後明經、孝秀接踵而起，遂爲望族。崇禎己卯，族孫次仲汝玫舉于南闈，屢上公車不售，順治中卒。子孫今亦式微矣。

閔行喬氏，自嘉靖乙丑允德懋敬登進士，官至方伯，其後伯珪一琦工八法，膂力絶倫，副遼左劉大將軍綎，殁于王事。其族子時英、時敏兄弟並登進士，典籍之文，中天啓甲子應天鄉榜。時敏子履將崇禎初復舉孝廉，一時亦稱望族。其後相繼殁，迨本朝，伯珪子定侯爲弘光時水師總兵官，率衆歸誠，未幾而卒。今子孫亦凌夷衰微矣。

川沙喬氏，自嘉靖時春山鏜以練鄉勇拒倭，城川沙起家。子元洲木、孫訒齋拱璧，父子進士，官至監司。元洲三子，長敏齋拱辰，次仲淵拱宿，並以貲爲郎。子孫藩衍，彬彬蔚起，遂爲海濱望族。敏齋長子明懷煒，官中翰，進秩儀部郎，聲勢交遊之盛，不減兩榜。鼎革以後，日漸式微。自順治庚寅明懷棄世後，子孫宗族日益衰微。其流派在華亭者，有爲霖夢蛟，登順治戊戌進士，以奏銷詿誤，家居不仕。其他未有顯者。

艾方伯可久，登嘉靖壬戌進士，歷官陝西大方伯。至崇禎時，其孫中翰伯衡名廷璣，猶列縉紳，世業亦如故也。自伯衡殁，會遭鼎革，幾即凌夷。康熙丁巳，伯衡孫汝成舉于南闈，家聲賴以不替，而族子單寒者多矣。

姚方伯通所永濟，由萬曆戊戌進士入禮垣，歷兩浙藩臬長，家甚豐腴。鼎革之際，散于兵火。順治中，年九十餘，步履矍鑠，如六十許人，遠近慕爲人瑞。壽九十七而卒。今子孫寥落，不異寒士矣。

新場朱氏，自雲來國盛登萬曆庚戌進士，以監司護漕有功，晉階至大司空。旋以被論降太常卿，歸里，因黨禍攻擊，遂杜門不出。奢於自奉，聲伎滿前，以終其身。今惟仲子軒工八法，以貲起爲郎，餘子俱等寒門，故業無有存者。

上海趙氏，先世出自宋裔，明世有爲儀賓者，卜居南城。春卿繼之，族遂繁衍。以予所見，虞初、東曦祖孫登進士，皆給事黄門。虞初未及大用而卒，存孤俱幼。至本朝，仲子子瞻登順治辛丑進士，以十七年奏銷詿誤，不得授官，賫志而没。今子弟尚有能文者，而故業所存亦無幾矣。

王氏自隆槐國棟以貲起家，官翰林典籍，後以孝廉舉者四人。國材爲臨海令，頫未授職而卒，頫子陛彦與國材子譯書生世焯並官誥勑撰文中翰，家各饒裕，在上海亦一時之盛。大兵下金陵，世焯奉豫王之命，安撫松江。旋里，未幾而殁。自是以來，世澤俱日替矣。

家振隱先生，諱有聲，萬曆乙卯南闈發解，丙辰成進士。天啓末，官給事黄門，以忤璫罷歸。崇禎初，復職，後由江右方伯一歲中屢遷御史中丞，兩經枚卜，不及大拜，亦一時知遇之盛也。子三人，長翊飛諱翔龍，次羽生諱景龍，俱以明經薦。鼎革以後，外侮間至。順治辛丑，季子蒼岩諱映榴登進士，選庶常，入詞林，宗風復振。今諸孫雍薦明經者甚衆。

張太常訒叟先生諱元始，崇禎戊辰進士，由大行入諫垣，彈劾不避權貴，最稱得君。十年丁丑，掌户垣，以時方多故，各餉告急，特旨命公督催蘇松粮餉。按部桑梓，從前未有。行將大用，會丁内艱，不果。甲申，服闋〔二〕，補太常少卿。未幾，因鼎革歸里，杜門謝客，數載而卒。子二，長蓉左諤，次武征廷簡，俱明經。蓉左選授司理，武征早卒。今諸孫由邑庠入太學者數人，世業不改。

范香令文若，生而英敏，九歲能文，年十七而舉于鄉，成萬曆己未進士。兩仕劇邑，著績，遷部曹，以家隷發難，被刺而卒。子五人，四有文名。鼎革以後，世業竟無餘矣。

張采初元玘，天啓壬戌進士，由部曹出守建甯，被論回籍。從弟元龍字封玉，舉孝廉，作教江陰。崇禎中，相繼卒，家聲幾替。順治辛卯，家孫錫懌字越九中式南闈，乙未成進士。弟錤由太

〔二〕 服闋 「服」，底本誤作「復」，據文義逕改。

學授中翰，世澤復振。

朱文遠永佑，閔行人也。崇禎辛未進士，歷官銓部郎，以丁艱歸里，聲勢甚盛。未幾而卒。鼎革以後，其從子明卜爲叛帥吴勝兆黨詞連，家産入官，世業蕩然矣。

顧繩所國紳，由孝廉歷官粤西監司。崇禎末年，七十餘，告老歸里。子孫數十人半列衣冠，亦一時之盛。未幾而卒。鼎革以後，凌夷衰微矣。

徐陵如天麟，少有文名，年將四十，入邑庠，尋中天啓甲子應天鄉榜。崇禎辛未，成進士，授南兵部，職方主政，丁内艱歸。性豪爽，議論侃直，無所畏避。未幾以疾卒。鼎革以後，子孫式微，不免負薪。識者傷之。

周賈生汝誼，少有文名，中崇禎癸酉應天鄉榜。庚辰下第，會蒙召對稱旨，得賜進士，授河南興國州守。未幾，罷歸。鼎革以後，子斌被訟毁家。從弟廣菴金然、姪譽凡爾美並中康熙壬子北闈鄉榜，家聲復振。金然于壬戌成進士，選入翰林院，官庶吉士。

川沙王氏，自嘉、隆間以素封起家。萬曆中，芙陽舉孝廉，芙陽子公覲觀光、姪台承逢年俱以貲郎佐郡。中年歸里。公覲玩好聲色，服食起居，必極一時之選，豪華性成，家雖中落不改。台承家亦富厚，而豪邁不及公覲。公覲十五子，并台承子共二十餘人，半列膠庠，亦濱海一時之盛。崇禎末，家漸式微。鼎革後，廢毁殆盡矣。

南滙顧氏，始自介石其言，登崇禎己卯應天鄉榜，庚辰成進士，授粤東香山令。崇禎末，報最入都，掖垣須次。會逢鼎革，歸里，尋以薦起爲西秦藩幕。子五人：次聖階昌時，中順治甲午南榜，授中書舍人；季受周昌祚，中康熙己酉北闈。其餘子孫俱入邑庠，或遊太學者甚衆，遂爲海上著姓。

朱太史岵思錦，字天襄，家世業儒。其贈君伯師積學能文，求一青衿而終不得。生二子，長即岵思，次拂鐘錚，俱已少年入庠。拂鐘早卒，岵思試輒冠軍，中順治辛卯南榜己亥會元，選庶吉士。康熙改元，覃恩封贈，伯師已卒，竟得照子贈官，喪葬備禮。岵思亦以順治十七年奏銷議降，值丁内艱，遂絶意仕途，優遊林下，數載而卒。子三人，長九來源，次武瞻淇，次誦芬溶，俱由邑庠入太學，世業不改。

朱掌科蒿菴紹鳳，中崇禎癸酉應天鄉榜，順治乙丑成進士，歷官户部都給事中。立朝侃侃，世祖章皇帝初信任之，後以建言補外，復以他案詞連被逮，卒于京。子三人，俱由邑庠入太學。長廷源，以明經司教。從子酉修廷獻，中順治庚子鄉榜，旋以奏銷，不得會試。康熙戊午，援例納復，己未成進士。酉修封翁銘範，年八十一卒，而乳母夫婦尚存，年俱九十九，矍鑠善步，自鄉出鎮。聞封翁卒，尚呼其乳名，曰：「何至是耶？」聞者異之。

曹緑岩垂燦，其先世醫也，有還金之德。至君升封翁，遂與緑岩及其弟天翼垂雲俱入府庠，中順治乙酉南榜，丁亥成進士。兩任邑令，有政聲。歸里以後，好言陰德，不與户外事。子姪濟濟，並以明經孝秀列于衣冠。從子泰曾，垂雲子也，中康熙戊午南榜，遂爲海邑望族。

徐謙六士吉，前此初無聞人。少年以力學能文，中順治丙辰進士，不能廷對而歸，年未三十也。里黨慕之，傾貲結納者甚衆。至戊戌始就殿試，補秦中鞏昌司理。未及之官而卒，無嗣。其父君卿尚存，識者傷之。

張青琱宸，少有俊才，弘光時以諸生從喬總戎定傒軍中，由功貢入太學。及鼎革後，遊京師，工詩文，公卿争延爲幕客。時南雍已廢，復就昌平籍入黌，援例由太學授中翰，奉詔宣布粤東，使旋歸里，條上邑中不便事，得邀諭旨，晉兵曹主政，轉員外郎。丁内艱歸，爲怨家告訐不已。一子剛中，已受稩邑庠，年方冠，羸疾而卒，無子。青琱遂抑鬱不堪，亦隨即世，家業蕭然。

浦東閔氏，故素封族也。自山紆峻少從王玠右先生兄弟遊，遂得知名郡邑。在松則交陳、夏，在婁東則交二張諸名士。入本朝，以明經補授直隸盧龍令。康熙中，内陞職方主政，以疾告歸。子二人：長勝甫璐，以貲起爲郎；次介申瑋，中康熙乙卯順天鄉榜。遂爲筍里著姓。

# 閲世編卷六

## 賦税

吾鄉賦税甲于天下，蘇州一府贏于浙江全省，松屬地方，抵蘇十分之三，而賦額乃半于蘇，則是江南之賦税莫重于蘇、松，而松爲尤甚矣。予嘗與故老談隆、萬間事，皆云物阜民熙，居官無逋賦之罰，百姓無催科之擾。今日之糧加重于昔，亦有限也，乃有司竭力催徵，參罰接踵，閭閻脂膏悉索，積逋日甚，何哉？蓋當年之考成甚寬，則郡縣之催科亦緩，積久日弛，率從蠲赦，所謂有重糧之名，無重糧之實是也。即如崇禎之季，軍興餉缺，大司農屢屢告匱，朝廷特遣科臣嚴清積逋，法綦重矣。正粮之外，有鍊餉，有加派，徵亦苛矣。然本年白銀必俟來年二月開徵，若在本年秋冬，即謂之預徵銀。以朝廷税民，應在納禾登穀之後，先徵本色以輸漕，次徵折色以濟餉，留白銀于明春起徵，亦用一緩二之意也。故終明之世，官以八分爲考成，民間完至八分者，便稱良户，完六七分者，亦爲不甚頑梗也。況承累葉太平之後，規制詳悉，存留之糧既多，則起運之額便少。如官俸不可緩也，吏胥各役工食不可緩也，師生餼廩不可緩也，衙門、城池、倉庫歲修能及時乎？廣儲濟農倉雖設，未必扣正供以貯足也。學臣歲科賞銀、新科旗匾、路費固不可缺，而郡邑季試蓬廠、供給、賞銀未必以時舉行也。科舉盤費必如額，而遺才取科者，不及領也。城守兵餉須給，而四時操賞、供給火器皆罷也。他若揚倉風汎行糧之類，可緩者不一，則徵及六七分，便可將起運錢粮解足八分，而于存留內，視其緩急，以次徵發。是以官無曠職之罰，民無竭澤之憂。本朝于順治二年五月下江南，詔本年漕白條銀照舊額重徵十分之五，一時人心翕然向風。其後裁不急之徵，減可緩之税，節可緩之用，通計歲賦，雖不能復隆、萬之初，已較輕于啓、禎之日，豈非謀國者卹民之至意哉？其如不急者裁去，則額編者皆萬不可已、萬不可緩之需。有司挪緩濟急之方窮矣，況照額編之賦，往往撥充軍餉，軍餉不可分厘少，則徵糧不可絲毫缺矣。自是而後，經徵之官皆以十分爲考成，稍不如額，即使龔、黄再世，不免參罰，故守令皇皇，惟以徵糧爲事。一切撫字，俱不及謀，而民有良頑，田有肥瘠，歲有豐歉，種種不一，額賦勢無十分之日。兼之習俗猶仍其故，不念糧輕于昔，罔知功令之嚴，拖欠者所在多有，守令往往因積逋罷官。縣之解餉，藩司又有以新徵劄舊欠之法，交盤之際，新舊縣官，互相推卸，一縣之中，前後數令，賃屋而居，不能歸里。至順治之季，江甯撫臣朱國治無以支吾，遂歸過于紳衿、衙役。題參議處之令，先行常之無錫、蘇之嘉定，至十八年五月通行于蘇、松、常、鎮四府及溧陽一縣，所題陳明錢糧拖欠之由，補入年終奏銷之例，一疏是也。當是時，紳衿、衙役欠者固有，要不及民欠十分之一。況法令之初，官役造册者俱未知儆，只照當日尾欠草草申報，或完而悞作欠，或欠少而悞作多，或完在前而册上一例填名，或完在後而册上一例掛欠。章下所司，部議不問大僚，不分多寡，在籍紳衿按名黜革，現在縉紳概行降調，于是鄉紳張玉治等二千一百七十一名、生員史順哲等一萬一千三百四十六名，俱在降革之列。初議提解到京，嚴加議處，人心惴惴。既而限旨到之日，全完者免其提解，與情少安。然仍有旨到未完，至解京之日，完而釋放者數百人，則非必無故，而甘爲纍臣矣。蘇、松、常、鎮四府無不徧及，而江甯獨免者，因太守知功令之嚴，盡數報足，而後催徵，故不及難。惟溧陽一縣適當撫臣巡駐，徑從縣中取册，不由府中，故亦與焉。自是而後，官乘大創。之後十年並徵，人當風鶴之餘，輸將恐後，變産莫售，黠術□□，或一日而應數限，或一人而對數官，應在此，失在彼。押吏勢同狼虎，士子不異俘囚。時惟有營債一途，每月利息加二加三，稍遲一日，則利上又復起利。有雷錢、月錢諸名，大都借銀十兩，加除折利，到手實止九兩，估足紋銀不過八兩幾錢，完串七兩有零。而一時不能應限，則衙門使用費已去過半，即其所存完串無幾，而一月之後，營兵追索，引類呼群，百畝之産，舉家中日用器皿、房屋人口而籍没之，尚不足以清理。鞭笞縶縛，窘急萬狀，明知其害，急不擇焉。故當日多棄田而逃者，以得脱爲樂。賦税之慘，未有甚於此時者也。康熙元年十一月十五日，訛傳上諭各年錢糧，勒限本日完足，欠者籍没，全家流徙絶域，人情大震。自辰至夕，完者争先恐後，收役應接不暇，大都半屬營逋。後知不確，而人人膽落矣。奏銷一案，據參四府一縣，共欠條銀五萬餘兩，黜革紳衿一萬三千餘人。造册之後，鄉紳一千九百二十四名，生員一萬五千四十八名，即以完過銀四萬九千一百五兩九錢，題報在案續完，冀有回天之意。其如皇上冲齡，政由四輔，但期治之必行，不原情之委曲，一掛彈章，便即降革。惟大學士金公之俊以自陳復職，其他如張太常訒菴、葉編修芳藹止欠一厘而降調，郡庠生程兆璧玠册上開欠七絲而黜革。功令之嚴，可概知矣。至康熙六年五月初六日，上始親政，下詔求言，大司馬芝麓龔公上疏，特請寬宥及蘇、松、常道安公世鼎詳請撫院韓公題復，俱不允。康熙八年己酉，總督麻公勒吉奉旨巡歷沿海，蘇、松紳衿具呈公懇。麻公惻然有憐才之意，批候詳撫會題，郡守張公升衢備文詳請。疏上，反致部駁，自是不敢復訴。不知皇上軫恤下情，灼知民間逋欠，良非得已，故于康熙三年蠲赦之後，至九年水災，凡被災之地，白銀蠲免十分之三，漕米分作三年帶徵折色。十年，上猶軫念不已，詔九年以前逋欠錢糧暫行停徵，明示蠲赦也。十三年四月，上諭：江南連歲水災，康熙十四年分錢糧蠲十之五。不由部議，斷自宸衷。不蠲積欠，而蠲未徵，曲體民隱，真如天之德。則知前此操切，皆當事者不能仰體上心耳。十四年乙卯，以軍興餉缺，廣開事例，户部始于酌議捐省條例内開一款：順治十七年奏銷一案，凡紳衿無别案被黜者，分别納銀，許其開復。原係職官照品級納銀，自六千兩起，至五百兩止，進士納銀一千五百兩，舉人納銀八百兩，貢、監生納銀二百兩，生員納銀一百二十兩，俱准開復。若運米豆、草束于秦、楚、閩、粵危疆輸納者，減本省之半。其如事經十五年，壯者衰而强者老，進身之志既灰，物力之難日甚。況事例廣開，有力者皆捐納得官，不藉科目，不援資格，即由太學中式者，往往掇巍科鼎甲。故鄉紳于百中尚納一、二，進士，舉人于十中尚納二、三，至貢、監、生員納者則千中不過一二人矣。予爲親友所累，亦在奏銷之列。當題參之始，人心震懼，相累者猶抱不安之意，使此時即有恩例，猶不難代予援納。迨至事久，人情日懈，即呼之莫應，而馬齒加長，功名之志亦衰，焉能措辦十家之産，而博一青衿耶？閱世至此，爲之興慨。略取疏稿呈稿之存者，附録于後，以識此案亦有可原之情。究之不能上格，逮天心既轉，而人事又不能副，是非人一生之時命使然，亦運會之一奇也。

兵部尚書臣龔鼎孳題爲請寬奏銷以廣恩詔事。臣伏讀康熙四年三月初五日恩詔，凡順治十八年以前拖欠錢糧，及官吏侵欺偷盜庫銀者，一概寬免，大恩溥遍，薄海歡呼矣。乃順治十八年内，各省奏銷十七年紳衿欠糧等案，該撫不論多寡，一概指參，該部未經查核，一概降革，以致三吴財賦最重，故明三百年來，從不能完之地，而年來俱報全完。雖惕息于功令，不敢不勉力輸將，然該撫朝夜拮据，及地方剜肉醫瘡之狀，可以想見。竊思自古帝皇之世，藏富于民，故能家給人足。即遇凶年，不致重困。若徒奔命于催徵，效死于鞭朴，東挪西凑，皮骨盡枯，一遇災荒，未有不轉徙溝壑者，非皇上痌瘝斯民之本意也。今順治十八年以前侵盜錢糧，既已邀恩于法外，而此十七年逋欠之紳士，甯無惻于宸衷？伏乞天慈，念奏銷事出創行，過在初犯，懲創已久，又遇恩詔敕下該撫通查處分，諸人果于順治十八年以内將原報欠數全完者，比照有司在任完糧之例，量予開復，使天下曉然知朝廷之意，原以儆惕冥愚，未嘗絶其自新之路，庶幾催科之中不失撫字，而人心感悅，民困亦以獲蘇矣。康熙六年五月初六日題。六月初六日奉旨：知道了。

整飭蘇松常道安，爲奏銷多人可憫，恩綸千載難逢，謬抒輸助之法，請憲應詔賜題，推廣皇仁，以宏作人德意事。竊維錢糧正供攸關，輸納自宜如額。國有經費，官有考成，若逋欠一分，不惟官受參罰之累，即國有虧課之虞。率土編氓，咸凛凛以急公，況名列紳衿，詎敢抗違而逋欠？如前憲于十七年奏銷題參蘇松等府之紳衿處分者一萬三千有餘，此朝廷懲玩以警將來，褫革允宜，廟堂秉公忠而憂國計，議之誠當，洵爲勵世磨鈍之大權也。但總其數，雖有累萬之多，究竟各人所欠，僅分厘之不等。然其中或有親族冒名立户者，或因歲歉而完納後時者。如官户則因遠宦在外，儒户則因遊學四方，一時照管不及者。種種情由，本人限于不覺，且參後照額全完，是與頑梗之徒故爲抗納者有間，推情似有可原。況十八年恩赦弘頒，普天同被，祇緣奏銷褫革，立法維新，雖各紳衿引領望恩，而下吏未敢援請。如康熙三年，又奉上諭，蠲免十五年以前拖欠錢糧，詿誤各官俱准免議。今皇上敬天勤民，宏開湯網，洪恩浩蕩，幽谷陽春，恭誦詔款。凡順治十六、七、八等年催徵不得，各項舊欠錢糧，照十五年以前盡行蠲免。又開舊侵盜庫銀者不赦，今亦准豁免。若奏銷之紳衿，以拖欠論，非同于侵盜也。與編氓論，同一逋欠也，與各官論，同一錢糧之處分也。乃于民欠則蠲免之，于侵盜則赦處之，于處分各官則免議之。獨此參後，已完之紳衿，鬱鬱向隅，五載沉淪，而不與編氓、官吏同邀一視之仁，推情更屬可矜。本道因思國用有常，出入之數，原自相準，今積年如許之金銀，盡行蠲免，雖朝廷意主愛民，而司農未免告匱，合無議將奏銷諸人分别鄉紳、進、舉、貢、監、生員，如向經出仕者每名納銀二千兩，進士每名納銀一千兩，舉人每名納銀五百兩，生員每名納銀五十兩，貢、監一例，俱定限六個月，願甘完納者，彙册具題，按名開復，赦其前過，予以自新。倘蒙憲臺俯允末議，則人材不致淪棄終身，國用亦資涓滴，而再造之德，與皇仁同其普遍矣。爲此具呈，乞照詳施行。康熙四年詳。因三年十一月彗見時，詔中外各官直陳得失，故詳憲請題也。

江南松江府知府張，爲人材之淹抑堪憐，受過之是非宜辨，仰祈援例題復，予以自新，以示鼓勵事。竊維人材爲國楨幹，必其儲養有素，方可取用無窮。所以朝廷設科取士，而又爲之旁求博採，原爲予以鼓勵之意，而使人知有進修之樂，家誦户吟，比屋可封，誠以文運關乎氣運不淺也。

自順治十七年，蒙前任撫院朱造報，所屬欠糧紳衿，各户共一萬三千餘員名，盡應降革，以示痛懲。于法原爲不枉，但查蘇、松二郡賦重人貧，自明季以來，每年止完六七分，積習相沿，未知儆畏。其實果在欠糧者有之，查造册在本年之冬底，而題參在次年之四月，或完在造册之時者有之，或完在未參之前者有之，或完在已參之後而未奉部文到日者有之。抑或有奸民冒立官儒户名，而本人實未知者有之；或遠官遠館而所託匪人，侵蝕悮欠者有之；或經承錯誤已完，而仍造欠者有之。種種情事，蓋難枚舉。一經題參，玉石不分，淹滯至今，幾近數載，遂致懷才抱璞之士淪落無光，家絃户誦之風忽焉中輟，一方文運，頓覺索然，豈非文教之衰微，而守土之扼腕也哉？況使功使過，朝廷每多寬宥之仁，獨此欠糧各户，非犯不教之條，在各省屢見，完者隨准開復，而江南官儒永行禁錮。職某每欲據情申請，恐又唐突負疚，是以逡巡不敢。今遇本部院斯文宗主出而節制兩江，起弊扶衰，正人材奮蔚之日。近見邸報，粤省題復續完欠，户部覆俱准開復，則事同一例。伏乞憲臺宏作人之大德，特疏題明，凡處分紳衿，其原欠錢糧曾經完足者，請通行各州縣，查督印串，彙册達部，概與開復。則地方人情未有不踴躍感奮，争先急公，人材不至終棄，草野必無遺賢，風俗丕變，千載一時矣。爲此具由申呈，伏乞照詳施行，須至呈者。

撫治下原任湖廣提學僉事，今降級周起岐等；原任翰林院編修，今革職沈世奕等；原任候選進士,今議革鄒象雍、華振鷺、黄與堅等;原舉人,今議革沈晉初、王淳中、郁裴等;原貢生,今議革胡王賓等;原生員,今議革盧矢、顧賡等具呈,爲國法無容寬假,臣罪尚可矜憐,懇憲俯賜特題,以廣皇恩,以開自新事。竊周起岐等順治十七年奏銷一案,前任撫臺朱初疏題參,隨報續完在案。因查其中欠額,有獲串未註先完後銷者,有蠹書飛灑以完作欠者,有出仕在外照料不及者,有水旱災荒偶逋欠尾者,種種情狀,實堪憫惻。伏查年來詔款,凡順治十六、七、八年催徵不得等項錢糧,照十五年以前盡行蠲免。又開舊侵盜庫銀者不赦,今亦准開免。又康熙三年上諭,寬免十五年以前錢糧,凡承追欠糧罣誤各官,俱准免議。此皇恩之著于詔款者然也。又各省奏銷,如山東舉人張景燦等、福建舉人張瑞俊等、陝西貢生張焯等,及廣東、浙江等處紳衿,俱蒙免議。此皇恩之寬宥于他省者然也。今起岐等情事相符,獨以抗糧名目擯遺聖世,等之于民,同一未完,乃于民則赦之矣;等之于役,並非侵盜,乃于役則赦之矣;等之于官,同一罣誤,乃于官則赦之矣;等之于各省,同一奏銷,乃于各省則赦之矣。竊敢比例籲陳,凡有志報效者,願照原參欠額加等議罰,以贖前愆。在朝廷既普浩蕩之恩,于國用亦收涓滴之助,但衆心矢報已久,高天欲叩無門,伏乞憲天俯察苦情,恩賜代題,片語回天,德同再造矣。爲此激切,連名上呈。

江南松江府紳衿今議降革某某等,呈爲續完之報册,現據開復之部例相符,謹籲顛末,懇賜代題，以邀一視宏仁事。竊順治十七年，江南蘇、松、常、鎮奏銷錢糧一案，尾欠五萬餘兩，紳衿褫革一萬三千餘人。此時新例初行，各縣造册匆遽，雖復竭蹶争完，而欠册已經達部。當蒙撫院朱俯念情有可原，隨經造册，具報續完，奉旨存部。近閲邸抄，有户部覆廣東巡撫劉謹援續完免議等事一疏，内引康熙三年閏六月内禮部覆都察院，遵旨察議具奏事。疏内陝西貢生張焯等、廣東生員歐鑑等、江西貢生萬來煒等、福建舉人張瑞俊等，俱係拖欠錢糧，後經續完，即照張瑞俊等仍復舉、貢、監生、生員，如有此等未經完結者，應俟到部之日再議。今萬勷臣等，該撫既援歐鑑之例具題，查續完開復年月，俱與相符，仍復生員等因。于今年四月内，遵奉諭旨，欽遵在案。某等竊念欠糧之條例，三部相同；開復之皇恩，五省一轍。論所欠之糧，則俱係順治十八年以前赦免之糧；論續完之期，則即在前撫奏銷一月之内。伏遇憲天秉鉞東南，廉明冠世，若不籲陳，何由上達？伏乞憲天電念某等俱受國恩，誰不思急公上進？止以分厘之欠尾，完納之後期，致使長負抗糧之名，獨爲聖世所棄，天恩屢赦而未及，各省同事而未伸。仰祈援例代題，同邀曠典，則某等有生之日，皆憲天再造之恩也。爲此激切，連名上呈。

康熙十五年丙辰，以軍需浩繁，國用不足，始税天下市房，不論内房多寡，惟計門面間架，每間税銀二錢，一年即止。除鄉僻田廬而外，凡京省各府、州、縣城市以及村莊落聚數家者皆遍，即草房亦同。江南總督阿公因房税報少，致奉嚴旨。其無隱漏，概可知矣。

十五年丙辰，御史張維赤建言：軍興餉缺，人臣分誼，尤當急公，請案天下地丁錢糧，除生員田畝及民田照常徵課外，凡縉紳本户錢糧原額之外，加徵十分之三，以助軍需，俟事平之日停止如舊。于是在任在籍鄉紳，及貢、監諸生，不論已未出仕者，無不徧及，白銀每兩加額三錢，漕糧每石加徵三斗，白糧白折亦如之。吴下糧重，約計每畝增銀六七分，增米五六升。往往有民田收入官户者，亦在加徵之例，致有官不如民之嘆，至今尚未停止。亦賦税之一變也。

十八年己未，詔：天下錢糧，自康熙十三年以前，民欠者盡行蠲免；十六年以前，民欠錢糧，暫令停徵。至十九年帶徵三分，爲各省報荒故也。

二十年辛酉春，以國用不給，江南撫臣慕天顔疏請再徵房税一年，比十五年所造房册，蠲免村落草房及在鎮僻巷、鰥寡孤獨所居一間門面房屋，其餘市鎮、城郭門面，平屋每間徵銀四錢，樓房每間徵銀六錢。天下皆然，惟山西以旱荒特免。

舊例，每歲秋季，户部即行天下各直省，會計明年所應用錢糧，編定來年地丁税額，所謂古人量入爲出，今則量出爲入者是也。各直省算定，達諸户部。户部會計明白，題請得旨，則頒發各直省刊刻，大張會計，自撫、藩以及府、州、縣皆印刷，鈐以衙門印信，徧送鄉紳，給發士庶，使人遵奉完納，以示畫一，杜絶衙蠹吏胥私派加添之弊，無敢擅差毫忽也。順治以後，改稱由單，而刊布、鈐印如故。自康熙丁未，科臣周明新疏參松江知府張羽明私增税額，浮于部頒，而以該府所發由單上鈐府印爲據，致奉嚴綸。以後由單概不頒發士民，惟于初定日，止印四張，實粘城門，一張粘縣治前，縉紳士庶莫從查其真額，但憑經承派額完糧而已。倘因循不改，是本欲清弊，而反滋弊矣。將來日甚一日，何所顧忌耶？

康熙二十年十二月，朝廷以滇南蕩平，四海底定，大赦天下。凡紳户田畝加徵錢糧，二十一年即行停止。其白糧折色至二十二年照舊，改徵本色。民欠錢糧自十七年以前盡行蠲免。

康熙二十六年春，詔京畿八府地丁銀盡行蠲免。冬十一月，上念江南、江蘇等處財賦重地，年來供億浩繁，詔本年地丁錢糧，凡在民欠，俱免徵。其二十七年，分江甯、蘇、松、常、鎮、淮、揚七府地丁各税，除漕項外，盡行蠲免。陝西亦因昔年用兵，不無騷擾，已免錢糧一年。今二十七年分地丁銀，再蠲一載，以示軫恤元元至意。聖恩優渥，此史册中所罕見者。

康熙二十七年十月二十三日，奉太皇太后神主升祔太廟，覃恩中外，詔山西、浙江二省及江南安、徽二府，湖廣武昌、漢陽、黄州、德安四府，二十八年分應徵地丁各項錢糧，盡行蠲免。

二十八年己巳春，聖駕南巡，復頒恩詔，各項税銀盡行蠲免。又三月二十三日上諭，户部等官云「蘇、松浮糧乃明太祖苛政，朕巡幸江南，親知民間疾苦，久欲蠲除。又念國課緊要，恐致缺乏之。今酌計已足，可傳諭九卿等集議量減，倘國用有虧，再行徵收」等語。于是九卿等在午門外會議定妥，二十四日覆旨。

# 徭役

吾鄉之甲于天下者，非獨賦稅也，徭役亦然。爲他省、他郡所無，而役之最重者，莫如布解、北運。即以吾邑論，布解每年一名，後增至三名，俱領庫銀，買粗細青藍素布，僱船起運，至京交卸；北運每年二十三名，俱領漕米，春辦上白粳糯米一萬三千餘石，僱船起運，至京交與光禄寺禄米、供用諸倉，必僉點極富大户充之。次則南運，運至南京，每年二名。次則收催、坐櫃、秤收，概縣白銀二十餘萬兩，每年四十八名。次收兑、收銀，概縣里催之，漕米一十一萬餘石，兑與運軍，每年三十八名。此所謂五年一編審之大役也。其小役，則爲十年一編審之排年、分催，皆以有土之民充之，而縉紳例有優免，不與焉。貢、監、生員優免，不過百餘畝。自優免而外，田多家富者，亦並承充。大約兩榜鄉紳，無論官階及田之多寡，決無僉役之事。乙榜則視其官崇卑，多者可免二三千畝，少者亦千畝。貢生出仕者，亦視其官，多者可免千畝，少不過三五百畝。監生未仕者，與生員等。即就選，所贏亦無幾也。其餘平民，大概有田千畝以上，充布解、北運自一二分起，至一二名止，五百畝以上充南運，二三百畝以上充催兑，或名或分，數不等，皆以通縣之民充通縣之役。二三十畝以上充排年、分催，則止就本區、本圖之民，辦本區、本圖之糧。又有總甲、塘長，即在分催排年内，輪歲承充。總甲承值往來官長鋪陳公館，一應所需，凡訟獄之重大者，必關報。塘長則修理城郭、公廨，疏浚官塘水利，以供雜泛差徭焉。立法之始，布解、北運有貼解銀，有僱船水脚銀，有起駁車脚銀，有春辦折耗米，有夫船工食米。其爲大役計者，甚周密也。南運視北，道里既近，則費與貼亦有差。至于收催、坐櫃、收銀，串張工食給于官。收兑、收漕、出兑，官有脚價，民有加耗，有費力，無費財也。排年即于分催内，十年輪一載，分催本圖業户之糧、白，以交于排年。排年赴縣完串，應比而歸。爲排年者一歲，則爲分催者九年。今歲之排年，即昔年之分催，今年之分催，即他歲之排年。互相照顧，互相勞逸，亦無雜費也。

其如年久弊生，充解運者，庫銀倉米不能給領，而發串令其自收，猶云可也。在家則總部協官有供應需索，在途則沿途催盤官役例有需索，到京則各衙門員役視爲奇貨，不滿其欲，百方勒掯，經年守候，不能竣局，而解、運兩役之苦極矣。收催到櫃，則聘算書有費，坐櫃秤收，則勢豪衙蠹包攬親戚完銀，低色輕銀不敢争，上臺差承絡繹，則折席、程儀無虚日，兼之傾銷、貼解種種諸費，而收役之苦極矣。至于收兑，昔之善值而遇時者，不惟無費，反可獲利。蓋以收米一石，則加耗三斗，糧户樂輸以爲成例，雖豪强亦不稍減也。完漕之米既多粃，而收兑又必糴粃稗以插和之，遇監兑官稍加嚴督，則運丁唯唯斛去，蓋緣漕米每石止以六斗解京，四爲耗米，以資運軍之用，外又有輕齎米，每石加二斗六升，折銀一錢三分，米色太惡者，私加不等，而講兑之官贈好米不與焉。兼之京倉交卸亦易，運軍原無不與，是以彼此通融，收兑雖爲大役，鮮有破家者。自順治三、四年後，漕規肅清，米必篩颺，民間始擇精米貯漕，而進倉之時，有司細閲詳驗，掬米偶見粒榖者，笞罰無貸，于是收兑糠粃之弊絶矣。乃運軍猶借米色，需索勒掯會銀酒飯，種種不一，馴致順治十一、二年間，會銀每石加至三錢，米色每石加至一錢五分，而當官之贈耗，額設之銀米不與焉。計諸雜費，共約每石五錢有餘，加以踢斛淋尖，幾于平米二石始完漕串一石，而鋪倉租廒脚米承上接下，送迎官長之費在外。自此收兑無不破家，而民間視之如陷阱矣。

運役之裁，自崇禎十四年始，然改北運爲官運，而以收催充之，雖無北運之名，仍有北運之實，民困猶未息也。至本朝順治三年，巡撫土公國寶洞悉民隱，檄行郡縣詳酌，議裁布解、北運、收催三役，並令官收官解白糧。舊例，府佐總部、縣佐協部即專委之，令率其屬以將事，官布則縣發庫銀，買之于牙行，而委員起運。白糧則縣派役，收諸各櫃，而親董其成。得邀諭旨，虛費革而重役息。惟櫃書收銀勒耗，不無過重，後定自封投櫃之法。櫃上不許秤兑，吏書無所假手。即使三尺童子，上櫃完銀與豪民等，民困頓蘇。

收兑之廢，自順治十五年始。是時邑紳朱蒿菴紹鳳掌户垣，抗疏力陳漕政之弊，請倣布解、北運、收催之例，亦令官收官兑，軍民不得相見。計漕一百石四耗而外，議加給米五石、銀一十兩，其餘陋規，盡行禁革。奉旨遵行，而收兑之役遂廢。

于是民間徭役止有里催。將謂大役既去，小役無傷于民，孰知弊流已極，里催之累更甚于大役乎？一則編審之時，圖書、保正上下其手也。田連阡陌者，或投津要而盡免，或憑土豪，或布金錢而役輕，勢不得不以中人小户充之。始而及于百畝之家，既而數十畝，甚而數畝之家亦派，分厘必辦。大户田糧數百畝，放徵之日，圖書婪索不遂，則良户盡留以自津貼，而悉以頑户之田令其催辦，或小户辦大户之糧，或鄉愚辦衙蠹市棍之糧，或庶民辦縉紳子弟之糧。無論不能取給應限，幾不能望見顔色，日伺候于勢豪之門，已違限于應比之際，銀既耗于衙門之用，則積欠額于正供之中，賠累既窮，鞭笞日受，不得已而貸營錢、借雷錢、掇米錢，借一還百，究竟不能清理，家業蕩然，性命殉之。

排年之法敝，變而爲五囤均充，而五囤之敝如故。五囤之法窮，變而爲鼇頭分任，而鼇頭之害愈酷。于是一聞編審，舉國惶惶，惟里書、衙蠹樂爲之利耳。一則承役之時，吏書、押差坐派需索也。糧書管限，分定某甲某區，差役催糧，預令坐圖坐保。始而相見有費，酒席有費，既而輸限有費，下鄉有費，逢節有節儀之費，歲熟有抽豐之費，歲終有年例總酬之費，加以保歇區皂之屬，約計每圖一歲所費不下數百金矣。即使依限完糧，此數項已爲成例，毫不可少。苟或完不如法，則籤票添差，絡繹四出，乘船飛騎，索酒需錢，經宿連宵，勢如狼虎。每見一限之糧，遲完一日，則供一限之虚費而不足，而糧役之望城邑如畏途矣。一則總甲、塘長之受累無窮也。總甲之初，凡遇官長往來，不過掃除公館，鋪設公座而已。塘長凡遇開河，不過備車戽水而已。重情大獄，不過報縣長，備顧問，質公道而已。迨其後，日漸貽患。在城總甲，一遇上臺按臨，有司曲意逢迎，則公館鋪設窮極華麗，甚至古玩珍奇，旁羅四列，大抵皆借勢家大室之物，以充一時之用。間遇損失，破家相償而不足，故在城者費最大。在鄉者雖次之，而一關大獄，動輒得咎，則動輒有費，臨讞官吏之誅求，兩造庭質之虛實，胥于總甲責成，經年奔命，其累或等于正犯。而河上戽水，或遇霪雨，則無時而止，此又害之小者。塘長之初，原以備公家之興作，事關闔郡闔邑。萬不得已之工，則量撥塘長，或修築，或疏浚。苟地居僻壤，工非切要，則有數年而不擾一夫者，非若他役之不能空過也。其後吏胥視爲魚肉，勢豪視爲私人，河因傍墓則令之疏浚，塘因近宅則令之修築，巧借名色以請官，官亦明知其爲私，而狥情以撥之，經承因而作奸，役十派百，挾求賄免。其或無築無修，則倡爲曠役之説，每名納銀二三十兩，官吏豪蠹假公分潤。至于有事到工之害，則地棍、土豪爲之原呈，臨之以府佐，督之以委員，各有衙役，莫不需索，傍河保歇，表裏爲奸。官蠹室已馨者。況塘長之身即是分催之身，身在工次，或悮正供，則身家性命殉之者比比也。一則雜原呈之役既飽，雖無工而作完，開疏挑築之力徒勞，縱有工而不准。故往往有工未竟，而塘長之派差役之日甚也。前朝夫徭甚衆，至於雜差則未有也。自大役裁而雜差始起，如順治初年，剿洆寇則派水手，調客兵則備馬草、馬荳、馬糟、草刀，造戰艦則有水夫、鑽夫、買樹。後因海寇入，則沿浦造橋樑、造梅樁、造鐵練、築寨臺，沿海修城堡，修烟墩，斥堠分撥，沿海養馬則造馬船，造渡口、石坡，種種不可勝舉。大概上臺偶行一二，則經承必派闔縣，土豪積蠹，因緣爲奸，聲言軍興令肅，勢難任事赴工，小民畏懼，不得不以賄脱，每圖費至一二百金，少亦必數十金。得免于此，則派于彼。力苟能免者，莫不破家從事。其餘計無所出者，則當差承役。及至到工，則必刻意誅求，計其所費，務倍行賄，使脱者自喜得計，充者悔不悉索規免，而兵工胥役益肆洋洋。前工未竟，後工繼起，初派方完，續派踵至，糧役之家，虎差時常盈室，酒漿供頓，突烟不絶。其他所費，蓋可知已。予鄰顧氏産過中人，昔曾遣其子弟就學於予，後遭役累，云一日之中，造飯二十四次。馴至康熙三年、四年間，比户棄業逃遁，民皆重足而立，良爲是也。于是巡撫部院韓公世琦聞之，行將巡歷各屬，先期微服遍訪，廉得其實，奸胥大蠹，往往立置重典，雜派差徭，從此頓息，而役法亦在物極必反之會矣。

先是均田、均役之法，浙西嘉、湖二府久已行之，蘇、松民想慕而不可得。會李應斗先生復令婁邑，習見鼇頭之害，深慮逃亡之不可測，决計請行，條陳其利，先呈郡守張公升衢。張韙之，轉詳督撫，撫公亦已稔知，因依議檄行。張公移文嘉、湖二郡，關請彼中役法，并能幹經承、吏書二人到松商酌，按成法而通融之，去其弊，採其合乎人情，宜乎土俗者，條分縷析，上其法于兩臺，并請具題，奉旨遵行在案。其法不拘原丈版圩，通計一縣之田若干畝，應新設若干圖保，每保應田若干，每圖應田若干，悉聽業户各將自己田畝收并成甲，不論甲數多寡，自立户名，完糧應比，其田不及一甲者，許令自擇親戚朋友田畝歸并成甲，造册呈縣，以繳册之先後爲編圖編保之次第。其荒墳絶户零星無人收者，謂之圖底，則于原丈本圖中收田，并甲時，照田就近均搭。糧既各自輸納，不須他人催辦，則分催、排年諸役可廢也。今臺憲罕臨郡縣，郵亭不過掃除，地方訟獄竟據兩造聽斷，則總甲之名可不立也。水利淤塞，則各就本圖業户，自開自浚，不得遠派遠差，則塘長之役亦不必設也。間有萬不得已之差，亦必照田均派，不得役此而遺役，不得重差而疊累，里胥、保正無所施其權，衙蠹、土豪無所逞其詐，人人立册，盡若紳衿，履畝完糧，呼之立應。昔年抗頑、賠累、飛灑、詭避諸惡爲之一清，而民間始不以恒産爲禍。數年以來，逃亡轉徙者復故鄉，而民困庶幾稍甦矣。雖法久不能無弊于日後，要于康熙元、二、三年之役，視今真同出湯火而登之衽席，乃縉紳有嫌其貴賤無别，欲廢均編、復里役者。康熙十五年間，奸民衙蠹逢其意而和之，誑憲幾准行矣。賴吾友周子鷹垂首率士民，力爲陳控，得以照舊不變。其造福于地方風俗民生不小也。彼惡均編之法者，曰何使吾輩下同于編户。不知均編之法，非屈縉紳而同編户，實躋編户而同縉紳。雖于君子勞心、小人勞力之義，其迹似乎無别，獨不思縉紳之數少，而編户之數多，即縉紳之後，長爲縉紳之數少，降爲編户之數多。復里役則毫無益于縉紳，居官守職之時，讀書談道之日，爲斯民計，休養者不遺餘力，至宦成林下，乃徒以意氣之必欲上人，而忍于桑梓億兆之窮黎，奪其衽席而驅諸湯火，是誠何心哉？此周子鷹垂所以不狃目前之見，而獨開博愛之心，甯忤鄉貴人之意，不恤傾財好義而爲之力救也。華亭每圖均編田三千五百二十一畝，婁縣每圖均編田二千八百四畝，上海每圖均編田四千九百四畝，青浦則照舊額二百二十三圖，每圖均編田三千三百八十二畝。上海共立十保，大約十圖爲一保，一百甲爲一圖，四十九畝零爲一甲，他邑田數、圖保雖不一，其法則同。後即日久弊生，是在良司牧倣其意，而因時斟酌，以補偏救弊而已。要之此法雖百世不變可也。

# 閲世編卷七

## 食貨一

物價之不齊也，自古而然。不意三十餘年來，一物而價或至于倍蓰什百，且自貴而賤，自賤而貴，輾轉不測，不知何時而始。憶予入小學時，歸依先大父膝下，是時百貨乍貴，先大父嘗歎息，爲予述隆、萬間物價之賤，民俗熙皡，迄今五十餘年，而物價懸絶一至于此，不無世風升降之憂。大約四方無事，則生聚廣而貿遷易，貴亦賤之徵也；疆圉多故，則土産荒而道途梗，賤亦貴之機也。故略紀食貨之最切日用，而價之最低昂者，以誌風俗之變遷，驗民生之休戚焉。

崇禎三年庚午，年荒穀貴，民多菜色，郡縣施粥賑饑。予時尚幼，未知物價。然越二載壬申夏，白米每斗價錢一百二十文，值銀一錢，民間便苦其貴，則庚午之米價概可知已。迨秋成，早米每石價錢止六百五六十文耳。自是而後，米價大約每以千文錢内外爲率。至十一、二年間，錢價日減，米價頓長，斗米三百文，計銀一錢八九分，識者憂之，然未有若十五年春之甚者。時錢價日賤，每千值銀不過四錢幾分，白米每石紋銀五兩，計錢十二千有奇。自此以往，米價以二三兩爲常。迄於本朝順治三年，斗米幾及千文。四年，白米每石紋銀四兩。六年己丑，大熟，糯米每石價止一兩二錢，川珠米每石銀九錢。七年二月，白米每石價一兩；九月，新米價至二兩，糯米一兩八錢，白米二兩五錢。八年辛卯二月，白米每石三兩；三月，每石三兩五錢；四月，每石四兩；六月，長至四兩八九錢，幾及五兩一石；七月，新穀石價二兩。次年壬辰夏，白米石價四兩；秋旱，新米無收，郡城米價二兩五六錢。次年癸巳，亦如之。嗣後以次遞減，至十四年十一月，每石米價銀止八錢，亦有六七錢者。十六年閏三月，米價又增至二兩。十八年十月，白米每石一兩五錢，新米一兩三錢；十一月，新米一兩八錢，白米二兩。康熙元年正月，白米二兩一錢，糙米一兩九錢；七月，早米一兩二錢，糯米一兩三四錢。自此以後，米價又漸減，然未有如八年己酉之賤者。九年，新米每石紋銀六錢，後至五錢有奇，後至五錢。若四、五、六月間，預借米錢，秋成還米者，石價不過三錢一二分而已。九年庚戌，大水。六月，白米長至一兩三錢；八月，新米九錢；九月中，八錢，糯米七錢；十月，石米九錢，糯米八錢有奇；十月終，石米一兩三錢，糯者稍差。十年辛亥，早米價每石一千三百文，計銀一兩一錢。十二年壬子秋，新米七百，計銀六錢三分。嗣後，以此爲常。至十七年，早新米每石價銀亦不過七錢三分。十八年春，長至一兩四五錢；秋八月，長至二兩，早新米一兩七錢；九月稍差，而山東、河南、江北、江南之蘇、常、鎮俱荒，吾郡次之，吾邑又次之。十九年夏，白米每石價銀二兩。二十一年五月，白米每石價八錢五分。至冬，新糙米每石價銀五錢六七分，蘇州則五錢一二分。二十二年冬〔二〕，白米每石價銀九錢上下。二十三年秋成〔三〕，糙米每石八九錢。次年春，白米價銀亦不過如是。

## 食貨二

荳之爲用也，油腐而外，喂馬、溉田，耗用之數，幾與米等。而土產之種類亦不一：沿海所出，蕩豆爲最，細與山東所產相似，價亦較賤；田中所產，黄荳爲常，大者有蒔菇、青白、粉團、紫香橼諸種，價亦差貴。黄荳之價，常年較米稍減，大約荳一石可准米八九斗。惟崇禎十四年辛巳，早荳多而米少，糴米一石，可糴荳二石。順治六年八月，早荳每石價銀三兩五錢，至冬，米價石銀不過一兩，而荳則石價兩八錢，猶是米二石准荳一石也。七年庚寅二月，白米每石一兩，荳

〔二〕二十二年冬　下「二」字，底本誤作「三」，據文義逕改。
〔三〕二十三年秋成　「三」，底本誤作「二」，據文義逕改。

價二兩亦如之。九月，新米二兩，荳止一兩五錢。八年三月，白米石價三兩四錢，荳亦一兩五錢；四月，白米四兩，荳止一兩二錢；六月，白米將及五兩，荳亦一兩六錢而止；秋七月，荳價忽長至三兩二錢，與新米等。十四年十一月，荳止八錢，米亦如之。十六年閏三月，荳價二兩，與白米等。十八年，新米一兩三錢，荳止八錢；是冬，白米二兩，荳止一兩二三錢。康熙二年十月，米價九錢，荳止五錢，蕩豆不過四錢有奇，以後大概六、七、八錢不等。至十八年三月，忽長至一兩二三錢；四月，至一兩四錢五分。未幾減至一兩一二錢。是秋，新荳石價七錢有奇。冬十一月，至一兩二錢。十九年春，價一兩三錢五分，後遞減至一兩。二十一年春，每石價銀七錢。夏五月，減至六錢。二十三年冬，每石價銀一兩内外。次年春亦如之。

## 食貨三

詩曰：「貽我來牟，帝命率育。」粟菽而外，可以養民者，莫如麥矣。崇禎十四年辛巳，旱。十五年，圓麥每石價錢六千〔一〕，計銀不下二兩五六錢，小麥如之，大麥亦三四千文一石。本朝順

〔一〕圓麥每石價錢六千　「錢」，底本誤作「銀」，據文義逕改。

治五年二月，圓麥每石價銀二兩一錢。八年辛卯，圓麥二兩二錢，大麥一兩五錢。四月，新小麥一兩五錢，圓麥一兩三錢。六月，圓麥石價二兩。十六年己亥閏三月，麥價每石一兩。十八年冬，麥價每石一兩三錢，或一兩□錢。康熙初，麥價始賤，大約新麥初熟，夏税始嚴，急欲糴銀，石價不過三四錢。迨六月至乾，石價亦不過五錢。數年之間，大概如是。九年庚戌，圓麥價銀六錢，小麥七錢一石。十七年戊午，小麥價至一兩二三錢，出白米上矣。十九年庚申春，圓麥長至一兩五錢，小麥將熟，每石價至二兩外，新麥亦價至八九錢一石。二十一年夏，圓麥三百五十文一石，准銀三錢一分五厘，小麥每石五百三十文，大麥每石二百五十文。

# 食貨四

吾邑地産木棉，行於浙西諸郡，紡績成布，衣被天下，而民間賦税，公私之費，亦賴以濟，故種植之廣，與秔稻等。秋收之後，予幼聞木棉百觔一擔，值銀一兩六七錢。崇禎初，漸至四五兩。甲申以後，因南北間阻，布商不行，棉花百觔一擔，不過值錢二千文，准銀五六錢而已。順治三、四年後，布漸行，花亦漸長。六年己丑，花價每百觔值銀三兩四五錢。七年九月，花價五兩百觔。八年三月，九兩一擔。是時三四年間，遞有升降，相去亦不甚懸絶。至十四年丁酉，每擔價止二兩五錢。十六年閏三月，長至四兩五錢。十八年辛丑冬，價至二兩。康熙元年正月，增至三兩。七月以後，猶二兩百觔也。九年秋，價止一兩七八錢，長至二兩五錢。十月，花價三兩有奇。十月終，每擔價銀四兩。十年辛亥十一月，花價每擔值錢三千三百，准銀亦不下三兩。十三年，上上花每擔不過二兩九錢。十六年丁巳夏，長至二兩六七錢，上者直至三兩。積年陳花，爲之一空，富商之獲利者甚衆。十八年己未秋成，棉花百觔價銀止一兩五六錢。次年夏，長至三兩。二十年辛酉夏，價銀三兩五六錢。二十一年夏五月，上白者每百觔價銀四兩一錢。二十三年秋成，上白好花每百觔價銀一兩三四錢。

# 食貨五

棉花布，吾邑所產，已有三等，而松城之飛花、尤墩、眉織不與焉。上闊尖細者曰標布，出於三林塘者爲最精，周浦次之，邑城爲下，俱走秦、晉、京邊諸路，每疋約值銀一錢五六分，最精不過一錢七八分至二錢而止。甲申、乙酉之際，值錢二三百文，准銀不及一錢矣。順治八年，價至每疋三錢三分。十一年十二月間，每疋價至四五錢，今大概以二錢爲上下也。其較標布稍狹而長者曰中機，走湖廣、江西、兩廣諸路，價與標布等。前朝標布盛行，富商巨賈操重貲而來市者，白銀動以數萬計，多或數十萬兩，少亦以萬計。以故牙行奉布商如王侯，而争布商如對壘。牙行非藉勢要之家不能立也。中機客少，貲本亦微，而所出之布亦無幾。至本朝而標客巨商罕至，近來多者，所挾不過萬金，少者或二三千金，利亦微矣。而中機之行轉盛，而昔日之作標客者，今俱改爲中機，故松人謂之新改布。更有最狹短者，曰小布，闊不過尺餘，長不過十六尺，單行於江西之饒州等處，每疋在前值銀止六七分。至順治之九年、十年間，小布盛，長價亦幾至二錢一疋。康熙元年、二、三年，猶值銀八九分至一錢也。八年己酉以後，饒商不至，此種小布遂絶。又憶前朝更有一種如標布色，稀鬆而軟者，俗名漿紗布。絡緯之法亦與標布異，邑城人往往爲之，今亦不復見矣。二十一年壬戌，中機布每疋價銀三錢上下。二十三年甲子，因棉花價賤，中機布不甚行，俱改木棉標布，每疋上上者價仍紋銀二錢上下，麤者一錢三四五分而已。

## 食貨六

薪樵而爨，比户必需。吾鄉無山陵林麓，惟藉水濱萑葦與田中種植落實所取之材，而煮海爲鹽，亦全賴此。故吾郡之薪較貴于鄰郡，大約百觔之擔，值新米一斗，准銀六七八分，或一錢内外不等。至順治三年丙戌，斗米作價一千，准銀五六錢，而柴百觔之擔亦然。惟七年二月，米價賤而柴價貴，數觔之柴一束，值米五升。八、九年亦然。是時米價低昂不等，大概數觔一束之柴，准銀五分、六分。自康熙改元以來，仍以升米爲價，有數十觔一束者，視此遞增之。十九年庚申，米價長，而柴如舊，則數觔之柴，僅可准米半升耳。至二十二年癸亥春，積雨，三月，米價賤而柴價長，十三四觔之柴則准米二升，又變局矣。康熙二十七年戊辰，柴價甚賤，十四五觔之柴值銀不過六七厘耳。

吾鄉海濱産鹽，當崇禎之初，每鹽百觔，平秤約有一百二十觔，價錢不過一錢五六分。至十六年壬午夏，大水，價至每觔紋銀五分。順治八年春，價至紋銀每觔一錢。四月以後，賣六七分一觔也。自是以後，大約每觔以紋銀一分内外爲率。至康熙二十二年癸亥春，積雨，三月，每觔紋銀三分二厘，皆從郡邑販來官鹽，私鹽絶響，亦變局也。二十七年戊辰，每觔不過六七厘。

豕肉，在崇禎之初，每觔價銀二分上下。至順治二年冬，價至每觔時錢一千，准銀一錢二分。六、七、八年之間，價猶七分一觔也。康熙十二年，每觔二分五厘，幾于復舊。後此大都三分上下。至十九年庚申夏，價至每觔五分。荳、菜油價向來視肉價爲低昂，故不另列。

茶之爲物，種亦不一。其至精者曰岕片，舊價紋銀二三兩一觔。順治四、五年間，猶賣二兩。至九、十年後，漸減至一兩二錢一觔。康熙戊午，予在江陰，曾有客持來求售，實價不過二錢一觔，然色雖如舊，而味無香氣矣。徽茶之託名松蘿者，于諸茶中猶稱佳品。順治初，每觔價一兩，後減至八錢、五六錢，今上好者不過二三錢。他若蘇茶峒山岕，歷來價色高下，不甚懸絶。惟吾郡佘山所産之茶所謂本山茶者，向不易得，其味清香，大約與徽茶等，而購之甚難，非貴游及與地主有故交密戚者不可得。即得，亦第可以兩計，不可以觔計，殆難與他茶價並低昂也。

竹紙如荆川太史連、古筐將樂紙，予幼時七十五張一刀，價銀不過二分，後漸增長。至崇禎之季、順治之初，每刀止七十張，價銀一錢五分。馴至康熙丁未，每刀不過一分八厘。自甲寅春，閩中兵變，價復驟長，每刀又至一錢四五分，往往以浙中所産醜惡者充賣。至十五年丙辰九月，耿藩歸正，而後紙價漸平。今每刀七十張，價銀三分五厘，庶幾去舊不遠。至康熙二十六年，每刀不過紋銀二分，竟復古矣。

心紅標硃，每匣重十四兩，予幼時價銀四五錢。順治四、五年間，價至每匣紋銀八九兩。八、九、十年間，猶二三兩一匣也。康熙初，其價漸減，後至上好硃一匣，價銀不過二錢五分。甲寅、乙卯之間，廣東道梗，將謂硃價又必驟長，而竟不然，今上好者每匣價銀不過三錢而已。康熙十九、二十年間，硃價復長，每匣價銀至六七八錢，及兩一二錢。二十三年，長至兩六七錢。至二十六年，遞減至四錢。

白糖，舊價上白者每觔三四分。順治初年間，價至每觔紋銀四錢，後遞減。至康熙中，復舊，今稍長至五六分。康熙二十年癸亥冬，遞減至三分、二分，黄黑者一分上下耳。

檀香，予幼時舊價每觔紋銀四五錢，後漸遞長。至順治初，每觔價至二三兩，後復漸減。至康熙十八年冬，每觔價銀不過二錢。是時，傳聞大内用爲滌器，故爲天律所禁。道家以焚檀爲戒，龔聖和曾力言之，而人多未信。至二十三年春，張真人自京師回楚，道經松江，醮壇示禁，至不復用矣。

附子，予幼時藥中亦不輕用，然而價亦甚賤，每隻一兩，值銀不過一二錢。至順治初，每隻值銀直至數十兩，家富而病急需用者，購之不惜百金。康熙以來，價日賤，今一兩一隻，止可值銀一錢，然而味亦大不如前矣。

肉桂，舊價止二三錢一觔。數年以來，價至每觔七八兩，甚至十二三兩，幾與葠價相若。近來稍差，最上者每觔價銀五兩而已。

燕窩菜，予幼時每觔價銀八錢，然猶不輕用。順治初，價亦不甚懸絶也。其後漸長，竟至每觔紋銀四兩，是非大賓嚴席不輕用矣。

法製藕粉，前朝惟露香園有之，主人用爲服餌，等於丹藥。市無鬻者。順治初，始有鬻之於市，而其價甚昂，每觔紋銀一兩五六錢，後減至一兩二錢。九年壬辰夏，猶賣紋銀八錢一觔，而舖主人猶以價賤爲恨。十二、三年之際，得法者甚多，沿街列賣，每觔不過六七分，而半和僞物，味亦大不如前矣。

大絨，前朝最貴。細而精者，謂之姑絨，每疋長十餘丈，價值百金，惟富貴之家用之，以頂重厚綾爲裏，一袍可服數十年，或傳於子孫者。自順治以來，南方亦以皮裘御冬，袍服花素緞絨，價遂賤。今最細姑絨所值不過一二十金一疋，次者八九分一尺，下者五六分而已。年來賣者絶少，販客亦不復至，價日賤，而絨亦日惡矣。

山東繭紬，集蠶繭爲之，出於山東椒樹者爲最佳，色蒼黑而氣帶椒香，污穢著之，越歲自落，不必澣濯而潔。在前朝，價與絨等，用亦如之。年來價日賤，而此種亦絶。今最上者價不過錢許一尺，甚而有三四分一尺者，則稀鬆甚於綿紬，嘉、湖、蘇、松在在皆織，故用者愈衆，而價愈賤。

葛布有數種：出於浙之慈谿、廣之雷州者爲最精；其次出江西，葛粗細不一；出於江南金壇者雖極細，然亦不可單做，必須夾裏。在前朝，非縉紳士大夫不服葛，而價亦甚貴。佳者每疋值銀三兩，長不過三丈一二尺，次者亦不下五六分一尺。自順治而後，服葛者日衆，而葛價亦日賤。今制，無人不可服葛，葛愈多而亦日濫惡矣。康熙二十八、九年，洋船販至，至精者官尺不過一分五六厘一尺，至粗者每尺七八厘耳。

眼鏡，余幼時偶見高年者用之，亦不知其價。後聞製自西洋者最佳，每副值銀四五兩，以玻璃爲質，象皮爲幹，非大有力者不能致也。順治以後，其價漸賤，每副值銀不過五六錢。近來蘇、杭人多製造之，遍地販賣，人人可得，每副值銀最貴者不過七八分，甚而四五分，直有二三分一副者，皆堪明目，一般用也。惟西洋有一種質厚于皮，能使近視者秋毫皆晰，每副尚值銀價二兩。若遠視而年高者帶之，則反不明。市間尚未有販賣者，恐再更幾年，此地巧工亦多能製，價亦日賤耳。

露香園顧氏綉，海内馳名，不特翎毛、花卉，巧若生成，而山水、人物無不逼肖活現，向來價亦最貴。尺幅之素，精者值銀幾兩，全幅高大者，不啻數金。年來價值遞減，全幅七八尺者不過以一金爲上下，絶頂細巧者不過二三金。若四五尺者，不過五六錢一幅而已。然工巧亦漸不如前。前更有空綉，只以絲綿外圍如墨描狀，而著色雅淡者，每幅亦值銀兩許，大者倍之。近來不尚，價值愈微，做者亦罕矣。

圖書石，向出浙江處州青田縣，其精者爲凍石也，各種不一，俱以透明無瑕如凍者爲第一，每兩值銀兩餘。近來老坑填塞，採石者不能入，不可得矣。其次者曰封門，再次者曰荳青，此外惟金、玉、銀、銅、晶石、磁器，而鎸刻甚難，犀象不入譜，别無他石可以供玩也。近來閩中有壽山石，其白者如玉，黄者如蜜蠟，紅者如琥珀，精光明透，勝於凍石，而鎸刻亦易，價亦與凍石等。

硯石，昔推嶺南端溪石爲第一，次則歙石，外此無别石也。近年來，蘇州觀音山有石，可以琢硯。初出時，硯工就其石之體製爲之，不拘方圓，假充古硯，人以重價購之，幾與端硯等。其後市上賣者日衆，價遂日賤，不能溷淆古硯，體製亦從方圓，類於端、歙。其如石質稍粗，不堪珍玩何，故每方所值不過二三錢而已。

磁器，除柴、定、官、哥諸窑而外，惟前朝之成窑、靖窑爲最美，價亦頗貴。崇禎初時，窑無美器，最上者價值不過三五錢銀一隻，醜者三五分銀十隻耳。順治初，江右甫平，兵燹未息，磁器之醜，較甚於舊，而價逾十倍。最醜者四五分銀一隻，略光潤者動輒數倍之，而亦不能望靖窑之後塵也。至康熙初，窑器忽然精美，佳者直勝靖窑，而價亦不甚貴，最上不過值銀一錢一隻而已。自十三年甲寅之變，江右盜賊蠭起，磁器復貴，較之昔年價逾五倍，美者又不可得，大概移窑於近地，工巧與泥水種種不同，匪但遷乎其地，而弗能爲良也。是時，民間復如順治之初，富者用銅、錫，貧者用竹、木爲製，然而所盛饌餚，不堪經宿，洗滌亦不能潔，遠不如磁器之便。至二十七年戊午，豫章底定，窑器復美，價亦漸平，幾如初年矣。向來底足下或一盞內，必書某朝某年精製，逮壞後淪落污泥溷塹中，或踐蹈于馬足車塵之下，而朝代年號字畫宛在，見者怵惕，而莫能救挽。至是建言者遂以爲請，奉旨禁革。積年流弊，一朝頓洗，斯真度越百王之盛典，非特窑器之精已也。又有一種素白建窑，昔雖有之，而今爲最廣，體製花巧，價亦不甚貴，酒器最多，亦最宜，所值比楚窑稍浮，用者便之。

氈單，在明季若雙紅者，每條價紋銀二兩，單紅者一兩內外。自本朝以來，雙紅至精者，價不及一兩，稍差者四五錢一條。其嘉興石門所製，每條不過值銀二三錢而已。

鬱金之貴，于經傳見之，詩歌咏之，然未有如順治、康熙初年之價者，則川廣之亂甫平，百貨未通，鬱金一兩值銀二百餘金，亦并無處可覓。猶憶邑紳張弘軒因封翁之病，藥劑必需，用價二十兩，從平湖陸氏購得二分，其貴如是。後四方平定，價因漸減。至康熙二十五年丙寅，鬱金一觔值銀不過八錢。一物之價相懸如是，亦異矣哉。

真降香，前朝弔祭必用之，間或用于貴神之前，價值每觔不過銀幾分，不及一錢也。順治之季，價忽騰貴，每觔價至紋銀四錢外。弔喪非大富貴之家，概不用之。鋪中賣者亦罕，故弔客俱以檀條官香代之。初用便于焚爇，咸謂適宜，後漸無香氣。近年直以沙泥雜木屑爲之，竟成廢物，而海航市通，降香遂廣，價亦幾于復古矣。

## 種植

吾邑土高水少，農家樹藝，粟菽、棉花參半。向來種秔稻有三種，而秫不與焉。其最貴者曰瓜熟稻，計漬種以及收成不過七八十日，大約三月終下種，六月中便可登新穀，收成後尚可種緑荳也。然而收數不能豐，最上之田，畝不能過三斛，故種者亦罕。其次早者曰百日稻，計漬種迄收成百餘日，皆于立夏漬種，布散于水田，不必插秧成列，總謂之川珠。其性柔而甘味，惟吾東土有之，鄰邑所無也。其晚者有白芒稻，則種秧于別田，夏至前後移種至田畝，成列分行，霜降時收割，謂之晚白稻，收數較豐。自順治五年戊子秋，蟲災後，往往既秀而爲蟲所蝕，農家懲此，相戒不種。近年從鄰郡傳至一種，曰香粳，曰沙粳，穗上俱有紅芒，並性堅而粒大。香粳味香而尤美，收數亦豐，種法收成俱如晚稻。今參種之，較盛於川珠稻矣。

青靛，初出閩中，夏秋兩次之間，取其葉，淘汁澄清，用染藍青色，此地所無也。自順治初年，八閩未平，福靛難致，有覓得其種者，按其法而種之，獲利數倍。其後八閩盡歸版圖，福靛既多，本地所産又衆，利亦微矣。況所染之色，終不若福靛，故土靛價亦日賤，近年來種者亦少。

烟葉，其初亦出閩中。予幼聞諸先大父云，福建有烟，吸之可以醉人，號曰乾酒，然而此地絶無也。崇禎之季，邑城有彭姓者，不知其從何所得種，種之於本地，採其葉陰乾之，遂有工其事者，細切爲絲，爲遠客販去，土人猶未敢嘗也。後奉上臺頒示嚴禁，謂流寇食之，用辟寒濕，民間不許種植，商賈不得販賣，違者與通番等罪。彭遂爲首告，幾致不測，種烟遂絶。順治初，軍中莫不用烟，一時販者輻輳，種者復廣，獲利亦倍。初價每斤一兩二三錢，其後已漸減。今價每觔不過一錢二三分，或僅錢許，此地種者鮮矣。

糖蔗，取其漿爲糖，産于江右、嶺南諸郡，此地從未有也。康熙十五年丙辰春二月，廣東兵叛，江西吉安道梗，糖價驟貴。吾邑濱浦有人攜得蔗種，歸植成林，依法軋漿，煎成白糖，甚獲其利。但糖色不能上白，想亦地氣使然。其後平藩歸正，廣糖大至，然種蔗煎于此地，價猶賤于販賣，故至今種者不輟。浦東六里橋、周渡一方最盛。

萬壽菓，一名長生菓，向出徽州。近年移種于本地，草本蔓生，而菓結如荳，每莢數顆。成實之後，採莢去殼，用沙微炒，以色淡黄爲度，則味鬆而香，可充籩實。且以其名甚美，故賓筵往往用之。亦此地菓中昔無而今有者。

江西橘柚，向爲土産，不獨山間廣種以規利，即村落園圃，家户種之，以供賓客。自順治十一年甲午冬，嚴寒大凍，至春，橘、柚、橙、柑之類盡槁，自是人家罕種。間有復種者，每逢冬寒，輒見枯萎。至康熙十五年丙辰十二月朔，奇寒凛冽，境内秋果無有存者，而種植之家遂以爲戒矣。

佛手柑，向出閩、廣，江南絶無。自康熙九年庚戌，郡紳顧見山、十六年丁巳吾家蒼岩叔相繼榷關贛州，兩家人種之于巨艑載歸，其枝葉與此地香橼無異，而垂實纍纍，金碧可愛。及移植土中，大概與香橼相似，畏寒亦相同，故鮮見有開花結實者。

樹之可以編籬者，向惟冬青及槿。其他如桂，如柏，間或用之，而不可多得。若楊枝細枝者，産自北上，以及浙之嘉禾，往往剪其條，去其皮，用作笆斗，此地未嘗有也。順治以來，吾鄉始植不過與嘉、湖等用耳。其後村居種之，編成籬落，較于槿及冬青堅固過之。惟冬殘葉脱時，望之不能葱翠，故今人往往間冬青而兼植之。

西瓜之産于吾郡者，向惟閔行、周浦稱最美。順治中，南橋一種兩頭鋭而腹圓[一]，狀類橄欖，名曰橄欖瓜。其味尤爲香美，超出諸種之上。康熙甲寅，予館于南橋，此時瓜味較之昔年稍覺平淡。詢諸土人，云：昔年價昂，而多利，故一本留瓜甚少，而滋溉極厚，培護亦力。今價日賤，故培溉亦不能如法，一本所留瓜數亦倍，所以味不及前。然較他處種類猶遠勝也。

冬蘭，開花于冬月，葉如建蘭而短小，出湖南諸郡。康熙戊申，吾友施緩宜佐道州，歸而帶回，開于秋蘭之後、草蘭之前，而以蕙介秋蘭之前、草蘭之後，則四時之蘭可以不絶，故樂得而種之。但風土不同，開花甚難，所謂遷乎其地而弗能良也。

燈草，種于水田，莖如地栗，本昔惟産于浙江嘉、湖之境。今松江城外往往種之。

當歸，葉似牡丹而小，開花成串，如紫藤。花圓滿如小荷包，色姣紅而吐絲，俗呼爲西施牡丹，甚言其嬌艷也。

桔梗，草本，葉鋭而小，花如青蓮色，清雅可玩。

天門冬，蔓生，枝細，施于竹屏風上，如水松狀，惜亦草本，秋冬不耐耳。

生地，草本，葉如粗枇杷而微圓，抽梗開花如茄花，紅色稍深耳。此皆近年來見之，昔所

[一] 兩頭鋭而腹圓 「腹」，底本誤作「復」，據文義逕改。

無也。

水蜜桃，惟吾邑顧氏露香園有之。其種不知何自來，大者如小瓜，色紅艷而味甘，每觔不過二三枚，其價值銀一錢外，大約三四分一枚。年來傳枝接本，種日廣，而味日淡，質亦漸小。今每觔有四五枚，而價亦賤，不過四五分而已。然較他境販來者，味猶甘美，相懸甚遠也。

昔年吾鄉作屏藩圃，惟槿與冬青，無所謂小枝楊也。順治以後，始傳其種，村落間往往種之編籬，取其易成，一二三年即高與牆等。歲歲修結，亦頗堅固，至日久幹老難結，則去本留根，一二年嫩枝復長，又可重編，不異新種。此亦昔無而今有者。

## 錢法

錢法之壞，自私鑄始。私錢無代無之，而惟崇禎時最盛。予生崇禎之際，通用新錢無一佳者，所見之錢，惟嘉靖、隆慶兩朝最爲精美。嘉錢尚有二種，黄者如金，白者如銀。隆錢盡如金色，皆以最美浄銅鑄就，體亦工緻，明光焕發，一文約重錢外，此時便不可多得，蓋爲私鑄者收去，雜以鉛砂，更鑄新錢也。然于折浄白錢之中，往往有之。每當用時，揀選別貯，以爲小兒玩弄。若萬曆錢，時雖盛行，而體各異製。其精者或與嘉、隆等，而惡者則輕薄不堪，與時錢無異。泰昌、天啓享國日淺，錢不多行，式無甚美，亦無甚惡，惟銅質則遞降耳。崇禎初，銅錢雖大，異乎隆、萬，然而京局所鑄，大小輕重猶是。若京師，每千價銀一兩二錢，外省猶兑九錢一千，與嘉、隆、萬、啓錢間雜通用。其後私鑄盛行，錢色日惡，而價亦日賤。馴至十三年戊寅夏，價至六錢耳，百貨騰貴。庚辰、辛巳之間，遞減至四五錢一千。癸未而後，每千兑銀不過三錢有奇，而錢之所重，每千不過三觔有零而已。迨乎乙酉，大兵既下江南，前朝之錢廢而不用。是時，每千值銀不過一錢二分，較之銅價且不及，而錢之低薄，雖鵝眼綖環不能喻矣。順治通寶初頒，官實每千准銀一兩，然當錢法敝極之後，奉行甚難。藩司所頒制錢，有司强令鋪户均分。鋪户明知虧本，不得已而酌量分鋪市價，實未嘗用通，以故有司亦不便多頒，而民間所用惟七一色之低銀。至八年辛卯，每千值銀止值四錢八分，其後漸增，亦不能至五六錢，積輕之勢使然耳。迨康熙初，始命京省各開局鑄錢，錢背明著直省，字兼滿漢，體重工良，直出嘉、隆之上，但銅之精美遠不及前，而價定每千值銀一兩，令民間完納錢糧，大約十分之中，銀居其七，以解邊錢居其三，以備支放，編諸會計由單，當官收納。于是錢價頓長，價至每千兑銀九錢有奇。民間日用文作一厘，謂之厘錢，公私便之。至十二年甲寅四月，聞八閩之變，三吴錢價頓減，初猶五六錢一千，後直遞減至三錢。積錢之家，坐而日困，典鋪尤甚。有司雖嚴禁曲喻之而不可挽。十五年以後，封疆漸甯，錢價以次漸長。十七、八年之間，每千價銀又兑至八錢七八分，及九錢二三分，幾乎厘錢矣。二十年以後，私鑄復盛，錢復濫惡，每千所重，至惡者亦不過二三觔，價猶值銀八錢外。其官局厘錢，每千價銀幾及一兩，甚有一兩另四分者。恐奸人收兑以爲私鑄之計，若不嚴禁私錢，將來錢法之壞，有不可言者，當事所宜留心也。

康熙二十三年甲子，上以私錢濫惡，疑錢局匠役私鑄射利，特諭中外地方官嚴禁，如有仍行使用者，不論錢數多寡，重則枷號，畢流徙尚陽堡，官不覺察者同罪。現今貿易小錢，限一月内照銅價交于地方官收給。既而浙江武舉朱士英開鑪私鑄，被參拿問，私錢頓賤，官錢每千幾值紋銀一兩二錢矣。二十六年後，私錢復漸流行，制錢價遂遞減。至二十八、九年間，每千不及值銀一兩。二十九年二月，私錢之禁復嚴，市中不復通用，積弊爲之一洗。制錢每千價至紋銀一兩二三分，庶幾復舊。

# 閱世編卷八

## 冠服

一代之興，必有一代冠服之製。其間隨時變更，不無小有異同，要不過與世遷流，以新一時耳目，其大端大體，終莫敢易也。如前朝職官公服，則烏紗帽，圓領袍，腰帶，皂靴。紗帽前低後高，兩傍各插一翅，通體皆圓，其内施綱巾以束髮，則無分貴賤，公私之服皆然。圓領則背有錦繡方補品級，式樣與今之命服同，但裏必有方領襯襬，不單着耳。腰帶用革爲質，外裹青綾，上綴犀玉，花青、金銀不等，正面方片一兩，傍有小輔二條，左右又各列三圓片，此帶之前面也。向後各有插尾，見于袖後。後面連綴七方片以足之，帶寬而圓，束不著腰。圓領兩脇各有細鈕，貫帶于巾而懸之，取其嚴重整飭而已。一、二品金鑲犀角，三品花金，四品素金，五品花銀，六、七品素銀，八品以下用明角。烏角玉帶惟帝、后及太子、親王、郡王用之，其餘大臣必賜而後敢服，則與今制異也。其舉人、貢、監、生員，則俱服黑鑲藍袍。其後，舉、貢服黑花緞袍，監生服黑鄧絹袍，皆不鑲。惟生員照舊式。然進士殿試後，猶服鑲藍袍，入謝畢，始易冠帶，則知花素緞袍乃後人假借，未必皆命服矣。聞舉人前輩俱帶圓帽，如笠而小，亦以烏紗添裏爲之。予所見舉人與貢、監、生員同帶儒巾，儒巾與紗帽俱以黑縐紗爲表，漆藤絲或蔴布爲裏，質堅而輕，取其端重也。舉、貢而下，腰束俱藍絲綿絛，皂靴，與職官同。典吏則戴吏巾，如今之神廟中所塑施相公巾式，黑素絹，圓領，絛靴。舉、貢、監生同。其上臺門下，則有中軍巡捕官，冠棕結草帽，如笠而高，服大紅斗牛錦綉以壯觀。其衙門雜役，如皂隸則漆布冠岸幘，而綱巾外見，旁插孔雀翎毛，服下截細褶青布衣，腰束紅布織帶。捕快則小帽青衣，加紅布背甲于外，腰束青絲織帶。輿隸之屬則戴毡笠，上插鷺尾，威儀秩秩矣。其便服，自職官大僚而下至于生員，俱戴四角方巾，服各色花素紬紗綾緞道袍。其華而雅重者，冬用大絨繭紬，夏用細葛，庶民莫敢效也。其樸素者，冬用紫花細布或白布爲袍，隸人不敢擬也。其後巾式時改，或高或低，或方或扁，或倣晉唐，或從時製，總非士林，莫敢服矣。其非紳士而巾服，或擬于紳士者，必縉紳子弟也，不然則醫生、星士、相士也。其後能文而未入泮雍者，不屑與庶人伍，故亦間爲假借，士流亦優容之。然必詩禮之家，父兄已列衣冠者，方不爲世俗所指摘。不然將群起而譁之，便無顔立于人世矣。其市井富民，亦有服紗紬綾羅者，然色必青黑，不敢從新艷也。良家清白者，領上以白綾或白絹護之，示與僕隸異。所戴之冠，夏則結椶，六版圓幅，價值數金。貧者或用漆單紗，其色同。冬則絨毡小帽。其内衣，冬夏無不服裙，不分貧富貴賤皆然。道袍大概紬用單做，羢褐繭紬用夾夾裏，後則俱以花紗白裏爲之。單紬若將不屑，不獨士林爲然矣。花雲素緞，向來有之，宜于公服。其便服，則惟有路紬、甌紬、綾地、秋羅、松羅、杭綾、縐紗、軟紬以及湖紬、綿紬。夏惟有生紗、硬紗、生羅、杭羅而已。其後有軟機紗、番紗、綫紗、永紗，皆因一時好尚，群相和從耳。若寒士，則惟以白布袍爲常服，加以烏巾朱履，較之盛服而冠庶人之帽者自貴，縉紳接見，亦自起敬，列于峨冠博帶之中，容相安也。其僕隸、樂户，止服青衣，領無白護，貴賤之别，望而知之。公私之服，予幼見前輩長垂及履，袖小不過尺許。其後衣漸短，而袖漸大，短才過膝，裙拖袍外。袖至三尺，拱手而袖底及靴，揖則堆于靴上，表裏皆然。履初深而口幾及蹠，後至極淺，不逾寸許。此余所及見前朝冠服之制也。

本朝于順治二年五月克定江南時，郡邑長吏猶循前朝之舊，仍服紗帽，圓領，升堂視事。士子公服、便服皆如舊式，惟營兵則變服滿裝，武弁臨戎亦然，平居接客則否。故薙髮之後，加冠者必仍帶網巾于内，髮頂亦大，無辮髮者，但小帽改用尖頂，士流亦間從之。至三年丙戌春暮，招撫内院大學士亨九洪公承疇刊示嚴禁，云："豈有現爲大清臣子，而敢故違君父之命？放肆藐玩，莫此爲甚。"于是各屬凛凛奉法，始加錢頂辮髮，上去網巾，下不服裙邊，衣不裝領，煖帽用皮，涼帽用簟，俱上覆紅緯，或涼帽覆紅纓，一如滿州之制。然而細緞織錦，僭及龍衮，遍身刺綉，或施鸞鳳，誇多鬬靡，競爲華麗，上下無章，公私無别，草昧之初，莫知禁令也。至六、七年間，始頒命服之制，冠加高頂，一品装以紅玉，鑲嵌東珠三顆；二品藍玉，東珠一顆；三品紅寶石，四品藍寶石，五、六品水晶，皆用金鑲，高低不等；七品金，八品以下銀。下至典吏，則用明角葫蘆，以章貴賤。其舉、貢、監生、生員，則用金銀飛雀，以期其飛鳴之意。帶則緊束于腰，綴以金玉、銀角，方圓四片。一、二品玉，三、四品金，五品花銀，六、七品素銀，八品銀鑲烏角，九品而下烏角不鑲。舉、貢、監生銀鑲明角，生員銀鑲烏角。其命服，則即滿袍加以前後繡補，一如前代之式。文臣，一、二品仙鶴、錦鷄，三、四品孔雀、雲雁，五品白鷴，六、七品鷺鷥、鸂鶒，八、九品以逮雜職，則鵪鶉、練鵲、黄鸝而已。武臣，公、侯、伯則麒麟、白澤，一、二品獅，三、四品虎、豹，五品熊，六、七品彪，八、九品以下海馬、犀牛。其銜加宫保者，則如文臣一品之服。凡龍鳳錦繡織文，一概禁止。如有僭干者，罪及製造之家。于是命服始有定式，莫敢僭越。然而便服裘帽，惟取華麗，或娼優而僭擬帝、后，或隸僕而上同職官，貴賤溷淆，上下無别。迨康熙九、十年間，復申明服飾之禁，命服悉照前式。貉、裘猞猁猻，非親王大臣不得服；天馬、狐裘、裝花緞，非職官不得服；貂帽、貂領、素花緞，非士子不得服；花素綾紬紗及染色鼠狐帽，非良家不得服。所不禁者，獺皮、黄鼠帽，素紬羅絹及繭紬葛布、三梭細布而已。其職官及舉、貢、監生、生員之父，除公服而外，俱得並從子服。職官及舉、貢、監生、生員之子，除公服而外，俱得並從父服。禁令初頒，一時翕然儆畏，恪守凜遵。但舊服尚存，新不及製，好事之徒，或挾仇舉首，或借端索詐，或恣肆搶奪，獄訟紛起，京師尤甚。當事患之，不逾年而遂弛其禁。于是服飾之華麗又復惟力是視，而守禮謹飭者，或自知循分焉。袍服初尚長，順治之末，短才及膝，今則又没髁矣。煖帽之初即貴貂鼠，次則海獺，再次則狐，其下者濫恶，無皮不用。然當日所謂海獺，即今之染黑狸皮，但初用時，皆精選，故價至每頂紋銀二兩，戴者甚少。其後日漸濫惡，乃以黄狠皮染黑，名曰騷鼠，毛細而潤，老者類貂，一時争用，騷鼠貴而海獺賤，無人非海獺帽。今騷鼠之闊口者，每頂亦值銀二兩，然無人非騷鼠冠，而海獺非鄉愚極貧之人不冠矣。康熙十五、六年之間，江甯新製剪絨帽，色黑而細密，長闊宛如騷鼠，其價最精者，不過值銀三四錢一頂，士林往往用之。康熙二十三年，京師始尚海龍皮，毫短而勁，色黝而明，初價每頂四五金。年來減半，意即真海獺皮所染也。緞袍外套向俱裝錦緞，用色裏夾做。康熙而後，大半皆單時，小羢已不用，即繭紬亦單做矣。花緞初用團龍，禁後用大小雲朵，今用大小團花，飛雀、山水景。夏布初用滿龍、團龍紗，禁後用官紗、宫紗，既而用素幅秋絹紗，今用廣絹、廣紗、絨紗、葛紗、巧紗、漏地紗，大概俱尚整矗，雖便服，無異于公服也。涼帽初尚扁而大，後尚高而小，既又尚高而大，旋復尚扁而大，今則又尚高而小矣。帽胎，順治三年始也，未有賣者，俱剪藤編篾席爲之。後用細草編成，造自北方，至南而加裏發販，京師有同類而最精細潔者，名曰得勒栗，每頂銀三四兩，而紅緯不與焉，外省罕有。今或以白紗綾爲表者，庶乎似之，而價不過與常帽等，亦用純代麻之意耳。帽頂，大紅絲緯，初用拆緞，取大紅緞拆其經，取其不易亂，拆絲一兩，值銀一兩，後徑以散緯或雙絲染大紅，每兩價銀二三錢者亦佳。涼帽頂或用紅纓，初價不甚貴，而纓亦粗硬。後用皮纓、胎纓，價始貴矣。胎纓一兩有值銀七八錢者，皮纓半之。今有西甯長纓，細潤而真正大紅色，久不變者，涼帽一頂值銀三十餘兩，惟當途顯者用之。第恐習俗移人，幾年之後，染販者廣，價必漸減，效顰者又將争起耳。

昔年花緞惟絲織成華者，加以錦繡，而所織之錦，大率皆金縷爲之，取其光耀而已。今有孔雀毛織入緞内，名曰毛錦，花更華麗，每匹不過十二尺，值銀五十餘兩。康熙二十四、五年間，京師衣又漸短，而外套漸長。昔年外套短者及臍，長不過膝，今短於袍，不過五寸矣。煖帽復尚海鹿皮，毫健而齊，黑而光，疑即昔年所尚之海獺皮，今易其名耳。每頂值銀三四兩，始自京師，初來吴下，價亦漸貶，佳者不過二兩五錢，然老成人以爲不足取也。

## 内裝

昔賈長沙傷時之僭，曰：「娼優下賤，得爲后飾。」蓋男子僭于外，法可以禁止，婦女僭于内，禁有所不及，故移風易俗者於此尤難。原其始，大約起于縉紳之家，而婢妾效之，寖假而及于親戚，以逮鄰里。富豪始以創起爲奇，後以過前爲麗，得之者不以爲僭，而以爲榮，不得者不以爲安，而以爲耻。或中人之産，營一飾而不足，或卒歲之資，製一裳而無餘，遂成流風，殆不可復，斯亦主持世道者所深憂也。余幼所聞，内飾猶樸。崇禎之際，漸即于侈，至今日而濫觴極矣。今姑略舉數則，以示世風之變，俾有識者閲之，用興鑒戒焉。

膏沐爲容，古來不免，然而綢直如髮，匪伊卷之，此風予猶及見也。崇禎之間，始爲鬆鬈，扁髻，髮際高卷，虚朗可數，臨風栩栩，以爲雅麗。順治初，見滿裝婦女辮髮于額前中分向後，纏頭如漢裝包頭之製，而加飾于上。京師效之，外省則未也。然高卷之髮，變而圓如覆盂，蟬鬢輕盈，後施緞尾，較美于昔年。束髮直上指，前高逾尺，數髩掩顴，數載之前，始見于延陵，時以爲異，今及于吾鄉，遍地皆然矣。

余幼見前輩冠髻高逾二寸，大如拳，或用金銀絲挽成之。若烏紗者，頂上裝珠翠沿口，又另裝金花銜珠如新月樣，抱于髻前，謂之插梳。其後變式，髻扁而小，高不過寸，大僅如酒盃，時猶以金銀絲爲之者，而插梳之制遂廢。銀絲髻内映紅綾，光采煥發，且别于素色也。崇禎之末，髻愈大而扁，惟以烏紗爲質，任人隨意自飾珠翠，不用金銀。順治初，營中眷屬往往純以金銀爲之，金者鏤花，銀者琺琅及燒染紫金色花，飾于髻頂，想亦北方之習，松俗則否。年來髻式不一，或紙胎紗表，或銅絲爲質，裝成花朵，以天鵝絨爲表，樣各不同。總之高不過二三分，大幾及尺，裝珠貼翡，必選極精，不以多爲貴矣。康熙二十五、六年後，又尚扁小，高不過一二分，徑不過二寸許耳。

今世所稱包頭，意即古之纏頭也，古或以錦爲之。前朝冬用烏綾，夏用烏紗，每幅約闊二寸，長倍之。予幼所見，皆以全幅斜褶，闊三寸許，裹于額上，即垂後，兩杪向前，作方結，未嘗施裁剪也。高年媪媪尚加錦帕，或白花青綾帕單裹纏頭，即少年裝矣。崇禎中，式始尚狹，遂截半爲之，即其半復分爲二幅，幅方尺許，斜褶寸餘闊，一施于内，一加于外，外者稍狹一二分，而别裝方結于外幅之正面。纏頭之製一變。今裁幅愈小，褶愈薄，體亦愈短，僅施面前兩鬢，皆虚以綫，暗續于鬢内，而屬後結之，但存其意而已。或用黑綫結成花朵于烏綾之上，裁剪如式，内施硬襯亦佳。至有上用紅錦一綫爲緣，而下垂于兩眉之間者，似反覺俗。

首飾，命婦金冠，則以金鳳銜珠串，隆殺照品級不等，私居則金釵、金簪、金耳環、珠翠，概不用也。以予所見，則概用珠翠矣。然猶以金銀爲主，而裝翠于上，如滿冠、捧鬢、倒釵之類，皆以金銀花枝爲之，而貼翠加珠耳。包頭上裝珠花，下用珠邊口，簪用圓頭金銀或玉。高年者用瑪瑙，既而改用金玉鳳頭簪，口銜珠結串，下垂于鬢，後用金銀珠林，體式斜方，而不用玉。今徑用金，扁方矣。花冠、滿冠等式，俱用珠花。包頭上用珠綱束髮，下垂珠結寶石數串，兩鬢亦以珠花、珠結、珠蝶等捧之。碗簪所以定冠髻，初尚極大，玉質，鑲金銀裝珠，後尚小，而以蜜珀鑲金綴珠，或間用側簪，金乃用團花，或純金不鑲而裝珠翠。大抵有餘之家，必選赤色精金及大白圓珠爲首飾，寒素者甯淡裝無飾，而銀花珠翠竟不屑用。雖亦世風之一變，然而勢極必反，未始非返樸之機也。

命婦之服，繡補從夫，外加霞帔、環珮而已。其他便服及士庶婦女之衣如紵、絲、紗、緞、綢、絹、綾、羅，一概用之，色亦隨時任意，不大逕庭也。然余幼見前輩内服之最美者，有刻絲、織文。領袖襟帶以羊皮金鑲嵌，若刺繡則直以綵綫爲之，粗而滯重，文錦不輕用也。其後廢織文、刻絲等，而專以綾紗堆花刺繡。繡倣露香園體，染彩絲而爲之，精巧日甚。時惟大紅爲禮服而不輕用，未幾遂以爲常服。甚而用錦緞，又甚而裝珠翠矣。然惟縉紳之家用之。寖淫至于明末，擔石之家非繡衣大紅不服，婢女出使非大紅裹衣不華，今則田家村婦介之于青衫裙布之間矣。夏日細葛、紗羅，士大夫之家常服之，下而婢女不輕服也。崇禎之間，婦婢出使服之矣，良家居恒亦服之矣。自明末迄今，市井之婦居常無不服羅綺，娼優賤婢以爲常服，莫之怪也。袖初尚小，有僅盈尺者，後大至三尺，與男服等。自順治以後，女袖又漸小，今亦不過尺餘耳。繡初施于襟條，以及看帶袖口，後用滿繡團花。近有灑墨淡花，衣俱淺色，成方塊，中施細畫，一衣數十方，方各異色，若僧家補衲之狀，輕便瀟灑，恐非象服。守禮之家，不必效之也。本朝女服無異丈夫，公私皆同，可以通用。

内裝領飾，向有三等：大者裁白綾爲雲様，披及兩肩，胸背刺綉花鳥，綴以金珠、寶石、鐘鈴，令行動有聲，曰宫裝；次者曰雲肩，小者曰閣髩。其綉文綴裝則同。近來宫裝，惟禮服用之，居常但用閣髩，而式樣亦異。或剪綵爲金蓮花，結綫爲瓔絡様，扣于領而倒覆于肩，任意装之，尤覺輕便。

環珮，以金絲結成花珠，間以珠玉、寶石、鐘鈴，貫串成列，施于當胸。便服則在宫裝之下，命服則在霞帔之間，俗名墜胸。與耳上金環，向惟禮服用之，于今亦然。其滿装耳環，則多用金圈連環貫耳，其數多寡不等，與漢服之環異。

裳服，俗謂之裙。舊制，色亦不一，或用淺色，或用素白，或用刺綉，織以羊皮，金緝于下縫，總與衣衫相稱而止。崇禎初專用素白，即綉亦祗下邊一二寸。至于體惟六幅，其來已久，古時所謂「裙拖六幅湘江水」是也。明末始用八幅，腰間細褶數十，行動如水紋，不無美秀，而下邊用大紅一綫，上或綉畫二三寸。數年以來，始用淺色畫裙。有十幅者，腰間每褶各用一色，色皆淡雅，前後正幅，輕描細繪，風動色如月華，飄颺絢爛，因以爲名。然而守禮之家亦不甚效之。本朝無裙制，惟以長布没履，無論男女皆然。

膝襪，舊施于膝下，下垂没履，長幅與男襪等。或綵鑲，或綉畫，或純素，甚而或裝金珠翡翠，飾雖不一，而體制則同也。崇禎十年以後，製尚短小，僅施于脛上，而下及于履。冬月，膝下或别以綿幅裹之，或長其褌以及之。考其改製之始，原爲下施可以揜足，豐趺者可以藏拙也。今概用之纖履弓鞋之上，何哉？繡畫灑綫與昔同，而輕淺雅淡，今爲過之。

弓鞋之製，以小爲貴，由來尚矣。然予所見，惟世族之女或然。其他市井僕隸不數見其窄也，以故履惟平底，但有金繡裝珠，而無高底筍履。崇禎之末，閭里小兒亦纏纖趾，于是内家之履，半從高底，窄小者可以示美，豐趺者可以揜拙。本朝因之，滿裝則否。康熙之初，禁民間女子不許纏足，然奉行者固多，而習俗相陳，亦一時不能遽變者。迨八年己酉，復除其禁，至今日而三家村婦女無不高跟筍履，纖趾愈多，而藏拙者亦復不少。惟生長田間老成持重者，則仍舊耳。

## 文章

朝庭以八股文章取士，士子進身率由乎此，非特空言文字而已。世運不能無遷流，則文運不能無升降，理勢使然。前朝之文，嘉、隆以前無得而議，自萬曆末，而文運始衰。啓、禎之際，社稿盛行，主持文社者，江右則有艾東鄉南英、羅文正萬藻、金正希聲、陳大士際泰，婁東則有張西銘溥、張受先采、吴梅村偉業、黄陶菴淳耀，金沙則有周介生鍾、周簡臣銓，溧陽則有陳百史名夏，吾松則有陳卧子子龍、夏彝仲允彝、彭燕又賓、徐闇公孚遠、周勒卣立勳，皆望隆海内，名冠詞壇。

公卿大夫爲之折節締交，後生一經品題，便作佳士。一時文章，大都騁才華，矜識見，議論以新闢爲奇，文詞以曲麗爲美。當好尚之始，原本經傳，發前人之所未發耳。逮其後，子、史、佛經盡入聖賢口吻，稗官、野乘悉爲制義新編，六經、四子任意詮解，周、程、朱註束之高閣，朝庭亦厭其習，嚴飭學臣釐正，故于試卷面頁，必註恪遵明旨，引莊列雜書，文體怪誕者不録。時方禹修先生正守吾郡，與幾、求二社諸名士交好莫逆，然亦以爲非文家正體，特作文訓，手選真文章發刻以正之。然而流風已成，究不能改。迨甲申、乙酉之際，愈趨愈甚，儒生學問必講入帝王事功，以爲冠裳佩玉也；理義精微而必援引古今散事，以爲宏詞博洽也。集古文之事以成句，不以爲生澀，而以爲新；取後世之事以實經，不以爲粗疎，而以爲警。文體大壞，而國運亦隨之矣。本朝以武功定天下，世祖章皇帝投戈講義，文章取士，悉因明制，惟禁社稿。自順治乙酉、丙戌迄于丁亥，鄉會再舉，即其制義醇雅者固有之，而夙習不能遽變。一二好奇之士主持選政，丁亥房書，句琢字雕，用古而必欲使人難解，用字而必欲使人難識。猶憶予曾讀君子不重文，而篇中一最佳句曰「青青之颯，黄黄之美」，蓋本于詩「青青子衿」，以譏佻達，「狐裘黄黄」，以思都人士也。庶矣哉章一題，而篇中有云「微君之故，胡爲乎草黄」，「微君之故，胡爲乎鳥黄」，蓋謂君不能富民，而使之流離困苦，因用詩「何草不黄」「黄鳥黄鳥」句也。如此詞意，猶屬易解，其他不可解而可笑者，難以枚舉。大抵雜引路史諸書，易之以子雲奇字，便是投時之制藝。一時家絃户誦，膾炙人口，後生趨之惟恐不及時。予曾作「舉伊尹」二句，題中二語云「鳳雝雝兮狐烏其遁，麟振振兮豺虎其投」，對云「蘭載采兮災氛其祓，晛載見兮雨雪其消」，大爲質友所鑒賞，評云：「如此手筆，不必恨吾不見古人，當令古人恨不見我也。」然就余握管時，原爲風氣使然，不能違俗耳。明知非文章正格，故常戲語同人曰：「今人見前二十年文，往往指其疵處，以爲笑語。夫二十年前文，不過字句陳腐耳，其笑有限。如今所稱絶妙好文，留俟二十年後，吾不知人又更當如何笑也？」不意甫越歲餘，中堂江公淵特疏題參操選政者，兩榜名公，悉皆禁錮。其附名者，幾至不測。己丑會場，文風丕變，義必本經，説必宗傳。中式墨卷皆清正簡潔，揣摩之家，始得正宗。予嘗問同郡先達周釜山先生曰：「先生鄉會場制義如出兩手，何也？」釜山笑曰：「此即世人所笑，吾之胸中無成見也。當乙酉之役，非此等文不售，故不得已而爲之。若己丑，而仍守此技，至今終老青衫矣。」然而前輩指授之功不可忘。予自丁亥下第，己丑再上公車時，座師成青壇先生遣人偵余，一到都門，即要余到寓，手授擬題四十課。余日呈一藝，凡關昔日習氣語，必力爲批評。是科會場首題，亦在擬中。余呈文時，先生祇取一小講，其餘一概點竄。及入闈，首題既得，心識先生之教，惟開講不另作，其餘皆在場中重搆思也，故得中式。此則如出兩手之所由來耳。自是而後，壬辰、乙未、戊戌、己亥四科之文，可稱彬彬極盛。至庚子、辛丑，清新俊逸，固不可及，然而氣漸流于單薄。康熙癸卯，遂即卑靡，而八股之制亦廢矣。八股廢而取士專用策論，小試先論後策，鄉、會試初場試策五道，二場四書經論二篇，表一，判五，改三場爲兩試，蓋欲崇實學、黜浮華也。司衡者即論，亦必尊經重註，不得仍前馳騁，雖非八股之體，亦聊存八股之意耳。其如習俗已成，勢難猝挽，即爲策論，亦半屬油腔。至八年己酉，復用八股試士，而文品之卑靡日甚。即有一二名家，不克自振也。如理學題，則一比知，一比行，不必開卷而知之矣。事功題則一比內聖，一比外王，不待展卷而亦知之矣。如講仁義，則必曰始之以心見理，繼之以心見心，以天下藏于吾心，而不見其有餘，以我心周乎天下，而不見其不足。如吸下，則必曰我雖未知□□者何如，然亦不妨取□□而先言之也。如開講擒題，則必曰是未嘗即其□□之□，而深思之也，又不言□無非言□吾將言□□之人，先言□□之人。諸如此類，難以悉數。總之習成一派套語，俟題到手，彷彿鋪襯，不必搆思，方稱佳作。且局必疊床，股必合掌，起講之意，篇內重言，起比之意，中後復見。出股天地，對即乾坤；出股聖賢，對即明哲。一篇八股，意只四股。四股之意，尚有疊用。師以是爲枕中秘傳，父以是爲家學妙訣，小試場屋，用之輒售，而文品之惡濫至此極矣。當時合肥龔芝麓先生爲大宗伯，典庚戌會試，深惡此種，力爲排斥，起衰振敝，庶幾稍變。公念文風之壞，蓋由選家，專取僞文，托新貴名選刻，以悞後學，因督學詞臣蔣虎臣超疏請，嚴禁僞文，遂爲覆准。定例，凡鄉、會程墨及房稿行書，必由禮部選定頒行，各省試牘必由學臣鑒定發刻。如有濫選私刻者，選文之人，無論進士、舉人、監生、生員、童生，分別議處。刊示頒行，是科選家爲之寂然。

部頒房書出，力洗惡習，然其中又不無矯枉過正，慮開龐雜之端，而積年靡調，亦一時不能頓改。至壬子、癸丑，吾吴韓元少菼聯取巍科，以雄文振起，天下始翕然改心易慮，思爲矯世革俗。己酉、庚戌之習爲之廓清。乙卯、丙辰始即醇正，學者亦慕先正大家，前朝如顧涇陽憲成、歸震川有光、金正希聲、黄陶菴淳耀、周介生鍾，本朝如熊鍾陵伯龍、史立菴大成諸先生稿，翻刻盛行，雞林爲之紙貴。丁巳、戊午連舉鄉試，文亦各省不同，然好高者恐流爲崇禎庚辰、癸未，守卑者未能盡去康熙己酉之習，揣摩家不可不加謹，主持文教者不可不留心提防也。二十年辛酉七月，科臣莫大勳題准，文取醇正，不尚離奇，字限六百五十，不得逾越，違者場中不許中式。一時文士復翕然思變。

## 交際

交際之禮，始乎情，成乎勢，而濫觴于文。以情交者，禮出于情之所自然，即勢異、文異而情不異；以勢交者，禮出于勢之所不得不然，故勢異、文異而情亦異。二者不同，要各有爲，況雖有至情，不能違勢，雖因時勢，未必無情，未可以是概風俗之盛衰、人心之厚薄也。獨是不由乎情，不因乎勢，而徒視爲具文，即其交際之時，已無慇懃之意，寧待情衰而禮始衰，勢異而禮始異耶？

視爲具文者，惟知有文不知有禮，遂至虛文，甚而于義無所取，彼謂既以爲文交，原不必有所取也。推此志也，大之僭禮亂樂，小之匿怨而友，世道人心，尚堪問哉？因略舉交際數端，以俟明禮之君子有所擇焉。

前朝鄉紳，凡兩榜出身者，無論官之尊卑，謁撫、按俱用名帖抗禮。即乙榜而選授京職，或外而兩司及郡縣部官、貲郎，而至兩房中書者，亦如之。其由舉、貢、監生選授府佐及京職散員者，止在郡縣交際，不便與撫、按兩臺晉謁矣。其他雜職，即郡、縣亦不交際也。本朝順治年間亦然。至康熙初，鄉紳與督、撫兩臺交際始分等職，不論出身，京官自部曹、中、行、評、博而上，用名帖，外官自藩、臬而下，俱用名揭，幾與現任等。用帖者，兩臺答拜，用揭者，只用名帖致意，不答拜矣。

前朝鄉紳，凡科甲出身者，無論爵之尊卑，郡、縣俱答拜。貢、監起家者，則但以名帖致意。貢、監未仕者謁郡守，俱用名揭。國初亦然。自順治季年，李公茂先以明經來守吾郡，凡明經授職者一概答拜，未授職者亦用名帖，以後凡貢、監授職者，俱答拜矣。舊例，縉紳設席延郡守，即公宴主席，亦不及孝廉。今明經、太學交情相契者，有席必赴矣，令長更不必言。

前朝鄉紳相見，大概必着公服，晉謁當事更不必言。今鄉紳入賓館，俱便服矣。現任官升堂視事，必着公服接見賓客，更不必言。今現任官，除新任朝祭及朔望謁廟行香、參謁上臺而外，俱不着公服矣。惟學臣臨試，則如舊服。昔舉、貢、監生、生員謁官長，俱必公服，遇大禮，必公服。平時交際及見武弁、縣佐則否，而縣佐、武弁必以公服接之。有訟赴公庭，則降同氓庶之服。當新婚假儀，則加本身服色一等，不爲僭也。今舉、貢、監生、生員，除謁本管上臺而外，俱不用公服，訟亦無降服，惟新婚假儀則同。

前朝守制鄉紳，謁當事、見賓客，必麻冠喪服，轎傘俱用白布。本朝喪服惟去帽上紅頂，不着衰麻，故縉紳守制者謁當事亦然，轎傘亦不用白，而改用綠紬若雨天。然見賓客，則或用素服，上加黑色外套。

予幼聞前輩名帖，眷字亦不概用。猶及見鄉老致徽商帖，止稱鄉侍生；浙友止稱侍生，謙者加教字；必兼親者，方加眷字。至于通家、年家，非實有可據，斷斷不輕用也。崇禎以後，漸以通家假借代眷字矣。明末，同社稱眷社弟，拜盟者稱眷盟弟。本朝順治初年，同輩一概稱眷盟弟，即同鄉各省者皆然，然而年家不輕用也。至順治四、五年間，年家亦漸有假借矣。然惟縉紳之家用之，以後迄今，凡三教九流，投名帖者，無不稱年家矣。

前朝貢、監、生員與武弁往來，即總戎亦止投侍教生名帖，晚字不輕用也。降而參、遊，更不必言矣。本朝順治初年，見總戎而上，俱用揭帖，副將而下始用名帖，然于副總兵、參將必加晚字，或用治字。順治十八年，吾邑特設水師副總兵及川沙營參將。水營與同學諸生相見，俱用名帖抗禮。獨川沙參將部選未來，撫標先有委署者，傲慢無禮，欲以師生接禮，諸同學與之力争，始得不屈。後部選惠元功楨祥以元戎世胄子蔭補專閫，與諸同人相見，情甚款洽，竟從抗禮，然止以通家侍生名帖致意，不到門答拜。繼任任公履素元禮以右都督來掌川沙營事，謙和更甚，改用通家侍弟名帖，必到門答拜。其後水營以康熙三年題定文武相見儀注，縣令見副總兵，俱用名揭，學師亦從而用揭，漸欲諸生易揭帖。其有事干求者，往往易之，平交者則照舊用帖。未幾，而水師奉命撤回崇明，今雖遊、參，俱抗禮矣。

前朝郡守、縣令與總戎相見，俱抗禮，帖用侍生，公文用移會。參、遊而下，大抵亦然。本朝順治初年，縣令見總戎，始用名揭，郡守則否。其後，松郡改設提督，郡守始用晚生帖，府佐始用銜帖，雖驕悍如馬惟善，不能異也。至康熙三年，新定文武相見儀注，郡守見文武總兵官，改用名揭，公文用咨呈，至今因之。

前朝監生、生員與縣令交際，得用治下門生名帖，分賓抗禮，惟附郭縣則用揭庭參，一跪一揖，稍殺于郡守也。以余所見，則附郭與外縣俱用名揭，相見俱長揖，而無跪禮，坐則諸生俱面向西，而令長獨坐面南東向，略存師生之意。今生員用揭如舊，而監生則改用名帖，然亦惟縉紳子弟則然，其餘用揭者有之，用上銜帖、下銜帖者亦有之。

昔年平等慶賀往來，單紅全柬非新親不用，單紅單帖非京官不用。猶憶吾鄉一孝廉北闈中式，下第而歸，用單紅單帖拜客，人譏其僭。此在崇禎末猶然。時尋常單帖止用五印花紙，其後用松城五雲軒、精一軒所造拱花着色白單帖，則華麗極矣。其全紅古折，通用砂紅紙，不以爲陋也。今單柬全紅古折，俱用雙紅，單紅或用京式衢紅。其先各色花單帖及花紅全折，市中幾不屑賣矣。

昔年副啓體製，長短與全柬同，柬書名，啓書事，故以副封名。百年以來，俱用藍色花格，吾猶及見于舊篋中。崇禎中，始用紅條格，藍者惟居喪時用之。順治初，改用寸楮，大小不過如全柬四分之一，配以小全柬，亦如之。或止以單帖引名。其後京中用色啓，稍大于寸楮，而究小于舊啓，引名或單帖或全柬，俱照此式，儀狀亦然。今不特京師亦用之矣。

昔年寫單帖，俱用全折，于名下用「頓首拜」。順治之初猶然。至五、六年間，始于單帖上去「頓首」，止寫「拜」字。其守制者，無論喜慶紅帖，則俱寫「制」字，而以淺色紙簽名實帖，不書「稽顙拜」。自順治末年，守制者紅帖上去「制」字及「稽顙」字，改稱從吉，而不粘色紙簽名矣。守禮之家或仍其舊，世俗反以爲固執，而不自知其非也。

喜慶賀禮，向來有之，盛者盃幣以及羹果而已，今或間用羊、酒。營中往往用麵。其祝壽桃糕上插八仙，昔年亦有之，然第存其意耳。今吾郡所製，精巧異常，鬚眉畢見，衣褶生動，俱以染色麵爲之，可久而不剥落，前此未嘗有也。人物專取吉祥，故事亦不拘泥八仙。

喪祭弔奠，向來看卓亦尚精巧，然不過以泥塑人物，綵絹裝成山水故事，列于筵上，以示華美而已。自順治以來，即以葷素品裝成人物模樣，備極鮮麗精工，宛若天然生動，見者不辨其爲食物，亦莫辨其爲何物矣。一筵之費，多至數十金。飾一時之觀，須臾盡成棄物，殊爲虛費。其如習俗已成，苟有其力者，以爲不如是便成簡略不敬，君子所以嚴奢麗之源也。

前朝兩榜，鄉紳拜客，除親戚故交照常投帖外，其泛然士流，俱用眷侍生名帖。士林拜兩榜鄉紳，亦除親戚故交照常外，其泛然交際，俱用眷晚生名帖，不論先後進、年齒也。乙榜次之，貲郎更次之。大概視其爵齒及交誼以爲斟酌矣。至本朝，而兩榜鄉紳非齒爵極高者，無投侍生名帖之事。即間用之，市井吏胥尚以爲傲，而譁然非議之，況士林乎？諸生謁兩榜鄉紳，非齒爵極尊者，不屑投晚生名帖。間用諸過客而尊者，往往粘還晚字，況乙榜及貲郎乎？其尊行致幼輩，向止用眷教，或眷生，謙者稱眷侍教生。今雖白叟致黄童，無不稱眷弟，甚至姑夫致内姪、表叔致表姪、年伯致年姪亦然，其他父執又不必言矣。

前朝鄉紳，如大司成致仕回籍，無論南雍、北雍，凡貢、監生往謁，必着公服，用名揭。鄉紳北面坐，客西面坐，不論年齒也。如督學使者回籍候補，或内陞給假歸里，無論各直省諸生見之亦然。自順治中，吾郡張蓼匪視學兩浙，宋直方視學八閩而回，此禮不行，以後遂爲故事，竟同泛然鄉紳矣。

前朝交際賓宴以及吉凶往還，犒勞各色人等賞封，俱用九成，外銀八折。本朝順治之初，漸用六折。後因行銀濫惡，通用不過六七成，因改賞封爲紋銀四折。康熙以來，減至三折。今甚有封標一兩，而内止紋銀二錢者。文勝日甚矣，衙門使費亦然。

# 閱世編卷九

## 宴會

肆筵設席，吴下向來豐盛。縉紳之家或宴官長，一席之間，水陸珍羞，多至數十品。即士庶及中人之家，新親嚴席，有多至二三十品者。若十餘品，則是尋常之會矣。然品必用木漆果山如浮屠樣，蔬用小磁碟添案，小品用攢盒，俱以木漆架架高，取其適觀而已。即食前方丈，盤中之餐，爲物有限。崇禎初，始廢果山碟架，用高裝水果，嚴席則列五色，以飯孟盛之。相知之會則一大甌，而兼間數色，蔬用大鐃碗，制漸大矣。順治初，又廢攢盒，而以小磁碟裝添案，廢鐃碗，而蔬用大冰盤。水果雖嚴席，亦止用二大甌。旁列絹裝八仙，或用雕漆嵌金小屏風于案上，介于水果之間，制亦變矣。苟非地方官長，雖新親貴遊，蔬不過二十品。若尋常宴會，多則十二品。三四人同一席，其最相知者，即祇六品亦可。然識者尚不無太侈之憂。及順治季年，蔬用宋式高大醬口素白碗，而以冰盤盛漆案，則一席兼數席之物。即四五人同席，總多餕餘，幾同暴殄。康熙之初，改用宫式花素碗，而以露莖盤及洋盤盛添案，三四人同一席，庶爲得中。然而新親貴客，仍用專席，水果之高，或方或圓，以極大磁盤盛之，幾及于棟。小品添案之精巧，庖人一工僅可裝三四品，一席之盛，至數十人治庖，恐亦大傷古樸之風也。

向來筵席，必以南北開卓爲敬，即家宴亦然。其他賓客即朝夕聚首者，每逢令節，傳帖邀請，必設開卓。若疏親嚴友，東客西賓，更不待言。主人臨定席時，必先奉觴送酒，曲盡酬酢諸禮。子弟自入小學以上者，即隨行習禮焉。近來非新親貴遊嚴席，不用開卓，即用亦止于首席一人。送酒畢即散爲東西卓，或四面方坐，或斜向圓坐，而酬酢諸禮，總合三揖，便各就席上。删繁文苛禮，似極簡便，但後生不知禮者，恐習以爲常，古道不復見耳。

昔年嚴席，非梨園優人必鼓吹合樂，或用相禮者。今若非優伶，則徑用絃索彈唱，不用鼓樂。其迎賓定席，則彈唱人以鼓樂從之。若相知雅集，則侑觴之具，一概不用，或挾女妓一二人，或用狹客一二人，彈箏度曲，並坐豪飲以盡歡。

近來，吴中開卓以水果高裝徒設而不用，若在戲酌，反揜觀劇，今竟撤去，并不陳設卓上，惟列雕漆小屏如舊。中間水果之處，用小几高四五寸，長尺許，廣如其高，或竹梨、紫檀之屬，或漆竹、木爲之。上陳小銅香爐，旁列香盒筯瓶，值筵者時添香火，四座皆然。薰香四達，水陸果品俱陳于添案，既省高果，復便觀覽，未始不雅也。

## 師長

不爲師，不知師道之難；不爲師，不知師恩之厚。予嘗爲之矣，敢不知之乎？發蒙之始，固慮其無知。知識既開，又虞其泛騖。啓顓蒙而使之領悟，去泛騖而納諸正中，器識文義，務必兼優，掩短護長，迎機科導，師恩甯可忘哉？若夫文章變化，得諸寸心，而就墨引繩，匪師不克。假以指南之手，拔諸廣衆之中，知吾之恩，與教吾等。故歷叙所師，列其姓氏，以爲私心之俎豆云。

王魯沖先生，諱開文，初字季良，邑城人也。幼與先君同受業于先祖母舅玉樞周先生之門，少先君一歲，最爲莫逆。崇禎初，開家塾，授生徒，與予家爲比鄰。余方六歲，初發蒙，先君命余往受業，始讀學、庸本文，既加讀朱註。是歲完論語之第一帙，次年熟讀兩論，又次年余從先君東遷鄉居，遂延先生至東。時余方八歲，初讀孟子，先生即爲余解説論語，雖大義未晰，而字句頗曉，皆先生所口授也。是秋，因先大父命還居，復歸城居，次年同鄰友褚仁伯仍延先生于家塾，授余毛詩，因講解兩孟，時余已九齡矣。至次年十月，余方十歲，慘遭先慈之變，遂輟學。此崇禎之六年也。明年甲戌，先生爲某氏延去，余亦煢煢在疚，不遑治經，後此無緣與先生相見。至本朝順治十四年丁酉，先生館于周浦西百曲里陳氏。是歲，余初補博士弟子員，及恭謁先生，款語良久，先生亦爲色喜。時先生年已六十有七，而容貌不改于疇昔執經之年，詢知卜居于邑西數十里外之梅源，世兄頗豐裕，子孫繞膝，先生亦將歸老，不復事硯田矣。余拜辭而返，越明年，忽聞先生即世，心竊悼之。至今披讀四書、毛詩，猶憶先生之教，如躬承函丈時也。

金伯固先生，諱湯，初字孟明，邑庠生。崇禎甲戌，蜀中劉念先先生潛來令上邑，于童子試中取先生第一。是年入泮，遂開家塾于城南。余年十二，往受經焉。

潘魯卿先生，諱焕璜，後字甫臣，邑庠生，故御史大夫尚書恭定公弟諱恕之之曾孫也。與余比鄰，開家塾授徒，四方從遊者甚衆，大概皆成材，已爲博士弟子者嘗數十人。予十三，亦往受業，初學作文，未能窺見墻壁也。

瞿行言先生，諱儆臣，邑庠生，與余家亦爲比鄰。崇禎丙子，試南闈，不售，歸開家塾，授生徒，從學者亦數十人。余年十四，往受經。先生課學者最嚴重，相對竟日，言笑不苟，質疑問難則滚滚萬言不倦。同學諸生燕間遊戲，皆以經義、字義及舉業之二、三場相角，不敢作浪語放言。余前後執經共三載如一日，批閱課藝，必細加改削，使學者豁然啓悟，多有進益。

張祇園先生，諱儒風，字魯培，邑庠生。故少宗伯賓山先生諱電之曾孫，即余之外翁也。余年十六，既爲館甥，遂從先生受業，指示行文步驟，不得馳騁踈弛。不及兩月，先生以試事往甯，秋闈不售，居停主趙氏家亦多故，遂輟業。九月後，復從瞿師于家塾省課文，瞿師謂進于舊。

李雪生先生，諱浣，真定府元氏縣人，順治己未進士。十三年丙申夏，初分婁縣，先生來令婁邑。十四年丁酉二月季試，余館郡城，因就試。取余第五名，評余文曰：「不衫不履，翩然而來，自有英雄之氣，見于眉宇，少年中之飛將也。」四月，文宗行試，余因就婁籍，面校余文，極蒙獎歎，有數奇晚遇之恨，拔置第二名。五月，府試，録送文宗。六月朔，道試發案，先生指余名，輒詢左右取否。及聞報，大喜。送學後，余進謁謝拜，先生固辭，惟惓惓以道義功名勉勵。是歲鄉試，先生以麟經例當入闈分校，竟以催科政拙，被論回籍。其後因南闈關節致譴，方、錢兩主考伏法，十五房同考官俱棄市。使先生入闈，則衡鑑公平，必無疑似。然當功令森嚴之始，焉保玉石不焚？蓋亦危矣。始知先生之去任，正天之所以報循良也。

張西山先生，諱能麟，字玉甲，陝西洋縣籍，順天大興人，順治丁亥進士。乙未，江南初改監司督學，先生來督下江學政。十四年丁酉，科試，取余第五名入泮，亦一時之知遇也。越明年，先生移陞，分守西蜀。歸里數年，近復參政山東。康熙十七年戊午，薦舉博學鴻儒不中，家于京。戊辰，昌兒都門相遇，猶殷殷道，故欲延昌兒于家塾，因遠辭也。

馮竹菴先生，諱瑄，字玉宣，吴郡人。順治十四年丁酉，先生以明經高等司教婁學。余初入泮會課，拔余第一，特諭學役，免余贄儀。余惟以詩扇自呈，而先生欣然笑納。後逢朔望，或操藝文進謁，先生必慇慇勉勵，時出家釀山蔬，留連晨夕。己亥，欲延余家塾，緣余先有別訂，先生旋亦歸里，是以不果。然而情意契合，亦學師中所僅見者。

鄒未菴先生，諱宏，字能宏。順治甲子，江西鄉舉第二，戊戌成進士，吉安府盧陵人也。康熙癸未冬，來令上海。乙巳夏，季試，取余一等第三名，間一晉謁，情意甚慇。後以催征詿誤，被論解任。候代之日，特命昌兒輩以制義就正，每遇一題，闡發議論，千言不倦，必出新機，去陳言，洞中題之肯綮。談及時事，則義形于色，嘗以出處大義相勉勵，愧未能副其望耳。

## 及門

在三如一，古訓昭昭，曲藝且然，況吾道耶？本朝自順治以來，極嚴師門之禁，凡座師、房師及薦舉之師，一概禁稱，而獨于受業悉如古禮，所謂天不變，則道不變，師門授受之誼，終不可變也。余自甫離函丈，謬作塾師，雖期糊口四方，亦爲教學相長，不意三十餘年來，而及門忽已濟濟。其間領悟不同，率教亦異，將來升沉顯晦，必非一致，此尤閲世所最親切者。故一一識之，庶期有出于藍者乎。

顧鍾偉，字表人，少余二歲。余年十九，自邑城東遷，其兄伯毓與余同里，延余家塾，遂執經焉。後以病没，不克卒業。

顧箴，字虞言，伯毓長子，鍾偉侄也，少余七歲。偕仲元籌字運臣、季弟箕字洪叙，與鍾偉俱受經于余。質頗慧，用筆亦清警。順治壬辰歲，余曾延之家塾，命培兒受業，後以役訟毁家，旋以疾卒。今兩弟尚存，其季即余之表姪倩也。

顧廷鎮，字公甯。于順治乙丑負笈從余，時年十四。是冬，丁外艱，廢業，不數載而卒。

周京，字文依，于順治九年壬辰，乃翁參兩延余家塾。時年十四，雖已遍誦五經，而尚未行文。是秋，初試筆，作制義，多穎句。至十三年丙申，年十八，試補博士弟子。時負笈來從者，邑有喬嵩字峻中，憲副玄洲之曾孫，而訒齋之從孫也。郡有顧□□公淳子，今廢學。

周新，字文受，京之弟也。當京受業時，新甫六齡。是年，初出就傅，從王元賓學。至康熙改元，復自筍里延余家塾，始習八股，繼改論策。出筆抗爽，多穎異。丙午，丁内艱，服闋，復習八股。乙卯，冬試，入邑庠。丁巳，歲試，補增廣生。辛酉，科試，補廩。

吴謙六，名見龍，明經生壽平長子。康熙癸卯，壽平將教授于旗下，命見龍偕其弟泓來從學于周氏，凡四載。丁未歲，延余家塾。戊申、己酉，復負笈從余于郡城。是年，丁外艱，服闋，于癸丑冬試，入邑庠，旋復承重守制，亦于丁巳歲試，補增廣生。

張樨森，字蒼林，弟樨棼，字宫名，明太常訒菴先生之從孫，太學若木之子也，若木于余外翁祇園先生爲雁行，故森、棼以從子先受業于外翁，後于順治己丑延余家塾，凡三載。以訟毀家，避仇奔走，幾至廢學。迨事定，歸里，復事舊業。康熙十二年癸丑，始得同入太學。己亥年，來負笈者有邵大紱，字方來，若木之表弟也。

張霦，字采臣，弟□，字壽承，郡庠生泓一之子。康熙庚戌，延余家塾。霦先受業，以病輟。

至次年執贄，凡四載，至丁巳，以新例入太學，應試南省。

周稺雯，字雲倬，括蒼太守釜山先生孫，太學十經長子也。康熙甲寅，延余家塾，聞雲貴之變，徙居南橋受業焉。至十八年己未，援例入太學。

張世林，字青苑，弟泰，字二岑，明太常訒菴先生之孫，司理蓉左之子也。康熙乙卯，延余家塾，遂執經焉。是冬，世林入郡庠。丁巳，以歲試補增廣生。戊午，泰試學使者，不售，歸，即援例入太學。

張魏封，字浚遠，世林、泰之胞弟也。乙卯以後，尚執經于沈藏。于康熙己未，始問經于余，時年十七。是秋，學使者劉木齋果試，入邑庠。康熙丙寅，同從兄士麟援例入太學。

張士麟，字楚泓，亦太常訒菴先生之孫，太學武征之第三子也。康熙庚申，余尚館于蓉左氏。士麟初執贄來，從余于伯氏之家塾，後入太學。

張敬炎，字青扶，士麟之同母弟，武征之季子也。康熙辛酉四月，同姪標從予于伯氏之家塾。

康熙二十八年己巳，入太學。

張標，字赤霞，武征次子秋佩之長子，太常之曾孫也。康熙辛酉四月，同敬炎執贄，從余于蓉左氏之家塾。次年壬戌歲，入華亭學。

張玉嬰，蓉左第五子也。康熙癸亥，同其弟玉立受經于余。

## 釋道

釋道之教，其來已久，或則奉之，或則斥之，要皆一偏之説，不足據也。原立教之意，本與吾道不甚懸絶，逮其流既遠，百弊叢生，不特爲妖爲妄者，不可勝計，甚至力背其師説，即爲彼教中所不容不誅者，比比而是，固未可以盡信矣。然其間間生一二名賢，修德砥行，大振宗風，爲世所瞻仰。釋如天童之密雲和尚，道如穹窿之施諒生法師，其誠實足以感天地，動鬼神，是又安可概斥哉？天童先吾生，而爲幼所習聞，穹窿同吾生，而爲長所習見，惜余株守寒氈，不克躬承麈教，故雖有神靈顯異，不敢以耳食管窺，妄爲載筆，要亦一時釋道領袖矣。天童支分派衍，尚足到處稱尊，上則至尊降禮，次亦傾動王公。然多浄土息緣，不輕飛錫，人或得接一面，如見當年佛祖。是以三十年前善知識最少，最足動人。杖笠所至，頂禮者摩肩接踵，施金設供，惟恐弗及。今則千室之邑，數家之村，號稱付法者，在在有之。甚至干謁請託，望門投刺，冀得機緣，一遇稍濟。香積之窮，遂致人輕託鉢，家吝布金。即使佛祖再見于今日，流俗終視爲水雲之行者，盛極而衰，其勢然也。如設齋建醮，或因祈福，或因懺悔，原其初惟欲仗法寶之力，通主人之誠耳。余幼所見，齋醮壇場，不無莊嚴色相。至于誦經宣號，雖疾徐抑揚，似有聲律，然而鼓吹法曲更唱，迭和獨多，率真今道場裝飾靡麗，固不可言，至讚誦宣揚，引商刻羽，合樂笙歌，竟同優戲，不惟失設齋建醮之意，反開褻越瀆祀之風。是亦釋道之一變也。謹據見聞所及，確而可信者，略紀于後，至所見異詞，傳聞異說者，或俟他年稽疑訂誤，以次編入云。

太平菴陳和尚者，上海周浦西北鄉人也。菴僅可容膝，和尚自中年焚修于此，徒跣乞食，輒分饑者，有憐其寒而衣之，道遇凍人，即解以施。或隆冬不衣，或夏月不帳，息心禮佛，苦行潛修者若干年，人皆未之奇也。忽于順治七年庚寅，若有所憑，言輒有驗，病者求治，始與鑪灰令調服之，治疾立效。既而求者衆，鑪灰不足，則即座間撮土與之治，疾亦愈。旬日間，座右遂成巨井，因即井泉取以應來者，服之亦驗。遠近焚香，計步而拜，不遠百里者，晝夜絡繹而至。始自近境，迄于鄰郡，一歲之中，香火燭天，數百里內，舟車不絕。撫院土公聞之，慮生他變，檄縣遷諸邑城，歸者亦復如是。送之崇明海外，翕然向風。乃遷之蘇城之北寺，蘇人舉國信從益甚。凡閱三載，而示寂于蘇。余嘗往菴中叩之，觀其貌，似六十許人，口横而眼微碧，與之談，皆日用尋常語，絶無説玄説妙神幻怪誕之語。問其土灰能愈疾之故，則答曰：「土灰焉能治疾？但人信其能治疾，故即與之耳。若果有奇驗，吾先治自身疥瘡矣。」夫不作神異怪語，所以爲真。大概苦行既至，自見靈異，彼不自知也。

松城馬嵦寺僧奕嵦者，原籍山東人也。昔因從軍來松，後去伍而披緇入寺。因見寺宇殘毁，有志鼎新，常肩鍍金大木杵，懸以小鐘，露頂徒跣，募于松城。予時道遇之，不暇問其何許僧也，但以馬嵦古刹坍毁已甚，謀復舊觀，工費浩繁，恐告成無日耳。康熙九年辛亥，歲旱，自夏迄秋，望雨不得，民心惶惶，有立槁之勢矣。嵦于七月初一發願祈雨，匍匐拜跪，于赤日中長呼佛號，遍走郡城内外，自誓七日不雨，當以身殉，人亦莫之信也。至初八日，拜出西郊外，登跨塘橋，值潮水奔流之會，躍入水中，衆皆救之，業已端坐而逝。迨舁至岸，猶合掌不釋，一時驚動闔郡。郡伯親往臨視，嗟嘆久之。庶僚捐俸作龕，爲之禮佛而葬之，迎其主供于本寺。閲十日而大雨霑足，四郊俱遍。是歲有秋，未必非兹僧一誠所格也。

趙道人，海濱一團村人也。素以耕漁爲業，未嘗學，莫知其名字。然性狷介，不苟取，敦孝友，重然諾，流俗人往往反非笑之，以爲不近人情者。年逾三十，會遭鼎革之後，與同里人争梁通道，以非道人意，不肯相助爲理，里人銜之。一日，道人來經此橋，遂有呵止之者。道人不與之辯，解衣涉水而渡，歸即薙髮如頭陀，就住居之旁，編草爲棚，如合掌狀。棄妻子，獨入居之，坐寤寢食于其中，足不窺户外。兄弟、妻子、鄰里、親戚來問其故，終不言，勸之出，終不答。其初薪水取給家人，數日後，知家貧不能繼，拒之，自瞻而已。從棚中代鄰家紡績，計工而取錢，易米鹽以自給。或有憐而故浮其值者，拒不受，甯終日不舉炊，若無故而進食者，率不食，三十年如一日，不知其何意也。康熙之初，遠近聞而造謁者與之談，亦不應，但以箸畫水爲字而答之。趙本不知書，至是初識文字，言或奇驗，然亦不言之時爲多。十六年丁巳，當事以一團爲鹽灶所集，商賈輻輳，慮海寇充斥，題請分防。駐防副將軍周某徒步訪之，終不言。餽之銀米，則移置棚外，竟不受。周歎賞而去。余亦偕親友往探之，其容貌服飾樸而野，質而無文。棚中卑陋，僅可容二人。然聞之土人云，夏不熱，冬不寒，不爇蘭膏而無穢氣，亦甚異也。與之談，初亦以箸畫水而答，後聞出語言，衆以爲曠見，然言亦無甚奇，不知果驗與否。要其介然不拔之操，有足多爾。時年七十，妻及子俱没。其姪與幼孫尚存，朝夕爲之汲水一甕。

道士彭微之者，蘇之崑山人也。精術數，常往來松郡，叩之屢有奇驗。康熙四、五年間，郡西王姓者延之設醮。王有密友姚南野在座，欲歸東郊。時酷暑，王留之不得，微之顧謂姚曰：「君果欲去，吾當遣涼雲相送。」因舉筆書一符于姚手。及姚歸，行數里，四顧皎日，獨有陰雲時覆其頂，若張蓋然。迨抵家，而雲始散，衆咸異之。至十年辛亥春，將播種，而溝澮已竭。五、六月間，雖有微雨，止堪潤葉。延至七月，而苗槁矣。司民社者莫不偏走，群望爲民請命，卒不可得。太守耿公繼訓聞彭名，邀之祈雨，請以方外禮見，許之。及彭至，問以祈雨之方，答曰：「雨以雲行，雲從風起。暑風率從西南來，火氣日旺，則水氣日消。安所得雨乎？今當閉南城之門三日，我能令風從東北來，一以壯水勢，且以漲潮汐。蓋因祈雨之法，例有三限，恐已槁之苗，不能坐待六日，故必使通潮之地，先以潮救之，而後繼之以雨，庶爲萬全耳。」太守從之，自七月十四日結壇，果反風自艮方來，而潮汐驟長有加，平日溝澮支流，無不浸灌焉。十五日，衆謝之，彭曰：「風則正矣，雲尚未也。然欲掩太陽，先掩太陰。蓋月爲水母，水得雲而雨可降矣。」自是每晚必陰雲蔽月，有詢其降雨之期，彭屈指曰：「尚須二日。」至十七日，彭向郡守而下稱賀曰：「明日大雨至矣。」是早晴明如故，衆未之信。次早復晴，佐郡有疑其妄道者。人詢之曰：「道士尚登壇乎？」彭曰：「不必矣。辰時雲起，午刻雷作，未、申、酉大雨，四郊霑足。」衆尚未信，至辰而果雲，至午而果雷，至申及酉而大雨盈尺，盡如彭言。溝澮之涸者皆盈，禾苗之槁者復生。闔郡歡呼，驚傳神異。至十七年夏，亢旱彌甚，時郡守魯謙菴超，浙之山陰人也，偕僚屬集僧道建壇于西郊之泰岳神廟，虔齋禱雨，至逾月而不得。縉紳有憶微之故事者，白郡守以禮徵之，至如前法，刻期而應，不失時刻。是歲也，旱而不甚差勝于鄰郡者，微之法力居多。或曰微之非能致雨，特以數學之精，能推知此日必雨，故神其説耳。嗟乎！使數學果能如是，亦異人矣，故吾特表而出之。

九峰旅菴和尚者，浙之秀水人，姓孫氏。初生白光滿室，襁褓中有高僧見之，摩其頂曰：「他日當爲人天師。」年二十一，辭家就本郡敬畏菴，從日明輪法師薙髮。二十三，遍叩諸方。曾于玉林大覺禪師備記室玉林法名秀，天隱法嗣。兩稔。渡錢塘，參宏覺老人于越之大能仁寺。宏覺禪師即木陳，法名忞，密雲法嗣。二十九，以悟徹得法。順治十六年己亥，世祖章皇帝遣使宣宏覺老人入都問道，師同徵入。天子嘉之，降禮如法門故事，命駐錫椒園中，延訪日至。宫内大臣賚帑金，設伊蒲精供，特勅旅公開法堂于京師之善果寺，駕時臨幸，賜賚有加。自諸王大臣而下，莫不北面同參。至灑宸翰以賜，有「天上無雙月，人間只一僧」句，以旅公法名本月也。方外之契，可稱一時極盛。迨世祖上賓，宏覺老人及旅公深鼎湖之痛，先後請歸故山，今上慰留，半載後得請，歲在戊申。松之縉紳先生狥輿情所慕，争通尺素，從九峰禪寺遡本長老之請，以請于師，而師乃惠然莅止。縉紳中周釜山先生護持尤力。余與釜山父子俱雅慕旅公，未獲參叩。癸丑暮春，旅公來訪玠右先生于筍里，余得追陪杖履，一見如舊識，揮麈而談，移時不倦，遂作詩文倡酬而别。甲寅之冬，復偕鷹垂兄弟訪師山中，作信宿談。九峰禪寺地當山後，舊故面南，遡本承其先師之志向，欲改創面北，而力未能辦。順治七年庚寅冬，忽有一工來山，自言能任其事。詢其所費，惟須數十人力，足令自轉，衆咸異之。刻期聚觀，觀者即爲助力，工取木幹及巨絚數根，遍縛壁上。衆屬幹上，齊聲起肩，殿隨而轉，一壁不移，寸瓦不動，并殿中塑像供座皆用此法轉而北向，宛若天然。其人不索酬而去，一時驚傳以爲神。遡本住錫幾二十年，而退居于横雲山之麓，迎旅公升座。宏開方丈，大振宗風，則知天將令國師建此道場，故先有異人來轉此殿，法會因緣，良非偶然也。余在甲寅之春，即聞其事，以爲太異，猶未敢輕信。迨冬十月到山，親在殿中與大衆談之，略悉。丙辰春，復同蓉左叔翁及碧涵兄弟訪師山中，適會遡本，邀過横雲静室，談轉殿事更詳。至冬而旅公示寂，今法嗣中勗元迪繼之。玉林，天隱法嗣，宏覺，密雲法嗣。天隱與密雲皆幻有法嗣也。

# 閲世編卷十

## 居第一

昔人謂苑囿之廢興，洛陽盛衰之候也，信哉是言乎！余幼猶見郡邑之盛，甲第入雲，名園錯綜，交衢比屋，閲闠列廛，求尺寸之曠地而不可得。縉紳之家，交知密戚，往往爭一椽一磚之界，破面質成，寧揮千金而不恤。一旦遭逢兵火，始而劫盡飛灰，繼之列營牧馬。昔年歌舞之地，皆化爲荆榛瓦礫之場。間或僅存百一，而胥原之後，降于圭竇蓽門，王謝堂前，多非舊時燕子，始知蕭、李二相良足師也。然金谷樓台，鞠爲茂草，平泉花石，終屬他人，理勢必然，其可若何？因略舉其箸者，列叙其原委，至于考其遺址，半没荒烟，子孫莫稽世澤者，可勝道哉？可勝道哉？

故相徐文貞公以三朝元老，賜第于松城之南，三區並建，規制壯麗，甲于一郡。百餘年間，簪纓奕葉，子孫世居。有明之末，相國元孫澹甯本高以羽林起家，列爵太傅，避兵出城。鼎革以後，遂爲間館。順治四年丁亥，提督蘇松常鎮總兵官張公天禄來駐吾松，因前任吴鎮以叛伏法，廨宇不利，别擇公館，暫借賜第，非遂以爲衙署也。是以門第堂額，悉仍其舊，惟東西置柵，以時啓閉，大署曰轅門而已。及張帥罷去，馬鎮逢知繼來，遂多更改。戊戌、乙亥之間，忽將門前街道拆開，大啓巍宇，署提督軍門，造儀門于大門之内，移照牆于帶水之南，一如撫院軍門制度。建牙列戟，居然行台矣。東西兩第，舊爲賓館將廳，至是廢旗鼓，改園亭，建射堂，兼三第而一之。基址環匝，有逾里許，漕、白二粮依舊房主輸納也。順治十七年庚子，科參馬鎮，奉旨行訊，中有一款，佔據故相賜第，即此。時接任梁公化鳳提督全省地方，現任駐劄不便，判歸原主。當事者建議暫估房價幾千金，稱還故相子孫，除其兩税，俟錢粮有餘之日，鼎建提督衙門，然後還房取值。徐相子孫已領庫銀，今竟賣爲官舍矣。

錢相國機山先生第，即當文貞賜第之後，南面臨流，門宇宏敞[一]，亦一城之甲第也。其先爲馮廷尉廷岡先生所建，相傳正廳乃吾家故物。先大夫東瀛公即世，吾高、曾不守，棄于馮氏，自浦東五灶港移建于郡城，故老猶能述之。價止一二十金，其實值幾百金。後樓雄峙，北望九峰，在一覽中。馮氏衰，轉售于機山。順治二年乙酉八月初三日，大兵下松城，總戎李虎癡成棟建牙于

[一] 門宇宏敞　「敞」，底本誤作「敝」，據文義逕改。

内。次年，李帥調征閩、廣，既平南土，留鎮粤東，家屬尚居松署。五年戊子，李帥叛，詔籍其家，此第遂没入官，竟爲公所。後此提督、總戎既定駐于徐氏賜第，往往將佐居之，近爲遊戎成國梴私第。康熙十三年甲寅夏，成將調征浙衢，臨發，内廳災，未幾成歿于陣，今不知誰屬，門堂後樓猶存。

顧氏賜第，乃先朝神廟，時特旌高義清宇顧光禄正心也。在府治南，城隍廟之西，門樓龍額金書，特命嘉義，制極壯麗。蓋清宇尊人左山先生兄弟歷官大參，家故豐腴。清宇再四滋大，助田五萬餘畝，以資各役之費，又出粟賑饑，全活者衆。兩台使上其事，朝廷嘉之，賜爵光禄丞，建坊啓宇，恩典有加，故居第與大臣等。余幼時猶及見其盛也。順治乙酉八月，燬于兵，中堂及兩廡諸佐室猶存。其後，流爲營兵所居，馬矢瓦礫，幾與山等。順治中，好事者募資公買，將建鎮府生祠，復營内廳門宇。大工未就，會鎮、府相繼罷去，工亦中輟。

顧園，在東郊之外，規方百畝，累石環山，鑿池引水，石梁虹偃，台榭星羅，曲水迴廊，青山聳翠，參差嘉樹，畫閣朦朧，宏敞堂開，幽深室密，朱華絢爛，水閣香生，禽語悠揚，笙歌間出，蕩舟拾翠，遊女繽紛，度曲彈箏，騷人畢集。雖平泉、绿野之勝，不是過也。再世相傳，子孫猶能善守。凡宦流雅集，名流勝會，以及往來過客，莫不于此尋芳觴詠，殆無虚日。鼎革以後，顧氏聚族而居，遊人罕得入矣。裔孫承富厚之餘，但習豪華，操家無術。馴至順治之季，反因義田逋賦，毁家賣宅以償，堂宇盡廢，而山水橋梁，猶如故也。康熙之初，積逋愈甚，征輸益嚴，遂井花石而棄之。嵌奇險怪之石，玲瓏生動之姿，不能遇米顛之拜，而悉爲劫燼之灰。乃知切石卧于梁園，艮岳徒供礮具，猶爲幸也。內有一峰雄峙，乃天然生就，非藉積累而成，高十餘丈。俯闞諸峰，有飛舞之勢，非數百人不能舉，故至今尚存。相傳載此石歸時，忽沉于泖，募習水者以巨絙下牽挽之，其下更得一石，合之乃其座也。一時驚傳，謂有神助，迄今獨逃劫外，不信然哉！

朱太史第，當府治之後，其先爲文石先生，以庶常起家，歷官少司成。從子叔熙爲子衿時，早出，道經此地，值某紳營建上梁。叔熙着白袷，立而注視，爲紳僕所訶斥。叔熙顧謂其僕曰：「善爲之，吾將鳩而居焉。」未幾，某紳棄世，嗣子凌夷，叔熙登第，果售于朱，可謂言大而非誇矣。其後叔熙捐館霞城，許都諫得之。朱太史積，叔熙從子也。崇禎癸未，登進士，選庶常，而原第復歸朱。鼎革之際，避兵出城，棄爲閒舍。李帥虎癡之調征閩、廣也，提督吳勝兆來駐松城，以李帥家屬尚居錢相國第，故别擇公館，遂即太史第而居焉。順治丁亥四月，吳鎮以叛伏法，張桂吾天禄繼任，建牙于徐文貞公賜第，而以朱第爲中軍將，受銀打里所居。其後改建門宇，居然營署矣。基址數畝，歲累朱氏賠粮。太史即世，嗣子彦則食貧，素心李學憲愫彦則外翁也，深爲堉謀，莫如賣爲官舍，其如營稱借居，無從措價。適婁縣新分，暫駐西郊倉城，公事入城，多所不便，謀建縣治，工費又繁。素心商諸馬帥逢知及中軍將王守宇嘉會，將朱第賣爲縣治，收領價銀，别置府西唐氏故第，爲中軍駐劄之所。呈明各台，以朱第爲公佔，蠲其兩稅，即今婁縣治也。然爲縉紳居第，已爲寬敞，爲邑治公所，則内衙湫隘，自楚中孟道脈來令婁邑，稍增式廓，後人賴之。然而較諸鄰邑，規模正多未備也。

王大京兆第，故京兆尹王公爲溪庭梅所居也。南面臨衢，重堂邃宇，爲東關第一甲第。鼎革之際，公雖避兵他徙，旋以李鎮調走，各紳入城，公遂遷歸故第，是以從未有營弁借居焉。後數年，京兆即世，家傳清白，公子祥符、王路俱食貧，各就便遷居鄉里，稍稍不無殘毁。又以馬鎮剛愎，弁兵充斥，慮爲佔據，因小就價，贖于營將張遊戎爲公館。後張去任，此館遂虚。康熙十二年癸丑，士紳償價，改建嵩高書院，崇奉提帥楊公捷生位，因諸生上扁額者諛詞過甚，楊公謙不敢當，遂即其内樓改爲玉皇寶閣，奉迎玉皇聖像，供于其上，規制尤極宏麗焉。

林太守第，在普照寺西界，與寺連，相傳故華亭陸昭侯舊第址也。林之先有諱景陽者，歷官太常卿。太守仁甫以任子承家，保世滋大，居第極爲宏麗。鼎革之際，爲中軍將高謙佔居。其後高陞任粤東，家屬尚留松郡。高後叛入海島，此第籍没入官，遂爲郡長侯代交任之所。順治季年，提帥梁宫保輸價于官，營爲别業，鳩工修葺，費甚不貲，輪奂有加于舊。未幾，梁公卒于官，繼任王公公定復償價得之。王公陞鎮海大將軍，移駐京口，此第賃爲商居，林氏子孫莫敢過而問矣。

張都諫第，在通波門之東偏，面南背城，故太常張訒菴先生掌工垣時所居也。其先爲石筍里倪慧珠中翰故業。倪氏富甲海上，松郡北城一帶强半屬倪，此特其一耳。故豪華之習，奕葉相承。中翰卒，傳子子一，踵事而式廓之。少年裘馬之場，選伎徵歌之會，靡不極當時之盛。士之浮薄者，翕然景從，而錢生清璵爲其最，戲將城居子弟美秀而文者，體倣名姝，編列花案，雌黄甲乙，度曲填詞，自朱門公子以迄下里小兒，一無所避，衆共疾之。一二大老主持于上，群掠其家資，而共訴于學使者。時史公偉督學三吴，將置于辟，太常長公子，中翰婿也，與子一爲内兄弟。時太常公初掌户垣，奉勅督餉吴中，舉劾黜陟，一如代巡。郡縣望風屏息，事必咨請而後敢行，是以清璵伏法，子一獲免。然道路側目，城中不敢駐足，因以此第轉售于太常公子蓉左司理。司理擴而葺之，改建後樓三層，九峰盡于一覽，價費二千餘金，備極壯麗。時崇禎壬午歲也。不三載，而遭逢鼎革，太常父子避兵于鄉，此第猶爲子僕居守，營兵未嘗入焉。及太常即世，城守營督宋遊戎與司理情誼交好，因而立券借居，繼任者遂以爲公所，然而門堂匾額不改都諫之舊。順治中，予猶見之。至馬鎮擅改相府爲鈐閣，其屬從而效之，列轅門，設外屏門，署城守，居然公館矣。其初，二第並列，闤闠輻輳，今皆毁爲牧地。伍伯以時角射，即使完璧歸趙，而四顧無鄰，不堪甯止，乃常年兩税，徒累房主。汶陽無復返之期，何耶？

董中丞第，在府治南，集仙街之西，故大中丞有仲先生撫浙時所居也。南面臨街，當錢相國居第之後。規制雖遜于相府，然而重堂邃室，亦稱壯麗。猶憶崇禎十三年庚辰之夏，予以就試入郡，時中丞新拜撫浙之命，門宇修整，建牙列戟，候迎將吏，陳兵班馬，鵠立成行，亦一時之盛也。鼎革之際，中丞業已歸里，避兵出城，此第遂爲營兵殘毀。順治三年丙戌，予再過之，自街及室，一望洞然，門垣俱廢，竊嘆者久之。其後不一二載，竟爲瓦礫之場，當年故蹟不可問矣。子孫縱有賢達，亦何所施其光復之術耶？

## 居第二

陸文裕公第，在撫院行台之南，故少宗伯宫端學士儼山先生所建也。基址寬廣，堂宇宏邃，外門面西臨衢，内設高牆，南面臨沼，門題「學士第」，乃賓山張宗伯筆也。重堂複道，庭立三門，儼然相府規制，蓋以大拜須次故耳。其後文裕雖歿，子孫聚族而居，東有高閣，當學宫之後，曰鄰釁。予嘗與陸氏子弟會課于上。又東北爲家廟，藏公之刻集，并公手書石搨存焉。中堂五楹，制極寬敞。崇禎甲申之夏初，聞邑城中少年子弟校武藝于中者凡匝月，地甃堅固無損，在他室則立碎矣。乙酉之後，陸氏衣冠濟濟，聚居如故，塗塈雖漸凋殘，堂搆宛然無缺也。康熙改元，詔移崇明水師二千人駐防海邑，王協將光前擇第而居，陸氏慮爲公佔，預將中堂毁去，雖幸免一時騷擾，不四五年，上從職方臣張宸議，命水師仍歸海外，而陸第不能復完。論者惜之，然吾邑居第無百年而不易姓者，惟此相傳爲最久，計年百五十餘，遞世六七葉矣。至今猶未有他族逼處也。

世春堂，在北城安仁里，潘方伯充菴所建也。方伯爲尚書恭定公仲子，學憲衡齋之弟。奕葉簪纓，一時貴盛，故建第規模甲于海上。面昭雕墻，宏開峻宇，重軒複道，幾于朱邸。後樓悉以楠木爲之，樓上皆施磚砌，登樓與平地無異。塗金染采，丹堊雕刻，極工作之巧。蓋當時物力既易，工費不惜，勢使然也。啓、禎之間，潘氏始衰，售于范比部香令。崇禎十一年甲戌夏，遭蒼頭之變，母子被弑，嗣君不能守，後樓先毁，旋爲西洋教長潘用賓國光居之，改其堂曰敬一，重加修葺，與舊日無異矣。鼎革之際，宦家邸第，大半殘毁于兵，獨西洋一脈有湯味道若望主持于内，專征文武，往往反爲之護持，旅館不惟無恙，而規制視昔有加，亦斯第之幸也。康熙五年丙午，罷湯欽天監務，遂嚴禁西洋之教，凡西洋人在中國者，並勅歸其國，器用食物有倣西洋法者，罪在製造之家，此第遂入于官。迨九年庚戌，復用西洋南懷仁治曆，西洋人又入。今此第仍屬西洋教長所居矣。

樂壽堂，在世春之西，亦潘氏所建，以爲遊宴之地。環山臨水，嘉樹扶疏，高閣重堂，丹楹刻桷，園林之勝，冠絶一時，猶郡郊之有顧園也。堂爲莫中江學憲手題，規制備極宏敞。堂前廣場數畝，石砌欄圍，欄外碧水一池，奇峰叠照，月榭高臨，曲橋遠度。山前爲月華堂，壯麗相等，而曲折過之。山中有闕夫子廟，有比丘尼菴，有潘氏家祠，須細尋始得，不可一覓而見也。崇禎之季，園亭殘毁，咸池張銀臺得之，未遑修葺，旋遭鼎革，乃供佛像于中堂，延僧住持。銀臺既殁，門宇盡廢，惟存一堂，後并毁去。山水如故，而巍堂傑閣，昔年歌舞之地，鋤爲菜圃矣。康熙四、五年間，好事者即其故址改建清和書院，崇奉郡侯張升衢生位。堂甫草創，張守罷去，工遂中輟。今所存者惟巉巖危石，草滿池塘，不堪登眺矣。

尊德堂，在城南之東偏，乃趙氏之先爲儀賓者所建。此時尚未有城門，宇堂前猶在城外也。嘉靖中，以倭警築城，故徹去前堂以外，而移牆門于内，故門内爲中堂。相傳初搆時，儀賓擇吉上梁，盛服待時，坐而假寐夢，見一人示以「保定」二字，寤而喜，以爲嘉兆也。堂成，即題其額曰「保定堂」。其後子孫式微，託小川顧祕書轉于吾外高祖賓山張宗伯公，立契交價，出其銀皆鐫「保定」字，乃世廟所賜保定府上供折色也。其前定之數，蓋如此。宗伯公致小川成交手札，舊爲陸文裕公子孫收藏，内兄進也近購得之，余嘗寓目焉。宗伯既卒于官，公子横塘、勳贊復售于潘氏，改其堂曰尊德。越三傳，充菴之孫元典中翰，清宦中落，其堂遂毁。今城下門宇巍然者，乃堂之東偏佐室也。崇禎之季歸于喬明懷儀部，今爲曹藁城緑巖居第。規制雖稱宏麗，然不及尊德堂遠矣。

露香園，在城西北隅，顧氏匯海别業也。其尊人以科甲起家，匯海豪華成習，凡服食起居，必多方選勝，務在軼群，不同儕偶。園有嘉桃，不減王戎之李，糟蔬佐酒，有逾末下鹽豉。家姬刺綉，巧奪天工，座客彈筝，歌令雲遏。後人倣其遺製，規利成家。迄今越百餘年，露香之名，達于天下，較辟彊而更勝矣。匯海有庶弟，少年陷辟，賴先大父力救得免，然而遺業蕩然。時向伯兄求恤，初分以千百金，計久而漸衰，或不能隨應，手足之際，遂屢有違言，先大父不從，故匯海深德先大父，交最好。余幼童時，先大父猶道及之。迨余弱冠，匯海殁久，園垣俱廢，而亭榭山水尚存什一。匯海嗣君伯露湛能文，余猶及交也。順治丙申，伯露卒，無嗣，名園鞠爲茂草。康熙初，移駐水師，有司度地，啓建營房，乃即其廢址，夷山堙谷，摧枯伐朽，縱横築室，宛然壁壘矣。今兵歸海外，舊伍所建營房，又爲瓦礫荆榛之地，海内被其繡，嘗其蔬者，尚以露香爲徵歌選舞之場也。亦可爲長太息矣。

杜氏第，在小南門水關之内，南面臨流，故宦杜象南所居也。明季歸于顧憲副繩所，東西列栅，門宇軒豁，重堂深邃，稱壯麗焉。崇禎之季，憲副殁。易代以後，顧氏子孫不能守，殘毁殆盡。順治十年秋，海寇入浦，直抵閔行，當事者慮其出没不時，議遷水次倉于城内，相擇曠土，因即杜址而築倉焉，即今之倉場是也。

黄憲副第，在小南門内，故憲副轂城先生所建也。先生積學盛名，早歲不遇，相國徐文定公嘗執經而受業焉。迨年六十，始第進士，歷官山東憲副。有子五人，歸而築室，五第並建，稱一時之盛。鼎革後，子孫式微。堂字殘毀，適因遷倉入城，側近五第之後，遂將内第改爲倉房，出租貯米白粮。協部丞章泓因而賃居，收貯白粮，春辦起運，房主頗得餘潤。其後協部更易，潘氏含石亦將居第改倉，借與協丞，而黄氏之倉不過佃貯倉米，利亦微矣。康熙十三年，白粮改折，而潘氏之倉，利殆與黄等。

桃園，在北郊之東北二三里，故相徐文定公任子龍與所闢也。初，北郊人傳露香園桃種，歲獲美利，于是家栽户植，每當仲春，桃花盛開，遊人出郊玩賞，不減玄都、武陵之勝〔二〕。龍與性樸務質，有圃一區，于其間雜植桃柳，中築土山，略具園林之致而已。後見遊人日盛，而鄰家誇多鬭靡，龍與不無起勝之意，遂即土山增高累石，桃柳之外，廣植名花。土石之旁，層巒叠嶂，搆堂榭，施丹堊，誅茆覆軒，環以柏墻，曰平江一笠。截棕爲亭，踞山臨水，曰翼然。土山下矚大浦，危崖壁立，天風海濤，石洞虚中曲折，人可小憩，曰徐文定公藏書處。兩山夾水，一亭中立，曰在澗。石梁卧波，轉入文定公祠，曰攝攝橋。登土山，勢可望海，引浦泉，潮可灌溉。規方百畝，疎密得宜。崇禎癸未、甲申之間，遂爲一邑名勝。經營正未艾也，會逢鼎革，龍與即世，而地近吴淞，往

〔二〕不減玄都、武陵之勝 「玄」，底本諱作「元」。

來孔道，營兵紆途而入，攀花摘果，園丁不敢問，園遂日廢，而荒基漕白，徐氏賠累無已。西洋教長潘國光用賓故因徐相而來，爲徐氏計久遠，時與馬鎮逢知交好，説以土山可以遠眺，海寇或入，可以預備，議將園址助爲演武場。順治十四年丁酉，申報各臺，以舊場召佃升科，而改治桃園爲演武之地，除其兩税，作爲公估，至今因之。然土山孤立曠地，日漸剥削，無復舊觀矣。

陳冏卿第，故太僕滬海先生所建，在縣治東南，重門東向，朱樓環繞，外墻高照，内宇宏深，亦海上甲第也。冏卿正道端方，人不敢干以私，而力持大體于，縉紳中聲望既隆，尊嚴特甚，故私居儼若公廨。年八十餘卒。子同叔，無嗣，族子皆争繼，家業遂廢。門第之宏敞，予猶及見之。鼎革以後，往來上臺尚借爲公館，其未甚殘毁可知。順治中，族人毁廢殆盡，今城隍廟中石砌即其堂前故物也。有别業竹素，與居第臨街相對，方廣數畝，多山水亭臺之勝。明末冏卿嗣子售于襟宇陸封翁，今改門向東街，一傳再傳，爲陸氏世業矣。

張銀臺第，在城南大街之西，其先亦潘氏世業也。銀臺咸池公繼室，爲充菴先生孫女，故潘氏衰，第歸咸池，南面臨街，高門邃宇，稱輪奂焉。以前有潭澄數畝，後雖比屋爲屏，人猶稱爲水潭張氏。崇禎間，銀臺雖家居間住，而聲勢之盛，與現任等。猶憶乙亥之冬，董大宗伯文敏公孫女歸于銀臺仲子瑞錫，文敏親送到門，威儀甚盛。鼎革以後，門祚遂衰。銀臺既殁，第亦尋毁。今鋤爲菜圃，當年勝地不堪復問矣。

# 紀聞

崇禎初，華亭錢機山龍錫以相被召，過辭陳眉公繼儒。眉公曰：「拔一毛而利天下。」機山莫解所謂。及入都後，經略袁崇煥以誅島帥毛文龍爲請，錢悟曰：「此眉公教我者耶？」亟報可。未幾，本朝兵大入，懷宗皇帝深以誅毛爲憾，袁至磔，而錢論戍，幾至不測。蓋當時士大夫謁徵君者，必强令贈言，不得則不歡。眉公一再讓，則緩頰不暇計當否矣。

韓城薛相國國觀逮入都，待命僧舍，賜死旨出，時方半夜，御史郝晉銜命而往，韓城倉皇出曰：「君夜至，僕有處耶？」郝曰：「王陛彦已有旨決矣。」時韓坐陛彦事逮，因驚曰：「僕與陛彦同決乎？」郝曰：「不至此，行且有詔。」語未畢，金吾入，令跪受命，讀至籍没，韓城再拜起曰：「幸甚！不籍臣，不知臣貧。」取片紙就机上大書曰：「謀殺臣者，袁愷、錢謙益、吴昌時也，而吴昌時爲尤甚。」金吾懸尺組于梁間，組出上方如琴弦，御史曰：「相公肥碩，恐中絶。」韓城自起，引之再三，曰：「足矣。」延頸而死，亦無戚容。金吾以所書紙復命，帝問近臣曰：「吴昌時爲誰近侍？」素習昌時詭，以不知對。其後昌時竟斬西市，韓城愚愎，然死非其罪，人頗憐之。

崇禎三年庚午，袁崇煥以失事論磔，祖帥大壽聞之懼，遁歸甯遠。時陽羨周延儒初相，客有以邊事見者，盛述祖帥之有方略，袁督弗聽，以至于敗。陽羨心識其言，明日，上召輔臣，以遼帥爲問。陽羨對曰：「祖大壽可。」帝曰：「是方遁去，甯可用也？」陽羨曰：「大壽之遁，恐以罪督連坐耳，兩人實相左。」具奏客語。帝曰：「果爾，可作一諭來。」陽羨頓首出，明日進諭稿中叙客所述事，以奬其忠。帝爲手書，令中貴齎往。祖帥泣曰：「朝廷能知我心。」始受命，其後固守關東十餘年。陽羨去國，帝歎曰：「周延儒尚知邊事。」頗有復召意。時吴昌時以失職告歸，偵知帝旨，具語陽羨。陽羨大喜，日夜謀復出，合具四萬金輦以北，遂得特召。時山東盜賊充斥，鎮將楊御蕃頗以剿撫自任。而劉帥澤清在臨清，雖充總兵官，實無事權。及聞陽羨出，即從臨清置驛，至揚州，日具塘報，上相君幕府，且治樓船，請由水道入。陽羨難之，澤清曰：「有某在，盜敢近相君舟耶？」遂從水由中道。澤清具戎服入謁，言東省盜不足憂，使朝廷以招撫便宜假某，不日平矣，且進二萬金爲道里費。陽羨歡甚，比入都，則韓城方賜死。兩次輔皆失眷，帝虚己以聽奏對，至稱先生而不名，且許坐論，皆累朝輔臣所未有也。其所登用者，冢宰鄭三俊、總憲劉宗周、學士黄道周，皆一時耆碩，人望頗洽。而吴昌時亦即家起儀部，調文選，于是附麗者日衆，而賄賂公行矣。于邊帥則用薛敏忠，于督撫則用范志完，于東帥則廢楊遇蕃而用劉澤清，帝皆從之。已而枚卜次輔爲興化吴甡、晉江蔣德璟、黄景昉，興化由陽羨得入。既入，則猜嫌大著，所以督師之命，人謂陽羨陰主之，未出國門，竟坐逗留下獄。時在言路者，上章相詆擊無虚日，陽羨貪縱狀亦日聞，上命大金吾駱養性偵得其實，心恨之，未遽發也。會本朝兵入薊，陽羨不得已而請督師，得俞旨，諸督、鎮咸聽節制。本朝兵將歸，扼于險，鎮臣吴三桂欲邀之，陽羨不許。本朝兵既出塞，得還朝，閱月放歸。時吴昌時已被劾，至廷訊而陽羨逮矣。其逮也，華亭許給事譽卿走與別舟次，毘陵士大夫無一人送者，即其弟正儒，亦自毘陵返。陽羨執譽卿手曰：「向我召而北，日上謁者以數百十計時，君不來。今吾逮而北，登舟者惟君一人，乃知君之重也。」譽卿曰：「君之召也，值老母病，不獲送。今老母幸無恙，而公此行事未可知，是以來。」陽羨瞿然曰：「吾此行，何以自處？」譽卿曰：「上遇公深矣，不若早自爲計。」陽羨色不懌，譽卿從至雲陽乃返。其後陽羨賜死，旨出，與大司寇張忻悲泣不能自止，官校抱持始引決。譽卿曰：「固也，吾于雲陽見之矣！」

陳卧子曰：「聲音，惠逆之先見者也。」昔兵未起時，中州諸王府樂府造絃索，漸流江南，其音繁促凄緊，聽之哀蕩。士大夫雅尚之。因大河以北有所謂夸調者，其言絶鄙，大抵男女相怨離別之音靡細難辨，又近邊聲。自此以後，政事日蹙，兵滿天下，夫婦仳離者，不可勝數。因考絃索之入江南，由戍卒張野塘始。野塘，河北人，以罪謫發蘇州太倉衛，素工絃索。既至吴時，爲吴人歌北曲，人皆笑之。崑山魏良輔者，善南曲，爲吴中國工。一日至太倉，聞野塘歌，心異之。留聽三日夜，大稱善，遂與野塘定交。時良輔年五十餘，有一女亦善歌，諸貴争求之，良輔不與，至是遂以妻野塘。吴中諸少年聞之，稍稍稱絃索矣。野塘既得魏氏，并習南曲，更定絃索音，使與南音相近，并改三絃之式，身稍細而其鼓圓，以文木製之，名曰絃子。時王太倉相公方家居，見而善之，命家僮習焉。其後有楊六者，創爲新樂器，名提琴，僅兩絃，取生絲張小弓，貫兩絃中，相軋成聲，與三絃相高下。提琴既出，而三絃之聲益柔曼婉揚，爲江南名樂矣。自野塘死後，善絃索者皆吴人，范昆白、陸君暘、鄭廷琦、胡章甫、王桂卿、陸美成，其尤著者也。昆白先死，君暘等分派有三，曰太倉、蘇州、嘉定。太倉近北，最不入耳。蘇州清音可聽，然近南曲，稍失本調。惟嘉定得中，主之者，陸君暘也。其人多詭辭大言，能作鳥聲。數年前猶到松，顧見山僉憲常客之。

吴中新樂，絃索之外，又有十不閒，俗訛稱十番，又曰十樣錦。其器僅九，鼓、笛、木魚板、撥、鈸、小鐃、大鐃、大鑼、鐺鑼，人各執一色，惟木魚板以一人兼司二色，曹偶必久相習，始合奏之，音節皆應北詞，無肉聲。諸閒遊子弟日出長技，以鼓名者，前有陸勤泉，號霹靂，今爲王振宇；以笛名者，前有某，今爲孫霓橋，以吹笛病耳聾，又號孫聾。若顧心吾、施心遠輩，或以鐃名，或以鈸名，皆以專家著者也，其音始繁而終促，嘈雜難辨，且有金、革、木而無絲、竹，類軍中樂，蓋邊聲也。萬曆末，與絃索同盛于江南，至崇禎末，吴閶諸少年又創爲新十番，其器爲笙、管、絃。

甲申之變，相傳開彰義門獻城者，曹化淳也。據山東總兵楊御蕃塘報，又云是兵部尚書張縉彦。其後明紀編年及紀事本末俱不載縉彦事，竊疑縉彦歸順本朝，見在仕途，載筆者爲之諱耳。

順治辛丑，松江城守營遊擊張國俊曰，開彰義門者，京營副將韓濟明也。國俊亦京營武職，城將陷時，從濟明在城，見其事。郝大司馬惟訥曰，曹公故司禮監，坐城時，事急，值運麫餅上城，當分給軍士，曹欲他往，漫謂衆軍曰：「你們散了罷。」其意似指麫餅，而衆軍聞言大譁曰：「官令我等散矣。」逐紛紛下城，不可復止。然則謂化淳獻城，亦非無因，但不知縉彥開城之説，又何所據也。

今滿州稱朝廷曰憨，即可汗二字也。二字合呼成憨音，稱太祖曰太憨，太宗曰四憨。太祖果于殺戮，凡殺遼人十次，初殺貧人，後殺富人、惡人即識字者，名目不一。有一次殺不畜猪犬者，云家無六畜，其意在逃也。遼人百僅存一。太宗立，即加撫恤，遂得其用。今人但見遼人，建牙佩印，薰灼炫目，比于南陽貴人，而不知其老者皆鋒鍔之餘，少者皆死亡之孤也。福建學道范君自言在遼爲買賣人，一日忽被綁去，不知所謂。其叔尤之曰：「若平日慣好着靴帽，今取死矣。」忽大人本行頭人名來點閲，驅其叔及同巷數人，俱被殺。范獨得留，亦不知其由也。且曰，初得遼陽，亦無誅戮，有李衛官者，訐告屯民盜粮，遂成大獄，一屯皆空。從此有十次之禍，其端皆起于訐告也。范君又言，滿州有偷馬韃子屯，其人皆遼人，自稱曰舊人。今遼人通稱舊人矣。其人曰滿州者，即建州；章京，即將軍也。

太宗得明副將何可綱，愛其才氣，欲降之，可綱不從。令左右説之百端，終不從。太宗親問其故，可綱曰「我嘗爲諸生，讀孔子書，知君臣大義，今日惟求速死耳」等語云云，遂死。死後，太宗深歎美之，因曰：「孔子之教，其美如是！」即命立學宫于盛京，親致祭焉。國家尊聖右文之端，何公一人啓之也。

清書，乃太祖時滿州人大海所制也。學校既立，太宗與海講明綱常倫理，乃禁同姓婚娶，及其他律例條約數十事，海與有力焉。其人聰敏絶倫，而質頗秀弱，從太宗征蒙古，中道渴死。

左夢庚，崇禎中平賊將軍良玉子，性敏給，頗拳勇。其客或前諛曰：「繼世爲侯王，其在長公乎？」良玉作色曰：「予子不材，吾死後得牧牛十頭，種二頃地，幸乞活，足矣。使爲將，必墮吾家。」夢庚之妻〔二〕，王世忠女也。世忠本海西女真種，其上世部落分爲南朝關。南朝關爲本朝所并，世忠時年八九歲，其家人負之入塞，明神宗憐之，養于宫。及長，積階至撫夷總兵官。崇禎時，以墨廢。世忠身長七尺，美鬚眉，一目微眇，頗善言笑。常至我松，主姜神超先生家。後移家至楚，依良玉。良玉以其素貴，即娶其女爲夢庚婦。既婚，夢庚暱其婦。婦能爲女真語，夢庚效之甚習。其媵僕又爲言大清風土及畜牧射獵形勢，夢庚心好樂之。甲申春，本朝定鼎燕京，世忠辭良玉北去，見攝政王。王授以美官，良玉不知也，夢庚獨心喜。弘光初立，朝政濁亂，良玉遣其

〔二〕　夢庚之妻　「夢庚」，底本誤倒，據文義乙正。

監軍御史黄澍入朝，面詬大學士馬士英于朝房。士英懼良玉，不敢動。歸具言於良玉父子，謂君臣無道，無可爲者。會王之明事起，民間競稱崇禎太子，良玉亦信之，上疏請無殺太子，報旨詳且温，而良玉益不平。夢庚及將校皆憤怒，乃共説良玉勒兵入朝，以清君側。檄數馬士英得罪狀，載在明紀。乙酉四月，良玉帥黄澍及夢庚等東下，衆三十餘萬，金陵震懼。至九江，諸將校縱兵大掠，良玉不能制，大悔之，撫膺慟哭，嘔血斗餘，遂發病暴卒。夢庚留治喪，兵未得進，而本朝英王已大破李賊，自秦出楚，與豫王會師于江南。夢庚聞之，乃悉帥其將士，解甲歸命，踐世忠之約也。英王以夢庚入朝，未幾，世忠卒，無子，夢庚以世忠故，數得召見，語操清音。攝政王大喜，拜固山額真。得官數年，夭死。其在官，頗以勤敏聞。

傅冠，爲隆武相，告病歸里。聞汀變，從進賢來至汀州府前哭弔隆武。大圖章京阿以禮召之，且勸之降。冠曰：「我年八十二，老矣。再直文淵閣，貴矣。欲以何求？且我不來，若寧能執吾耶？」因謾駡及刑，立而受刃焉。

曾攖，亦隆武相，大兵至，同鄭鴻逵等入海，駐廈門。順治辛卯三月，張撫軍同馬鎮攻廈門，家人請攖登舟。攖紿令先行，闔户自經死。

紹興余宫諭貞武先生，名煌，天啓乙丑狀元也。預修三朝典要，故時論少之。然先生敦樸有器識，可大用。崇禎時，出爲講官，經筵畢，附奏曰：「預徵必至于加派，加派必至于敲朴，惟聖主裁察。」上震怒詰責，聲色俱厲，久之得罷。蓋上心知講筵故事，不當訶斥也。先生尋即假歸。後數年，江南亡，魯藩監國都紹興（魯王名以海），以先生爲大宗伯。大兵渡錢塘，魯王出走，命先生居守，先生不辭。既受命，令大開城門，縱士民出，事竟，乃歸經于家。紹人至今能言之。

楚有美姬，左帥良玉之以舟師至武昌也，其部曲争掠貴家子女。某給諫二女，以國色聞，俱被掠。時李茂明先生名邦華以御史大夫召，方在道，聞之大怒，具威儀往見左。左素慕李名節，相對甚恭。李具言掠女事，左極諱且辯。李曰：「將軍第搜營，必有所見。」左首肯。李甫歸，左即下令，合營大索。令甚嚴，諸部曲不知所爲，争驅所掠女，從後艙舵口沉之于江。搜畢，不得一人。時李已解維去，左亦更不復問。明日，自武昌下流至燕子磯一帶，浮尸蔽流，衣皆五彩，望之若雲錦，見者無不太息。時癸未夏秋也。

王毓耆，字雲衽，浙江紹興府諸生也。大兵至浙省，潞王出降，毓耆曰：「紹必不守，吾師劉先生當死義。」謂念台總憲也。念台諱宗周，以名臣講學于鄉里，毓耆師之。至是上書引大義，勸劉盡節。書就，毓耆先赴水死。念台得書，遂引決。祁中丞彪佳聞而從之。此皆順治乙酉，潞王立國前事也。毓耆貌寢，口吃，善屬文。會稽友人述其性好客，客至設食，出家僮梁小碧歌以侑酒，其雅致如此。

乙酉春，松郡城東門麗譙樓下燕巢育雙雛，色正白，鮮潔如雪，行人取而傳觀之，還置于巢，不及飛去，觀者日多，遂斃。相傳白燕爲瑞，是秋大兵破城，中翰李公司東門，門不啓，死者數萬，識者以爲羽孽也。夫白者，西方兵象，燕者，處堂之蟲，死于譙門，司門當之也。元末，松有白燕，郡人袁海叟凱輩詩以詠之，傳于後世。時天下大亂，松亦被兵，然則羽蟲之災，先後一轍。順治丁亥十月，郡中雄雞兩翼生距，有飛者，時新經吴勝兆之亂，舉城憂之，後亦無他。

近世禪師莫若天童和尚。在金陵日，虞集生先生以僧服見，天童呵曰：「若不能官，能和尚耶？」虞無以應，漫曰：「和尚奈何？」天童曰：「吾爲和尚，日夜殺賊。」其在姑蘇日，吕益軒純如問：「閻羅王有無？」天童曰：「居士以爲有耶？無耶？」吕曰：「吾以爲無。」天童曰：「灼然是無，居士則有。」吕惶駭而退，未幾，即發病死。按宗門法禪師語，不當解，然虞官巡撫，以縱賊論戌，吕官亞卿，附魏忠賢，多搆難于鄉人。聞死時，輒呼周忠介、周忠愍及姚學士，現聞諸公姓名，若有所質問者，則天童之言，未盡不可解也。

天童之師曰龍池幻有老人，有四大弟子，長天童密雲，次雪嶠，又次抱璞，密雲法名晤，雪嶠法名信，抱璞法名蓮。又次曰磬山。抱璞得法後，即北去，隱五台山，莫知所終。磬山先天童卒，不甚著。雪嶠長七尺，方面重頤，其鼻中折，云受戒後，食螺螄肉，夢伽藍神責之曰：「明日當報。」詰朝仆地，鼻遂折，是以益精進焉。常至雲間，一日，陳卧子問曰：「至人無夢，我每夜多夢，何時得無？」雪嶠曰：「夫子非至人乎？論語曰：『久矣，吾不復夢見周公。』果爾，則至人有夢，何云無？」卧子爲之首肯。雪嶠先天童有名，其後天童法盛行，雪嶠少不逮，然言宗門者，互有高下，至其所得，莫能測也。順治初，雪嶠住雲門寺，聞紹興守欲苦之，先期一日説偈坐化，以故其徒愈神之。而雪嶠生時，見披緇衣者，輒詬駡。惟好與士人語。嘗以其法授黄元公先生，名端伯。元公先生被難日，亦能前知，世以爲雪嶠付法得人。

麻衣和尚，華亭泖涇人，身長七尺餘，修目巨顙，吐音清亮。其少壯時，冬夏曳一單麻衣，後漸老，冬亦衣絮，然外必麻衣，故松人謂之麻衣和尚。性最好酒，能盡一瓷甕，食肉盡一猪首。年七十餘，坐脱于郡城北之關帝廟，類釋教所謂散聖者。先是，松人龍安寺林有麟家饒給，延一異僧于家，詭謂有麟曰：「昨夜半，老僧起至北庭，有假山石將仆及身，老僧指之，遂仆他處。使公輩當此，死矣。」麻衣僧急起批其頰，僧錯愕。麻衣笑曰：「我掌汝，尚不知，況石耶？」其意蓋謂己有意，石無意也。此僧即日遁去。有素冠者就蔭于道，除其冠持之，麻衣前謂曰：「官人無易此冠，我麻衣和尚求帶不得，與平天冠相似。」其他語多滑稽，如市井人戲語。或云問及一二未來事，亦有驗者，以故陳徵君眉公及一時縉紳名士好與之遊。

左良玉，字崑山，臨清人。少失怙，爲其叔所養。其貴也，不知母姓。年十八從軍，剽掠行旅，坐法當斬。有邱磊者與同犯，請以身獨任罪，而良玉得免去。事昌平督治侍郎侯恂，給事左右，嘗被命行酒，良玉醉失四金巵，旦日惶恐請罪。侯曰：「此非若所當主事，向者吾誤，非若罪也。」會有詔調昌平兵赴援邊郡。榆林人尤世威時爲總兵，以護陵不得行，侯與之謀：「今欲遣將，誰可者？」世威曰：「獨左良玉可耳。顧其人方走卒，奈何？」侯曰：「果爾，我獨不能重良玉乎？」即夜遣世威諭意，且曰：「吾將自往請之。」良玉聞世威至，疑其捕己也，繞牀走曰：「得非邱磊事發耶？」匿牀下。世威排闥呼曰：「左將軍富貴至矣，速命飲我。」引左出，示以故。良玉失色，立移時乃定，跪世威前。世威且跪且掖起之，而侍郎至，面與期。詰旦，會轅門，大集諸將，以三千金送良玉行，卮酒三，令箭一，曰：「卮酒者，以三軍屬將軍也。令箭者，如我自行。諸將士其聽左將軍命。左將軍今已爲副將，位諸將上矣。」良玉出，誓以死報，已而有功，遂爲總兵官。良玉起自謫校，至元戎僅歲餘，年三十二，身長，頳面，驍勇善戰，能左右射，目不知書，惟曉解文義。有喻布衣者爲掌記，性方嚴，良玉以父事。賊至，自立陣前説之降，不聽而後兵隨之，既勝，勸勿掩殺。其中有威脅者，可愍也。良玉出軍勝，先遣人報喻，喻草屩迎三十里，左下馬歡甚，以其輿歸喻，飭中廚備飯爲笑樂。或敗，喻南面坐，見左不爲禮，左長揖，不敢就席。喻呼其名，數之曰：「良玉，朝廷待汝厚，今折損官家士馬，又日靡其餉金，何以爲顔乎？」左封甯南伯時，喻已前死。左每飯，酹酒于地，呼喻大兄。其待士識道理如此。其後左兵無慮數十萬，號百萬，然自朱仙鎮之敗，左之精鋭已盡。其後歸者多烏合降將，亦往往擅命，識者知其不足用矣。邱磊坐刑部獄十三年，良玉捐萬金救之，得不死。侯恂之，再爲督師也。奏以爲山東總兵，與劉澤清不相得，搆以罪，馬、阮殺之于淮南。乙酉之春，良玉帥師東下，或以爲邱磊死故也。

吴三桂，字長白，一字日所，南直高郵人，遷東中後所籍。父襄，字西環。並起家武科，以軍功歷官都指揮使，鎮守甯遠。崇禎十七年正月，以秦寇日逼，調襄入京協守。三月，廷議撤甯遠鎮，并調三桂入京，協剿秦寇。懷宗手詔，封三桂平西伯，命速入。三桂方奉詔，未及行，而都城告陷矣。寇趨各鎮皆降，獨三桂道遠未至。賊命諸降將作書招三桂，并令其父襄亦以書諭使速降。三桂統兵入關，至永平西沙河驛，聞其父襄爲賊刑掠且甚，三桂怒，遂從沙河縱兵肆掠而東，頓兵山海城，倡議募兵，謀復京師。先是，十六年春，戚畹田宏遇南遊吴閶，聞歌妓陳沅、顧壽，名震一時，宏遇使人購得顧壽，而沅尤靚麗絶世。客有私于宏遇者（一云即宏遇壻），以八百金市沅進之。宏遇載以還京，未幾，宏遇病卒。及襄入京，三桂遣人以千金隨襄入，向宏遇家買沅，載往遼任。寇陷京師，僞權將軍劉宗敏據宏遇第，聞陳、顧美，索之。壽從優人潛遁，賊梟優七人，而繫吴襄索沅。襄具言送至遼已久，宗敏不信，以故榜掠襄。時三桂標兵五千，益募至七千，終慮寡難敵衆。聞本朝且發兵入獵，因馳書借兵，約共圖京師，而與副將夏登仕等定盟，畫戰守策。登仕故秦人，三桂慮其二心于闖，酒次即與割襟爲姻，以固其志。于是委五副將守關，而已獨任戰。諜聞于闖，闖以責劉，而宗敏已潛釋襄，且宴之矣。四月十三日，自成帥步騎精兵十餘萬東出，脅襄同往。十九日，圍山海城數重。三桂度不支，益遣人夜馳，趨王師速至，而已堅壁以待。山海城東二里許，復有羅城外拒，賊慮三桂東遁，出奇兵二萬，從一片石口北出，而東守外城，以困截之，三桂不得遁。朝廷方盡發騎兵而西，以再見三桂使，度勢已急，遂飛馳入援。二十三日，至外城，見礮從東向擊，王師疑不敢進，駐屯驩喜嶺，高張旗幟以待。三桂從城上望見之，急簡數騎，從礮擊隙中突圍出，馳入本朝壁中，見攝政王。王曰：「汝約我來，何用礮擊我？」三桂曰：「非也。賊兵圍關甚固，又以萬騎逾邊牆東遏歸路，故用礮擊開，可間東道出耳。」王曰：「是則然矣，但不可無盟誓。且闖兵與若兵，幾不辨，必若兵，亦薙髮，殊異之，則吾與若兵俱無憚矣。」三桂曰：「是亦決勝之道也。」遂與王定盟共歃，髡其首以從。王居後隊，三桂爲前鋒，英王張左翼，統萬騎從西水關入，豫王張右翼，亦統萬騎從東水關入，而外城以西之賊盡殲。于是三桂復入關，呼城中人盡髡首以駭敵，或不及者，即以白布束項背以別之。是日，大兵盡入關，開關門，三面延敵。自成戰慄，匆遽迎敵，而三桂戰甚力，滿兵尚按壁不動，闖兵乍北，即梟吴襄首懸之高旗，以示三桂，而賊衆遂潰。滿兵縱騎突之，蹂躪步卒，且盡賊騎亦傷亡過半。即選鋒驍將，莫不重創，賊兵大敗而西。三桂哭其父襄屍至哀，攝政王爲槻殮之，而使英王、豫王急偕三桂而西，曰：「稍遲，則都城糜爛矣。」三桂遂西。初，闖入京，門甚禁，縉紳莫敢出入。及統兵而東，禁稍弛，道路嘖嘖，言三桂奪太子，即入立爲帝，賊所署諸臣必斬無赦。于是諸降賊者，靡不乘間竊逃。自成從永平馳千里馬，一日夜至京，悉殲吴襄家族三十四人，而詭言登極郊天，陳鹵簿，出城。二十八日，宵遁。次日，焚宫殿及各城麗譙。王侯甲第幾盡，惟正陽譙樓不火。寇兵皆西，三桂及二王追之。當日傳聞吴師約入關，令官民盡爲先帝服喪，大兵入城，惟素冠者不殺，于是人皆素冠。五月朔，設先帝位于都城城隍廟中，縉紳哭臨之。諸商具衣衾棺殮吴襄家口。次日，錦衣駱養性同吏部侍郎沈惟炳鳩諸臣，立先帝位于午門，行哭臨禮。既畢，備法駕迎東宫于朝陽門。初三日，始聞錦衣出迎易輿之際，非東宫也。諸臣惶遽而退。及入，前騶者麾都人去白帽，則本朝攝政王率滿州兵入京矣。初六日，爲先帝發喪，令各臣民素服哭臨三日。十二日，三桂及二王還京。三桂又自爲先帝臨喪三日。因都民搜斬餘寇不已，因命薙髮者即非賊，於是人皆薙髮。

天啓七年丁卯八月，崇禎帝即位。南面正立，將就寶座，而大聲發于殿之西，若天崩地塌然。仗馬既驚，百僚震恐，上亦爲之震動。識者曰：「西方其有事乎？」此鼓妖也。

崇禎元年，五鳳樓前獲一黄袱，内襲小函一卷，題云：「天啓七年，崇禎十七，還有福一。」清晨，内侍得之，奏御。上命巡視皇城各官推究，旋以科臣言，立命火之。

十年丁丑，上過宫中一祕閣，老閹以此乃先朝所封，戒勿動。上命啓之，得古畫數幅。有帶進賢冠者七，曰：「官多法亂。」有數十人隔河對泣，曰：「軍民號泣，妄男子得傳聞形之。」章奏，上亦弗語，人乃以爲信。

崇禎二年己巳，松江莫翁無子，有一女嫁于李氏，夫婦相得，其後夫漸不内御。有鄰女學刺繡于莫氏，而同寢有孕。詰問，得其情，訟之太守。按果有之，乃命莫氏歸，而娶此女爲妻。有欲上聞者，莫因舊族，恐以妖妄及禍，固請乃已。

崇禎十年丁卯，山東荳萁，每粒宛肖人面，若老若幼，若男若女，若美若醜，種種不一。兩台使收貯進呈，上以爲怪，召廷臣分賜，人各二十粒，令考古今有此異否。衆對各殊。時吾邑張訒叟先生在諫垣，亦受賜，封識將以寄歸，久之忽失所在。至十四年辛巳，大饑。本朝兵入，殺戮無算。十五年壬午，山東復大饑，死者相枕藉。

闖逆之犯闕也，懷宗皇帝有三子，長太子，時年十六，次永王，時年十三，與長公主俱周后出；據吴梅村永和宫詞，又似永王乃田妃出，于國變之前，先薨矣。未知孰是。次定王，十歲，田貴妃出。帝遣太子及永、定二王出匿，而自盡。十九日，賊入，求上及太子。次早，嘉定伯周奎戚畹以永、定二王入朝。自成問父皇所在，二王以自縊對。自成曰：「若父皇何苦自縊？即存，孤將與之分治江南，不忍有弒君名。今即死，非吾弒也。若無傷，俟天下大定，孤得裂地封爾。」因留飯共食，發僞將軍劉宗敏處善養之。四月十三日，自成東向山海關，二王各一卒抱持馬上，百姓擁觀，遂傳太子亦在營中。自成與三桂戰且敗，時晉王亦在賊營，躍馬馳入吴軍，曰：「我晉王也。」吴軍留之，故得無恙。人遂競傳定王、太子爲吴軍奪去。于是都城日望太子、定王入矣。二十四日，賊衆敗歸，部署盡亂，未知有定王、太子。即吴兵入，亦不見太子、定王也。或曰，定王遇害于城南之空苑，而太子、永王終不知所在。冬十一月，有捕卒報刑部稱，一男子同常内監投嘉定伯周奎府，曰：「我太子也。」奎不能辨。奎姪鐸以舊侍衛引與長公主相見，公主共太子抱頭而哭。哭罷，奎飯之，舉家行君臣之禮。因詢太子向匿何所，太子言，城破之日，獨出匿東廠門一日，夜潛出至東華門外，投腐店中。店中小兒心知其避難人也，易予敝衣，代之司爨。居五日，恐人覺，送至崇文門外尼菴，以貧兒投託爲名，尼不疑，留居半月。適常内侍來見，尼始覺，共謀竟日，恐不能藏，常遂攜歸，故得無恙。今聞公主在，故來。傍晚，與公主哭别而去。數日後，復至。公主贈一錦袍，密戒云：「前來皇親以上下行禮進膳，叵生疑釁，可他往，慎毋再至也。」痛哭而别。後十九日，又至，奎復留宿。二十一日，奎姪鐸與奎謀曰：「此男子不可久留，留即貽害，不如去之。」奎遂曰：「若非太子也，何冒至我家？汝第言自姓劉，説書生理，可免禍。否即首官究論矣。」男子不從。既晚，奎令家人椎擊之，逐諸門外。捕營卒以犯夜擒獻。即日會刑部山東司主事錢鳳覽勘其事。鳳覽字子瑞，浙江會稽人，以祖父文貞公象坤蔭任中書，陞主事，仕本朝，授原職。訊舊内侍，具言是真太子。鳳覽大叱周鐸云：「汝本明朝戚畹，受國大恩，今見太子，反云是假，何喪心若此？」復下堦揮拳罵之。百姓爭奪擊，鐸甚困。刑部滿州尚書云：「且收監再審。」百姓叩頭，哭擁不能去。鳳覽步送之入獄，備衾褥，命家人奉事之。明晨，周鐸具疏，力陳其僞，即日送入廷勘。歷訊宫中事頗同，問内監，多云不是。有一楊監在傍，男子曰：「此楊太監，常侍我，詢之便知。」楊倉猝曰：「奴婢姓張，先侍服者，非吾也。」因呼舊錦衣嘗侍衛者十人詢之，齊跪曰：「此真太子。」復詢之晉王，晉王執言不是。遂下常内侍及錦衣十人同僞太子皆繫獄。明日，刑部復詢之，除常内監、舊錦衣外，無敢言是者。滿州尚書云：「你的係何人，來冒太子，是何人主使？」男子曰：「吾實真太子，汝以吾爲假，吾何必辯？但吾看公主，豈圖甚事？以周奎賣我，故有今日。若輩如此待吾，何必再審真僞？且吾既至此，豈復求榮貪生？不必更煩言矣。」遂下獄。自是連訊，終不能決。鳳覽力辯其真，復上疏，且與晉王廷執。晉王堅執不是，時舊閣臣謝陞久入内院，陞嘗舊侍太子講讀，初訊時，陞亦以爲非。太子呼陞曰：「謝先生，豈不相識乎？前某日講某書，言某事，先生猶憶之乎？」陞默然不復言，乃曲躬一揖。鳳覽怒陞，叱其不臣。而正陽門商民各具疏請釋太子，共詈謝陞悖逆無道，宛平民楊時茂糾之尤力。順天府内，城民楊博疏辨太子是真。于是吏科都給事中朱徽等上疏，其略以爲：周奎既以太子爲假，何留宿兩日，乃始奏聞？見時公主抱頭痛哭，豈陌路能動至情如此？奎初與之衣食，後忽加捶楚，情事譸張，何其變幻？家人孫才供詞，刑部諸臣具在，而鐸奏不載一字，此皆有所不可解也。今必從容研質，需之時日，真僞自見。若草草畢事，恐廷臣曰假而百姓疑，京師曰假而四方疑，一日而假而後世疑，衆口難防，信史可畏也。而鳳覽復疏劾謝，御史趙開心亦奏辨甚切。十二月十日，攝政王諭群臣：「爾等言太子真僞皆無憑，言真不過優以王爵，言僞必僞者家識之乃决。獨晉王乃明朝王子，謝陞乃明朝大臣，而鳳覽不遜晋王爲無君，百姓駡大臣爲無上，皆亂民也。除僞太子外，凡繫獄争言太子無狀及錢鳳覽、趙開心等，盡斬之。」時廷臣共乞生鳳覽、開心等以開心無甚唐突語得免。鳳覽言，太子既真，當早有着落。攝政王曰：「着落不着落，與你何干？」鳳覽曰：「人各爲其主耳。」攝政王詞氣甚厲，呵鳳覽曰：「你投誠後，即我家人矣。若説各爲其主，尚有二心，此何説也？」鳳覽曰：「今日之事，太子存，我亦存，太子亡，我亦亡。我意只救太子爲是，那管一心二心？」以是觸攝政王怒，因絞死。趙開心罰俸三月，其餘笞斬有差，而幽僞太子于太醫院中，給十人守之。鳳覽之就刑也，神氣自若，拜天地君親畢，安坐語刑者曰：「可矣。」刑者多舊役，痛哭不能舉手。百姓觀者塞衢巷，哭之。明年乙酉元夕後，謝陞早朝出，見鳳覽，歸而卧病數日，頭忽腫。將卒，曰：「錢老先生幸稍寬，毋太拘急。」遂死。攝政王聞之，竟無傷太子意矣。四月初六日，東安縣富民祁八忽聚徒劫騎曰：「往救太子。」生員楊鳳鳴爲軍師。地近上林，上林尉請兵部發兵剿之。初十日，僞太子卒。此案至今疑不可解。若以爲僞，何臣民舍生而證之者鑿鑿？若以爲真，何福王稱命時，金陵復有一太子？紛紛聚訟也。

# 跋

閲世編十卷，上海葉夢珠撰。夢珠，清初人，字濱江，號梅亭，著籍婁縣學。博學多聞，尤留心世務。是書所記，大而郡國政要、世風升降，小而門祚興替、里巷瑣聞，旁及水旱天災、物價低昂。舉凡涉世六十餘年間，閲歷之所及，無事不書，有聞必録，而於松江一郡之沿革創置爲特詳。曩昔修輯府志及華亭、上海、南匯等縣志，無不取裁於是。蓋方諸范叔子雲間據目鈔、董閬石三岡識略等書，所保存之史料，爲尤多也。獨惜其書向無刻本，傳鈔亦尠。客歲，始獲借閲之於松江圖書館，以其所涉上海舊聞，足資考證者極夥，因亟爲細校付刊，以備留意地方掌故者之參考。

上海通社識

# 養真堂文鈔

〔清〕秦榮光 著
陳才 整理

# 整理説明

秦榮光，號炳如，原名載瞻，字止甫，號月汀，江蘇省上海縣陳行鄉（今屬上海市閔行區）人。生於清道光二十一年（一八四一）六月十七日。清光緒二十年（一八九四）貢生，就職訓導。父誦莪，字蓼園，捐監生。妻張維靜，兆熙女。生錫田、錫圭、錫芝、錫芷、錫齡五子及二女。以長子錫田官内閣中書、次子錫圭任翰林院庶吉士，誥封奉政大夫。榮光少習經史，壯思實踐，熱衷鄉梓事務，從事地方公益達四十年，積極經辦慈善事業，如捐建三林書院、請設筠溪義塾、維護地方治安等，又受聘爲南匯觀濤書院院長。樂善好施，扶弱抑强，有古俠士風。卒於清光緒三十年七月十一日，門人私謚曰温毅。撰有補晉書藝文志一卷、同治上海縣志札記六卷、光緒南匯縣志札記一卷、養真堂詩鈔二卷外編一卷、養真堂文鈔一卷外編一卷、上海竹枝詞四卷、陳行竹枝詞四卷、淮海先芬詠一卷家傳一卷，又輯有梓鄉雜録四卷、梓鄉聞見録四卷、陳行秦氏支譜不分卷；所撰補晉書學校志一卷、補晉書水利志一卷均亡佚。錫田撰顯考温毅府君年譜一卷及顯考炳如府君墓志，蒙古喀喇沁親王貢桑諾爾布撰秦温毅先生事略碑，以記述其生平事蹟。

養真堂文鈔一卷外編一卷，民國八年（一九一九）聚珍仿宋字鉛印本，一册。半葉十行，行二十一字，小字雙行同。白口，左右雙邊，雙魚尾。版心中記書名，下記頁碼。首有民國八年黄炎培序，又録〔民國〕上海縣續志·秦榮光傳。養真堂文鈔收録文章二十一篇，有説、書後、考、序、記、書、家傳、墓志、策論諸體；外編收録文章十一篇，有上書、呈文、議、書諸體。本書題名作「養真堂文鈔一卷外編一卷」，係據古籍的規範著録方式所定。通常情況下，省稱爲「養真堂文鈔」；又有將本書與養真堂詩鈔合稱爲養真堂集者。

内容上看，養真堂文鈔篇幅不多，但涉獵卻廣。文鈔中，才人學人説孟子見梁惠王説陶彭澤棄官説松江府水利説分别就才人和學人在不同社會中發揮不同作用、孟子見梁惠王的歷史背景、陶淵明棄官的目的、松江府水利的利害關係闡發自己的獨到見解；書孔北海傳後書方正學豫讓論後分别就後漢書·孔融傳和方孝孺豫讓論所述加以評論；吴淞形勝考結合當時戰爭形勢與吴淞口之戰略地位，建議有司「宜選知兵大員，駐吴淞口上，派猛將一員副之」；周氏家乘序于母姚太孺人六十壽序分别爲周氏家乘、姚氏壽慶而作；書淮海宗譜先景容公傳後則考證榮光先祖秦裕伯的相關事蹟；沈氏宗祠記上邑七圖免役周浦塘記記錢塘沈氏一門七烈事雪山記記述相關物、事，或資借鑒，或備採擇；致陸春江大令書賀陸春江觀察由廣東惠潮嘉道遷江蘇督糧道書致奉賢朱昂若孝廉家駒書皆究心於地方政務，與地方官員探討地方治理策略；外舅張惠筳先生家傳、南匯王鼎伯明經墓誌銘、故明王蕉學先生墓碣叙述張兆熙、王應銓、王守信生平事略；策問理學宗派程朱而外有陸王子美子壽之與子靜陽明之與三陸其學術造詣亦有異同否試詳晰而論之是就策問陸王是否有别、三陸是否有别所闡發的議論。外編中，致莫善徵大令請懲蟻棍書、上邵篠村觀察言防務書、致莫善徵大令論團防書、上譚方伯條陳荒政、擬上撫院請攤鹽課銀稿就當時社會實際，上書分别呈請嚴懲拐賣婦女、設置吴淞南匯川沙防務、設漁團民團以加强防務，提出賑災對策和均賦税的辦法；呈淞滬釐捐總局請免航捐文、呈裴大令請免吴淞工役文、上水利總局請免協濬周浦塘文是大聲疾呼，請免徭役的呈文；裁卡議是就建議裁撤釐卡所作的議論；致邑城積穀總董書就積穀息款處理提出異議；臚陳浙西鹽捕營擾害浦東實蹟呈陸護撫臚列浙西鹽捕營擾害浦東地方之事十條，報告有司。柴志光先生主編浦東古舊書經眼録於本書有介紹上海遠東出版社二〇〇九年版，第一七一—一七二頁，可參看。

晚清時期，社會不變，内而民風異化，外而戰局不斷。身處此變局之中，作爲知識分子的秦榮光，求實學、重實踐。養真堂文鈔或記述事件，或發爲議論，將自己的所思所感形諸筆端，以實踐經世致用的主張，從中可覘榮光之究心地方事務、體恤民生疾苦、關心社會發展，「先生之所以爲其鄉興利除害者匪一端，而其最所究心，厥惟水利。」黄炎培序榮光於上海水文情況了然於心：「松江一府，居澤國之下流，大海環其東，泖澱瀦其西北，黄浦貫注乎中間。海之利最大，而漲溢爲其害。」且深知大海、泖澱、黄浦江的利、害所在。無論農業、人居還是軍事，需善治水纔能避其害而全其利。榮光分析開支水之四利、四難，因勢利導，「愚請仿嘉定縣例，常年於忙漕項下平餘公費兩款内，各准酌提若干，抵充挑濬支水經費，俾四鄉得以分别緩急，逐漸開辦，則不出十年，水利大興，田盡可稻矣。」秦榮光松江府水利説榮光重視水利之舉影響到鄉賢，「吾鄉高岸深溝，灤洄暢達，沾溉萬家，以慶有秋，微鄉先生提倡水利，寖成風氣，不克致此」黄炎培序。「蠹卡，居民之蠹也；鹽補營，吾民之賊也。吾歷訴大吏不應，則爲文以示來者。士君子立言，故有見棄於當時，而施行於數十百年後者矣。」秦錫田顯考炳如府君墓志貧嫠力難自贍，而蟻棍遊走，哄誘拐騙，以至於「壞人名節也，破人室家也，絶人宗祀也」致莫善徵大令論團防書，榮光既創保節會以拯之，又致書大令以請懲治。連年災歉，民衆苦不堪言，榮光向方伯陳荒政八條，曰大減冬漕，酌免卡蠹，飭開支港，賑恤極貧，准借倉穀，督練民團，嚴禁煙館茶肆，重懲積惡光棍，以恤業佃，惠農商，代發賑，免生變，充民食，衛鄉土，節糜費，杜亂萌。可見，榮光博聞强識，文思敏捷，然而不喜空言，必爲時爲事而著作。

經歷庚子之變後，榮光慨歎若民衆不謀保全，小則覆族，大則滅種，因而圖謀自强，「吾呼籲吾同志，聯絡吾父兄子弟，相與廣教育、習武備、課工藝，行之十年，庶幾民智可開，富强可圖，而外侮可禦歟」秦錫田顯考炳如府君墓志。榮光熱衷興辦學校，且苦心經營，因而三林、陳行、楊思三地民衆皆知向學。商約大臣吕海寰因其興學有功，上奏清廷，而得光緒帝通令嘉獎。而至於榮光所提倡的降低賦税、減免徭役、舉辦團練、禁止鴉片、抵抗鹽梟等實務，在當時收效則並不甚明顯。然其爲鄉里子弟的苦心孤詣，則令人感佩無已！

養真堂文鈔向無點校本，今以民國八年聚珍仿宋字排印本爲底本，加以標點整理，與葉夢珠《閲世編》合册，列入「浦東歷代要籍選刊」出版。整理者水平有限，點校錯誤在所難免，敬希讀者諟正爲幸！

# 序

炎培幼從壽宜師學。師，温毅先生次子也。既師出遊，命小子親奉教於先生。憶年十五，應童子試，先生實挈以行。時科舉未罷，八股試帖之風猶盛，先生一門獨倡爲根柢之學，九峰三泖以東濱海數百里地，執經受業於其門者殆遍。今先生殁且二十年，長子硯畦丈輯遺文兩卷、詩三卷，將付印以貽後學，謂小子嘗奉先生教也，督之使有言。小子不敏，於先生之盛德大業未獲窺萬一，其何詞以贊？無已，率陳所感，藉與讀者相質證，可乎？同、光之際，内政漸窳，外力漸侵入。於時，朝野士夫釐爲兩派，一主保守，一主革新。前者皆老師宿儒，後者多新進。新進之倡改革也，率意任性，非灌夫之駡座，即賈生之痛哭，被之者不能堪。非笑訶斥之聲四起，志未伸而體無復有完膚矣。苟其間有老成人焉，齒尊於一鄉，望高於儕輩，而其眼光不拘拘於陳編，不規規於流俗，盡破新舊之成見，獨以其明通正確之理解判别是非，而揭櫫以爲的則，群疑釋而衆囂息，而無形中之嘉惠地方也亦特厚。蓋三十年來，全國無一日不在新舊兩思潮之衝突中，而其所蒙之影響有禍有福，其改進也有遲有速，則皆其地一二人爲之也。温毅先生非其人歟？試讀其文，凡所爲罷科舉、興學校、禁雅片、戒纏足、築路、開鑛、裁釐金、興銀行、改金幣、務農、重工，在今日皆爲是非已定之問題，讀者須知此文爲二三十年以前之文，作者爲當時高年碩德之鄉先生也。

先生之所以爲其鄉興利除害者匪一端，而其最所究心，厥惟水利。蓋當時無所謂自治，地方縉紳所能稍稍致力而不蒙侵官之嫌，惟此而已。流風所扇，聞諸鄉先輩，非嘗督河工若干次，不得與於紳董斯言也，初未引以爲重。近十年來，稍稍考覽地方風俗，舟行江北揚、淮間，咸舍艫而篙，察之則水淺無容艫地，河底與地面相去一二尺耳。游黃河流域，乃至水與人同道，康莊大路，一雨成渠，雨過而復所謂水由地上行，驗矣。方知吾鄉高岸深溝，灤洄暢達，沾溉萬家，以慶有秋。微鄉先生提倡水利，寖成風氣，不克致此。

讀此編所爲感喟於無窮者，二十年前先生所倡禁雅片，今私吸私售，轉益盛矣；所倡裁釐金，裁其名不裁其實，且加厲焉；所倡辦團練，不獲數數見有之團焉而已，練於何有，而萑苻之警滋益烈；乃至務農也，重工也，果何事可云改進者？獨學校之興，數增於往昔，顧效果如何，非所知也。而先生暮年所志，欲廣收游氓，教以工藝者，今自題橋市倡建課勤院外，應者寥寥，而游蕩少年遍於鄉閭，拜盟立號，白日廣場，靡惡不作，爲地方未來大患。使先生生今日，其含憂茹痛，又當何如？斯則吾儕後生所對於地方，對於先生，而不勝其媿汗者也。

先生接人，貌藹然而寡言笑，遇事有所論斷，斬絶若不可移。私謚「温毅」。以此讀先生文、詩，猶見之董地方公益事四十年，匪可以私干鄉之人化之。猶憶浦東某地老縉紳某，及門頗盛，其董地方事，昏夜苞苴，户限爲穿，垂四十年，其鄉之人亦化之。迄今評風紀者過其地，猶有餘慨。故知一二士夫之言行，其影響於後人，再傳而未已，匪可苟也。

中華民國八年一月，後學黄炎培謹序。

# 秦榮光傳

秦榮光，字炳如，原名載瞻號月汀，陳行鄉人，惟梅族孫。先世力田。高祖益衍，嘗還補鍋人遺金，厚脯延名師課子。曾祖夢鶴號羽卿，始讀書，爲郡增廣生。祖廷燮，佾生，早卒。父誦莪，字蓼園，監生。性端重，自以幼孤失學，督子讀頗嚴。榮光，歲貢生，就職訓導。博學能文，留意世務，董地方公益者四十年。凡慈善事，輒量力補助。光緒七、八年，歲歉民困，時積穀息已積數萬串。榮光請留本動息，借給貧民，署令黎光旦持不可，乃稟省吏卒邀准，并爲後來救歉成例焉。十五年，南邑議重浚周浦塘。榮光歷訴大吏，爲七圖求免協。次年，議准由官捐協，七圖永不豫役，定案勒石，語詳水道治績。黄浦渡船間爲步販運鹽，鹽巡營輒没收其船，交通爲梗。榮光倡勸民造復舊額，刊字編號，嚴禁裝鹽，違者懲人而免其船。稟道，移鹽巡照辦，往來始便。貧嫠多苦誘逼，與南紳康逢吉等設保節，會置蘆蕩，收租息以贍之。城有官設牛痘局，婦孺渡浦不便，請諸當局，設分局及保赤局於浦東。尤慨農民失學，請邑令裴大中就陳行設義塾，繼偕周希濂、湯學釗等捐建三林書院，請邑令黄承暄增設筠溪義塾。又移秦公祠款，就祠置義塾，旋皆改爲學堂。署郡守陳遹聲委榮光兼董南邑觀濤書院，南士紳又延任院長，移修廣獎，繼又代爲規畫，改作學堂。向例，鹽巡船不准入浦東。近二十年，違章闌入，得大幫梟販規，即庇縱獲，肩挑步擔，則肆意勒賄，不滿慾輒斃其命，甚或劫孤商，誣平民，誤斃行人。榮光屢請當道裁其營軍。興後內地遍設釐卡，司巡留難商販，榮光亦屢請裁撤，皆格不行。晚年見梟蜑擾民，兵不能禁，亟謀自衛之策，聯合三林、陳行、楊思三鄉商、民爲商團、民團，請領槍械，間日在本鄉教演十日，則合操於三林學堂。歲終，請官校閱，擇優給獎。事未竟而卒。以子錫田、錫圭仕，膺五品封，門人私謚曰温毅。商約大臣吕海寰以興學有功，請於朝，傳旨嘉獎。

所著見藝文。上海縣續志。

# 養真堂文鈔目録


養真堂文鈔……二六九
才人學人説……二六九
孟子見梁惠王説……二七〇
陶彭澤棄官説……二七二
松江府水利説……二七三
書孔北海傳後……二七六
書方正學豫讓論後……二七七
吴淞形勝考……二七八
周氏家乘序……二七九
于母姚太孺人六十壽序……二八三
書淮海宗譜先景容公傳後……二八四
沈氏宗祠記……二八九
上邑七圖免役周浦塘記……二九一
記錢塘沈氏一門七烈事……二九五
雪山記……二九七
致陸春江大令書……二九八
賀陸春江觀察由廣東惠潮嘉道遷江蘇督糧道書……三〇一
致奉賢朱昂若孝廉家駒書……三〇二
外舅張惠棻先生家傳……三〇四
南滙王鼒伯明經墓誌銘……三〇六
故明王蕉雪先生墓碣……三〇九

策問理學宗派程朱而外有陸王子
美子壽之與子静陽明之與三陸
其學術造詣亦有異同否試詳晰
而論之……………………三二一
養真堂文鈔外編……………三二三
致莫善徵大令請懲蟻棍書……三二三
上邵篠村觀察言防務書………三二五
致莫善徵大令論團防書………三二七
上譚方伯條陳荒政……………三三〇
擬上撫院請攤鹽課銀稿………三三五
呈淞滬釐捐總局請免航捐文……三三七
呈裴大令請免吴淞工役文………三三九
上水利總局求免協浚周浦塘文……三三一
裁卡議…………………………三三三
致邑城積穀總董書……………三三八
臚陳浙西鹽捕營擾害浦東實蹟
呈陸護撫………………………三四〇

# 養真堂文鈔

## 才人學人説

天下之人不一，其可出而有爲者，大率才與學二者盡之矣。春秋以前，才與學合；春秋以後，才與學分。才以幹濟相高，學以道德爲尚。説者謂創業之時，擾攘紛争，當用才人；守成之世，雍容坐理，當用學人。乃吾嘗上下古今，遍觀得失之林，深測興亡之數，而歎創業時必不可少學人，守成世轉有賴于才人耳。何則？國家當創業之初，一朝法度規模，胥於是視焉。使惟與一二才人勠力共事，則法不衷諸古，事不本乎仁。當時雖賴其奇功，後世必受其隱禍。商之伊、萊，周之周、召，其人皆非徒恃才者，故能前復古而後長世。嗣後若秦、隋之類，旋得旋失者無論已。漢有諸吕之專，晉有八王之争，唐有建成、武、韋之變，宋有斧聲燭影之疑，明有削藩靖難之舉，當其創業，豈乏才人哉？不再傳而禍亂叢生，變故迭起，皆無學人以維持其間也。至若守成之世，紀綱多廢弛矣，上下習恬嬉矣。於此以老師宿儒坐論朝堂，非不斐□美也，然或施爲迂闊而難行，或事業因循而不振，國本之撥，往往由此。兩漢之亡，不於莽、卓而於禹、廣；兩晉之失，不於淵、裕而於王、何，彼皆自以爲學人者也。而禍卒至是，君子尚論其時，未嘗不歎息痛恨於數子矣。唐得李泌、裴度而致中興，宋有寇準澶淵卻敵，明有于謙瓦剌受盟，豈非才人之功效尤大彰明較著者耶？夫吾亦豈謂創業時可無才人，守成世可無學人哉？特所重者在此不在彼耳。嗟乎，士生三代下，談經濟者，雜習韜略者，粗言理學者，迂工文詞者，浮好議論者，妄欲求一才學兼優之士不可得矣。然則因時度勢，略短取長，竊以爲才人學人之致用有如此者，世主欲求賢以自輔，盍取鑒於斯文？

## 孟子見梁惠王説

朱子集註解「孟子見梁惠王也」曰：「惠王卑禮厚幣以招賢者，而孟子至梁。」余不然之。夫孟子豈可以虛禮縻，又安肯爲重幣動哉？嘗論春秋、戰國大勢，知魏跨大河，西當秦衝，其地獨爲秦所必争，而常足爲當時天下之輕重。蓋自秦仲封侯，盡有岐、豐故地，至穆公益大，駸駸乎東向争諸侯矣。其二百年間不得志於天下者，晉實扼之耳。迨晉分爲三，魏以其一獨當秦力之全，此春秋所變爲戰國也。至惠王盡失河西地而遷大梁，齊、秦、楚又迭攻之，此又戰國將爲兼并之勢也。吾孟子知言養氣四十餘年，其審於時精矣，察於存亡熟矣。一日聞魏徙梁，惕焉憂之，以爲五國所由無患者，恃有魏耳。魏之足扞秦而爲東諸侯蔽者，恃有河西耳。今進失其險，退處四平之地，不急救之，魏必亡。魏亡，而三晉墟，六王畢，二京以次同燼。秦遂以首功虎狼之國，惘然據天下而有之，天下生民之禍未有底也。當此時，欲安天下，不得不屏秦。欲屏秦，不可以亡魏。而欲存魏以屏秦，不可以不一見梁王。其見也，非特繫大梁之得失，尤關全局之安危；非徒圖旦夕之近功，實欲挽古今之大變。迄乎一見再見，道卒不行，尚徘徊不忍去也。及襄王立，望之不似人君，又非乃父比焉，於是歎天下事之不可爲也。夫識時務者爲俊傑，達權變者惟聖賢，使抱非常奇略，欲拯斯民於水火中，而不擇國之强弱、地之險夷，惟幣重言甘是好，貿貿於人國之投，未有能成功者也。蓋孟子之時與孔子異，孔子而得志於時，不過興周道，於東方行周公故事耳。其道隨地可施，故嘗之陳、之蔡、之楚，雖傾危之國，夷狄之邦，有弗恤焉。然曰「齊一變至於魯，魯一變至於道」，則又未嘗不於其易爲力者深致意也。而况孟子處紛争之世，此六七王者，皆帶甲百萬，兼地數圻，以其無道行之，悉足爲患，而可以鄒、滕諸國小試乎哉？吾所謂孟子之至梁，非以其聘，以其勢也。勢在梁，而孟子至梁，則梁重，故天下莫敢圖梁。勢在梁，而孟子去梁，則梁輕，故秦圖梁，於是張儀去秦而相梁矣。儀相而横成矣，横成而梁益弱，秦益强。六國散而不可復合，秦得以其間敗趙長平，圍邯鄲，伐韓，取三川，并二周，亦由魏失河西，不敢議其後故耳。不數十年，蠶食已盡，遂坑儒焚書，郡縣天下囚徒，謫戍望於道，夷滅族誅遍於民，舉古先聖王封建、井田諸大制，一壞而卒莫能復行，此皆孟子意中事也。此其禍皆始於魏徙都梁，梁不用孟子故也。然則孟子之見梁惠王，實世道升降所關，尚不僅爲一時之計。萬章之徒取冠七篇，必有所從受矣。

## 陶彭澤棄官説

嘗觀智士全身，見幾已作；哲人去國，託跡斯逃。昔陶徵君爲彭澤令，未及百日，不肯爲五斗米向督郵折腰，遂棄官去，世以高介目之，而人未竊疑焉。夫此督郵也，郡遣以來，應拜與否，當時自有成例，例應拜耶？守官之常，遵國之制，即有賤於督郵者，猶將拜之，非所云辱也。至於蔑禮法，傲世俗，此兩晉清談，正以誤國，曾徵君之賢而出此？或曰：君少五斗米，故不與折腰爲禮，則使萬鍾千石，君遂靦顔拜之耶？嘗考陶集歸去來辭自序云：「程氏妹喪於武昌，情在駿奔，自免去職。」絶不涉督郵事。及讀其辭，但言出仕之非，隱居之樂，又無一語及妹喪。蓋其寓意甚微，用心良苦，宜世莫能知云。案君令彭澤，在晉安帝義熙三年。是歲也，劉裕殺殷仲文等，逆謀益顯。君不獲假尺寸之柄，一除奸慝，重整皇綱，而爲晉世臣，又不可失身篡賊，已而已而，計惟有隱之一途耳。然使高眠北牖，笑傲東皋，逆裕巨奸，豈不知其欲忠故主？勢必敦迫出之，不爲揚雄之莽大夫，即爲龔勝之夭天年，甚非兩全之道焉。君將破其疑而一出，出而以恥屈。督郵翩然歸去，使共惜其傲骨難馴，不堪世用，而忘其有恥臣二姓之嫌夫。然後蕭然高蹈，行我之心，一無所阻矣。蓋其受任也，本非有躋棘攀槐之想，不過以一出者塞當世徵求，故其棄職也，更非特裂冠毀冕之情，直欲以一去者全此身名節。士君子處兩朝禪代間，激焉身危，隨焉道失，不激不隨，宜可免焉，而嫌疑之跡、猜忌之端，猶或以損名聲，罹禍難，蓋進退如此，其兩難也。君特欲全其爲晉人，又不欲自白於當世，故晦其心而詭其跡，假設此言以歸隱耳。甚矣，事君之忠也，保身之智也。昔孔子爲魯司寇，不以受女樂去，而以燔肉不至。行君子之所爲，豈衆人所能識哉？

## 松江府水利説

水無不足利民者，惟利中必有害。善治水者，務避其害而利始全。松江一府，居澤國之下流，大海環其東南，泖淀瀦其西北，黄浦貫注乎中間。海之利最大，而漲溢爲其害。泖淀利在蓄洩，而泛濫爲其害。黄浦利在潮通港汊，廣溉農田，而一日兩潮，渾入清出，港汊最易淤塞，實爲大害。昔人築塘於海，防漲溢焉；築圩、泖、澱之濱，防泛濫焉；輪濬港汊於黄浦兩岸，防淤塞焉：誠不易之良法也。唯是圩塘之築，工程雖大，然一勞永逸，脩費省而享其利者長。獨沿浦各港汊，當其興濬也，竭官民之力，築壩戽，水挑土動，費數萬金。三五年後，便形淤淺。十年弗挑，潮必不進矣。民力有限，奚堪屢役？中經災歉，更不暇顧此。咸、同以來，沿浦各港汊僅存一綫細流，或竟化成平陸，而農佃交困者也。且夫黄浦兩岸，田多中高四低，俗號坍岡，不能種稻，止可植棉，故上、南、奉、金向稱棉地。然腹内平田可稻者，實亦不少。自港汊塞而潮源絶，内地盡改植棉矣。木棉之利，元、明間郡民誠獨利之。然上海徐光啓著農政全書，在明崇禎間，已逆慮其利盡。閲今二百餘年，不幸其言大驗。外地産棉者愈多，郡棉之銷場愈滯。棉銷愈滯，則棉價愈賤。無論如今年大歉也，就使薄有所收，而米價倍漲，民必有擁棉抱布而餓死者，此誠地方之大憂已。然則補救之法，將奈何？愚嘗深思熟計，唯在使田盡可稻焉爾。田盡可稻，則民不仰食於他方，而米貴可勿憂。況棉性最宜稻地，土肥草稀，厥收較厚，則可稻之田，即仍植棉於民亦利。而欲使田盡可稻，非大興水利不可。興水利之法，不在巨幹各河，而尤在縱横支水。蓋幹河灘闊，不便戽水。觀淞浦兩岸，無種稻者，此明證也。乃自來官吏但濬幹河，罕及支水，由幹河承役者多，既易籌款，抑工程較大，並可敘績耳。實止利通舟楫，便商賈而無益農田。農田之資灌溉者，全在支水。開支水之法，愚請於港口各建木牐，或留土壩隔斷幹河，不令渾潮日進，唯遇内地旱潦時，放使吐納。利於民有四：渾潮外隔，則内港常深，不煩數濬，一利也；通流變爲停水，則底泥鬆肥，罱膏田畝，可省餅糞，二利也；先大後小，分年逐濬，務使内港脈絡周通，吐納四應，小舟於内自便通涉，三利也；内港隔斷，則幹河潮水并歸一道，進出迅利，並免淀淤，可省挑濬，四利也。此四者，避水之害，而全收其利，鑒棉利之盡，而使棉田變稻者，救郡民之缺米，此實救時急務，富民本計焉。然而議開支水，厥有四難：一在承濬之境狹，則派役之夫少也；一在淤塞既同陸地，則疏鑿倍形役重也；一在河身久滿成田，則拆田易招衆怨也；一在港汊業經開闊，則橋梁總需增改，費更無著也。有此四難，雖有熱心任事者，孰弗潔身引退乎？夫愚民可與樂成，難與圖始。勞怨止一時，利賴及百世，良有司但實力行之可矣。惟經費不貲，斷非積困之民所能獨辦。愚請仿嘉定縣例，常年於忙漕項下平餘公費兩款内，各准酌提若干，抵充挑濬支水經費，俾四鄉得以分別緩急，逐漸開辦，則不出十年，水利大興，田盡可稻矣。至於吴淞一江，在宋以前，闊至十餘里，誠爲震澤尾閭。迨元、明間，太湖之水由泖澱分注黄浦，而浦勢漸大，吴淞日漸狹小。自夏忠靖原吉引黄浦入范家浜，以北通吴淞，而外口遂爲浦奪。就目前形勢論之，浦水浩瀚湍急，挾西來清水以刷渾潮，不假挑濬而自闊深，實郡境形勝所在矣。吴淞特其一支幹耳，殊非東南利害所攸繫。論者顧拾前人唾餘，附會禹貢三江，不知久經通儒所闢，而一二大吏循例興挑，輒復揚厲鋪張，騰章入告，叙勞遷轉也，豈誠有愛民之實心，能爲民興利去害也哉？上下相蒙，自古慨之已。

## 書孔北海傳後

世稱孔北海志大才高而識見不足，非也。觀其薦舉奇才，護全善類，議論光明正大，以操之勢燄，藐然無所動於中，亦一深心人也。志雖不就，被操陷害，而規模宏遠，節概懔然，亦足以不朽矣。夫當世庸夫俗子，見融卒死於操也，竊竊然謂操智，謂融拙，是徒以死生成敗論賢豪耳。彼亦知大丈夫舉事，其名正，其氣盛，朗然揭日月而行，沛然決江河而下，磊磊焉，落落焉，以其身付之國，以其事聽諸天，其視當世陰謀詭計，儌幸成就於一時者，曾鼠竊狗偷之不若，直不屑當其一顧盼焉，而奚生死成敗之迹芥蒂胸中也哉？世道衰微，人心不古，狃于習俗功利之説，見直道坦行者所爲，反震駭爲非狂，則愚焉，何異鸒鳩之搶地而笑大鵬，曰是奚以九萬里而南爲也？不重可哀乎？夫融之所爲，操所畏也。融不死，漢必不亡。融之死，知天不祚漢焉，而豈智有不及哉？古稱豪傑士者，意在斯乎？意在斯乎？

# 書方正學豫讓論後

豫讓者，世稱忠義士也，公責以不能先亂扶危，爲籌力諫之策。嗚呼！公責讓者，讓無詞矣。公爲讓籌者，讓有知，亦當服矣。吾獨怪公作論以譏讓復身蹈其轍而不悟耳。考建文繼統時，受國士知者，非公乎？當日非有土崩瓦解之勢也，患一成祖耳。公能扶危於未亂，則勸從卓敬謀徙封南昌，外借親近之名，内杜覬覦之實，豈不事出萬全否？或決機方寸，因事誅之以絶禍本，雖陰險之謀尚屬英雄辣手也，何乃再欲生之，再欲殺之？既不敢縱，復不能誅，遂激成靖難之師，當斷不斷，反受其亂，公之謂矣。公既啓釁於前，又不能已亂於後，致門啓金川，宫中長往，而麻衣痛哭，十族同誅，於以見太祖於地下，謂可報知己也？其與讓之不諫於先，而拔劍擊衣於後者，曷以異哉？或謂：天命攸屬，非可力争，似不宜以成敗論賢豪也。然古今來賢豪，幹事不必盡成，而有可以天命諉，有不可以天命諉者。諸葛之於漢，韓、岳諸公之於宋，或限於敵之强，或阻於君之闇，誠無如何耳。至公，則敵之命得制其死生，君之權得專其生殺，乃始也養禍，繼而激變，中焉困守，卒以坐亡？人謀之未盡，豈可云天命之難回？果若或言請孺子王讓位叔父可矣，復何紛紛焉創削藩之謀焉？夫公之節烈，冠明一代，復有何訾？獨明知豫讓所爲之未善，乃身當變故，坐失事機，卒使千秋蒙誤國之名而聲震，殿庭一哭，雖忠義凜然，要適成讓之續也。悲夫！

## 吴淞形勝考

考吴淞江，古與婁、東二江均承太湖下流，以注於海，雖非禹貢之三江，要屬吴地三江之一。迨後東江塞，婁江湮，太湖入海之道并歸於一。又自明夏忠靖原吉濬范家浜，通黄浦於吴淞江，而外口遂爲浦奪。海舶乘潮入口，瞬息百里，一晝夜間南可抵松江郡城，北可達蘇州省垣。論形勝者，僉指吴淞一口爲三吴門户矣。顧此特道光以前防海盗之見耳。至今日中法釁生，則吴淞形勝，實不僅爲三吴門户者。蓋吴淞口與長江口毗連，但得吴淞水師，可以禦敵口外，敵艦必不敢越吴淞而駛入長江，是則守吴淞即以守長江，而安徽、江西、湖廣、四川咸資捍衛，非其形勝，直關係東南半壁也耶，抑非特此焉。中國海面共有萬三千里之長，海口奚止百數，欲使處處兵力厚集，勢必不能。若防守稍判堅瑕，敵即舍堅攻瑕，而我之堅者亦瑕矣。故嘗論今日大勢，與其退守海口而不勝其密防，不如出禦洋面而使不得内犯。禦敵洋面之法，全在使南北洋之兵輪聯絡一氣，計唯吴淞一口，當南北兩洋適中之處，宜選知兵大員，駐吴淞口上，派猛將一員副之，分南北洋兵輪之半屬焉。虎門、旅順兩口又各分其半，各統以猛將，而悉聽命於駐吴淞之大員。敵擾南洋，則吴淞之兵輪即南駛，會虎門夾擊之，敵犯北洋，則吴淞之兵輪即北駛，會旅順夾擊之，而又不必果與戰也。但遥牽制之，使不得逞，則漢奸絶接濟之路，而彼之勢孤，各口得外援之師，而我之氣壯如此，相持數月，敵艦之煤糧藥彈必憂罄竭，方遁去之不暇，又焉能與我敵哉？而擇可以南北兼顧居中重鎮之地，成常山蛇勢者，亦唯吴淞口形勝爲當今弟一。彼僅指爲三吴門户者，猶淺之乎視吴淞矣。

## 周氏家乘序

吾邑周氏向推望族。邑志藝文有周金然輯族譜，即俗稱石柱墳周也；復有旌節里世譜，蓋引翔港周也。二譜余均未見，惟據郡邑新舊志，知前明一朝，周氏以邑人第進士者四人：曰霖，字子望，建文己卯舉人，永樂甲申進士，官永寧知州。據正德科貢碑，作永興知州。曰輿，字廷參，正統丁卯解元，景泰辛未進士，由編修歷官大理寺寺副。府志作華亭人，有傳。曰洪，字廷誥，天順壬午舉人，成化戊戌進士，由蒲圻知縣擢南京監察御史。府縣志並有傳。據字冠以廷推之，當與輿兄弟行。曰汝誼。字貫生，崇禎癸酉舉人，壬午進士，官興國州知州。府縣進士表並註有傳，而兩傳均缺。又有周佩、字鳴玉，成化癸卯舉人，宏治庚戌進士，由都水司主事歷刑部郎中，晉階中憲大夫。府志作華亭人，景泰辛未進士。輿子傳附輿後，復別出專傳，而邑志表有輿無佩。周騤、字世良，以大興籍中正統丁卯順天舉人，戊辰進士，由禮部主事歷官光禄寺正卿。府志列府學，不著何縣人。周鴝、字文儀，宏治戊午舉人，正德甲戌進士，以監察御史巡按福建，擢知潮州府。著適齋集。府志傳作華亭人。玩其名，當與駿兄弟行。周杲，字啓明，成化癸卯舉人，宏治癸丑進士，由建陽知縣行取御史，特恩諭葬。府志有傳，不著何縣人。此四人亦明進士，而邑表未列。其舉於鄉者，邑凡五人：曰昂，正統戊午舉人，官桃源教諭。曰翰，字文屏，成化丙午舉人，由東光教諭歷興國知州、夔府同知。曰冕，字服之，嘉靖庚午舉人。曰文，字郁卿，由嘉靖歲貢中癸卯舉人。曰明琳。字鳴之，萬歷己酉舉人，官長洲教諭。崇禎壬午進士。汝誼，其從子也。而唐周，正德庚午舉人，乾隆志云著有白屏日記，白屏殆其號焉。本姓周，成化丙午舉人，翰孫後復姓否，志無明文。又有周讓、宣德丙午順天解元。府志列府學，不著何縣人。周麟，景泰丙子舉人，官荆門學正。當與駿鴝兄弟行。周音，正德癸酉舉人，府志列金山衞學，不著何縣人。此三人，言明舉人而邑表未列。其以人才薦者，曰克敬，名恂，以字行，永樂朝歷官福建左布政使。郭宋府志作廣西左布政。其考充歲貢生者，洪武丁丑有尚文，永樂朝有紹，官永興教諭。景泰朝有泰，字景陽，官漢陽知縣，年至九十九。邑鄭志作都司斷事。嘉靖朝有冠，字正之，庚午舉人，冕弟。案以冠冕字推之，當屬冕兄。隆慶朝有茂仁，官太倉訓導，府志列金山衞學，南匯縣志作十七保人。見邑志者凡五人。又有周溥、宣德歲貢。周英、字廷俊，成化歲貢，武學教授。据字冠以廷推之，當與輿洪兄弟行。周澄、字本清，宏治歲貢，官訓導，以名從水推之，當與溥兄弟行。周于德，嘉靖歲貢，此四人，府志並列府學，不著何縣人，當必有邑産焉。府志辟薦，明有周泮，官乙字庫大使。以名從水旁推之，當與溥、澄兄弟行。而邑志傳別有周泮，字聖池，號黌南，居引翔港旌節里，即撰旌節里世譜者。乾隆間舉鄉約長，則決爲二人矣。

至如克敬父璿、輿父臨、汝誼父明琮，廩監生。並以子貴贈官，亦見各志。凡此諸周，何者是石柱墳派，何者是旌節里派，或更出兩派外者，得金然泮原譜，必可考證一二，而恨未能也。入國朝，則石柱墳周特著，廣菴先生金然，字礪巖，號廣菴，又號越雪，以山陰籍中康熙壬子順天舉人，壬戌進士。榜姓金名然，復姓後即以金然爲名，由編修歷左春坊左中允，典湖廣山西試，終司經局洗馬、翰林院修撰，與修國史、一統志。著廣菴集三十八卷。據文淵閣存目提要云，集分七種：飲醇堂文集八卷、抱膝庭詩草二十卷、娛暉堂集二卷、和陶靖節集三卷、和李昌谷集一卷、西山紀遊詩一卷、南浦詞三卷。外有奚囊集三卷，韓菼序；礪巖文部、東觀起居、南華經傳釋。周氏族譜，並見邑志藝文。以文學科名。父明瑛，字叔魯，太學生，祀鄉賢祠，贈奉政大夫。以行誼並有傳。顧嘗考之汝誼爲明琳從子，則明琳、明琮信兄弟矣。玩明瑛命名，度亦琳、琮兄弟行也。而志於金然不曰明琳從子，不曰汝誼從弟，且於明瑛傳有「諸弟爭嗣破家」語，弟名不著，一可疑焉。有周爾美者，字譽凡，以府學生中壬子舉人，與金然同科，榜姓龔。邑志謂即金然從子，官錦縣教諭，而宋府志謂其廣平籍，官錦州府教授。籍、官兩歧，不著所据。府志舉表是科，又有周杭列上海學，註闕莫考，而邑新舊志均無名，二可疑焉。邑志國朝例仕有周廷潤，字漱六，官永平府通判。云金然子，而封贈表列周宣、字亞藩，子廷潤仕，贈承德郎。廷潤既屬宣子，決非金然子矣。或金然孫之譌歟？三可疑焉。周金聲以廩貢加教諭銜。亦見例仕，据明瑛傳稱晚舉三子，則金聲或即金然弟，而志不著，四可疑焉。邑志又有周彝、字策銘，號寒溪，以蘇州籍中康熙丙子順天舉人，丁丑進士，官編修，典試雲南府志，列婁縣學。傳稱弟鼎，諸生亦知名。周鑒。字以人，彝弟，特銓府經歷。節婦傳彝父貽謀，祖士琦，妻張，守節得旌。邑城彩衣巷人，而婁邑作景家堰人。據焦袁熹墓誌，彝蓋自邑遷婁，其周不詳何派，五可疑焉。後有周靜遠者，原名寧遠，號靜山，隨從父聲和游幕秦中，以咸寧籍中乾隆丁酉陝西舉人，官臨湘、湘潭知縣。父聲炯，贈文林郎。志明註金然裔孫，例仕又有周聲鏞，字廷華，布政司理問銜。必靜遠父行也。固石柱墳派矣。而貢表有周稚炳、字灝音，雍正癸卯恩貢，官訓導。周楷，字廷範，乾隆丙戌歲貢，舒城訓導。父周洛，貤贈修職佐郎。傳有周銓，字緯蒼，旌祀孝悌祠。父平儒，遊殁秦中。子其永，字涵千。褚華滬城備考云姪其大，字涵百，並以詩、書、畫名。例仕又有周長源。字匯東，官太平府明平同知。父邦新，乾隆朝贈文林郎。子枚，字頌偆，附監，待銓主薄，又有翰林院待詔銜；周芳新，字景川，州同知銜；周肇新，布政司理問銜；周邦彥，字維新，或即長源父行。此數人者，志並不詳誰裔。邑表有周官，字其人，以邑籍中順治丁酉舉人。云吳縣人。其子振緒。字呂匡，以華亭籍中康熙己卯舉人。父子兩籍，七可疑焉。邑志周泮傳稱：「來孫志源刊譜。」爾雅：「玄孫之子爲來孫。」是五世孫也。而旌節譜註上云「周泮撰」，下云「咸豐六年十二世孫志源重修」，十二世殆就譜中始祖合計。若承上周泮言，止有五世，不當稱十二世。八可疑焉。石柱墳舊在王家渡浦濱，余幼時趁航赴滬，猶見石柱所在，後被潮，齧墓圮柱，並無存其裔。今有住楊思橋者，而余妹壻武舉周希濂亦住楊思橋。道咸間，有官太湖協鎮周鰲者，其族也。嘗詢其宗派，云非石柱墳周。往歲子儼茂才之禎示我古詩一章，囑序其家乘。子儼家近王家渡，向意其必石柱墳派也。及讀詩，自稱柿子園周扈，宋南渡來東。中落譜失，厥祖秋槎詳稽創譜，定對廷爲始祖，上便闕如。對廷生明嘉靖間，譜所列凡十二世。核與旌節里譜世數適同，而同告成於咸豐之初，尤可異焉。因是知我邑之周，石柱墳外，正不一派云。序是譜者，先有鄉先輩王明經廷銓、火明經文焕諸公。余以未見譜，疑未敢下筆，而子儼屢訊促之。憶著讀志札記時，蓄疑多端，未盡論及。子儼聰穎好學，既自爲譜，或更旁考各譜源流，聊舉質之。倘有以釋所疑，亦一大快事也。子儼又謂干山有周氏，係其同宗，曾大父往訪未獲。余考婁志有周士彬，字介文，施維翰巡撫山東時，嘗佐幕府，定變有功，欲薦官之，固辭歸中。康熙丙子副貢。有山舟詩集。世居干山，未知即柿子園派否？并附質之。

## 于母姚太孺人六十壽序

周浦于君醴尊，通經士也。歲甲申十一月，爲尊慈姚太孺人六旬設帨之辰，先期屬序於光。光不文，烏足以道揚太孺人之盛美。顧嘗考史、漢儒林傳，自田何傳易，伏生傳書，申公傳詩，高堂傳禮，胡毋生傳春秋，以下各詳其授受源流，而諸經師門内之行獨闕焉不一。及或遂疑自古通經之士，未必盡敦行者。自光論之，爲人臣者，必遭軍國之變而後忠，始得名；爲人子者，必處家庭之變而後孝，始得名。虞舜之孝焉，由頑父也；閔子騫之孝焉，由後母也。堯、舜並聖，堯之父帝嚳亦聖人也，則堯不以孝聞矣。顔、閔同賢，淵之父顔路亦賢人也，則淵不以孝聞矣。是孝之名，固爲子者所不欲居，亦不忍居。而使其子有孝之實，無孝之名者，其父母盛德不尤令人欽羨無已耶。于君固今日之田何、伏生、申公、高堂、胡毋生也，既能窮經，必能敦行，而人莫聞其孝者，蓋太孺人盛美之德，實有以掩之，則太孺人之不愧爲今日賢母，正可於于君得其概云。且夫世俗之期其子也，孰不願其子速化以倖獲科第爲榮哉？于君年少，美才聲噪黌序，使其俯習舉業，揣摩風氣，投合時好，以博取人間富若貴與一切功名，固自易易。而顧不爲獨，退而抱遺經，研古義，日從事於冷淡寂寞中，非太孺人具超世越俗之識，不薰心於利禄，不動念於科名，于君又焉能若是？介推之母曰：「能如是乎，與汝偕隱。」蘇子瞻之母曰：「汝能爲滂我，獨不能爲滂母耶？」今得太孺人而三矣，非是母不能生是子。光又於于君而益信太孺人不獨有盛美之德，抑更有超越之識焉。若夫以名家女爲大家婦，凡壼範母儀之足式，人盡能言之，無俟光言矣。光特舉太孺人一二大端以復于君，于君於稱觴舞綵時，試持此義質諸太孺人，倘得博堂上一解顔焉，即以光此文當祝嘏之辭可也。

# 書淮海宗譜先景容公傳後

案明史列傳，以公爲大名人。明鄭洛書上海縣志入公流寓，實誤也。公少侍父游，入胄監，以大名貫登至正甲申進士第。王逢梧溪集因稱魏郡秦景容。公初卻聘書，亦自云大名路人。

案：公以聘書有「海濱好鬬」語，深恐禍及桑梓，故不自認邑產，仍借登第籍言之。然我秦自宋龍圖公諱觀以高郵進士起家，世籍維揚。至公大父傈使公諱知柔避宋末兵亂，始渡江，卜居滬瀆，卒葬上海淡井廟北。公父鹺使公良顥葬上海長壽寺西。公生卒亦在上海，葬祔父墓。公書祝大夫碑，上海知縣，名挺。自署邑人，其爲上海人無疑。乾隆間，胡志熊南滙志始據宗譜改歸土著。李林松上海志、宋如林松江府志均從之，足訂史誤。惟譜稱公拜書入朝，屢官不受，史乃云授侍讀學士，改待制，旋爲治書侍御史，出知隴州。陸文裕深豫章漫鈔云，嘗爲翰林學士，又爲待制，又爲治書御史。李易園集遂曰「待制之仕明也」。史文確鑿可據，而子孫蓋諱言之，譜故深没其文。噫！士君子生逢易代，致死無二，理之正也。然亦爲有官守者言耳，若公以間曹歸故里，與有官守者異矣。一旦遇撥亂反正之主，再三禮聘，即出爲知己用，亦王珪、魏徵故事。同時劉誠意伯基其人也，此何足諱？且使公果受明官，誰得掩其迹？子孫顧私其註傳，適足自玷耳。或謂洪武三年，公與御史中丞劉基主應天鄉試，見南國賢書，似仕明有據矣。不知明初主試，例由疆臣禮聘，宿儒非朝命也。孫承澤益智録載：「沈夢麟爲元武康令，入明五主閩浙鄉試，又同會試。滕克恭爲元學士，入明主河南鄉試。」皆不受職，以舊銜從事。公之典試京畿，正此例焉。李氏又譏譜載扈從擁翠亭，給筆札賦詩一則，謂彌縫之未盡者。夫扈從賦詩，特明祖召見時事，此如楊維楨、汪克寬、趙汸等，皆以元儒聘修元史，而不受職相同，李氏必指爲文學侍從臣，拘矣。大抵明史據横雲王氏稿，王稿據前明實録紅本，其紀諸階由明祖命官之史，但録廷諭失誌公辭職之實耳。抑洪武實録成于永樂，尤多私意删改處，坐使公。入明始末不大白於當世，而子姓式微，無有能訟其非者，後遂沿爲故實，未可知也。間嘗据譜訂史，其誤更不一端焉。史曰仕元，累官至福建行省郎中。案：公卻聘書，云至正十四年，朝廷改除延平路總管浙江，達丞相，便宜除理問官。公銘横雲山王文澤墓結銜云「奉議大夫、前行臺侍御史、延平路總管兼管内勸農事」，公書祝大夫碑會稽楊維楨撰，在洪武元年八月。叙銜云「亞中大夫、延平路總管兼内勸農事」，是公仕元官階實不止郎中也。又考高密縣城，元至正十二年縣尹秦裕伯重築；高密縣學，縣尹秦裕伯建。見膠州先賢祠、元高密尹秦裕伯碑記，並見山東通志。是公嘗作尹高密也，史譜均未叙及。且祝碑書於洪武元年，公於上年入朝，使果迭受明職，斷無不書現官，反書元官之理。此又一明證也。史曰：避地上海，養母卒，居喪盡禮。張士誠據姑蘇，遣人招之，不納。案：公遭母喪在至正二十五年十月，史載士誠於至正十六年二月入平江，至二十三年自稱吴王，招公當不出此數年中。公卻聘書云「至正十四年甲午，避地來居松江，老母唐氏年及八十，其時平江張氏兩次遣人招賢，固辭不允。至二十五年乙巳十月十八日，老母棄世。」据此史叙士誠之招在母喪後者，誤矣。史於吴元年第曰命中書省檄起之，至洪武元年乃有手書諭之云云。按譜録明祖聘書書末一紀吴元年正月，其二、其三均紀吴元年四月，「海濱好鬭」數語即在吳元年初聘書中。考吳元年丁未，實元至正二十七年。其年正月，吳淞江路守將王立中以城降明。四月，徐達分兵循下嘉興旁縣，聘公正在其時。至明年，洪武改元，始克福建，取廣東，破元兵，洛水北、河南降，而吳元年聘書第曰「淮江半歸，八閩遂定，兵攻汴梁，進取河洛」，語殆時方命將出征，北定中原，故特揚厲其辭，聳人觀聽。公初卻聘書第曰「淮江之南，民物各得其所」，不舉閩、廣、河、洛者，據實言之也。又公書首稱曰皇帝，末仍曰吳王，時雖帝制自爲而位號未正，故稱謂不一。史載手書於洪武元年，亦誤。曹一士上海縣城隍神頌序已獻疑及此，故其小靈臺詩云「何年丹詔起孤臣」，疑明史紀年未的也，又云「固應忠孝作明神」，著公實未仕明矣。特未敢顯攻王史稿之失，故頌中叙公出處，仍用其文。南滙胡志謂史載大名人，已失實，故傳並從譜。易園集譏其信譜而未見史實，則李氏自漏讀胡志按語耳，並非纂南志者未一見明史也。且史可信，譜不可信，嘉慶上志何亦據譜改流寓爲土著耶？不特此也，史謂公出知隴州，卒於官；譜謂命官待制，以母制辭。按公於乙巳十月喪母，計吳元年丁未正在制中，若洪武元年則服已闋矣。據明祖第三書「母喪在身」語，益信明祖之聘與公入朝確在吳元年，而非洪武元年矣。洪武六年卒，嘉慶志則云「知隴州，以疾辭，歸數年，卒」，不全從史，又非譜語。李氏亦自覺語之罔據，遂於傳註引秦氏譜，並添「設曰入朝爲待制，出知隴州，致仕，居長壽里」云云，將以駕誣於譜，而自實其説，殊不思譜有是語，易園集何云「待制之仕明，譜没其文」

耶？此其一人之説，騎墻矛盾如此，殊可笑焉。至陸慶循嘉慶志修例執以文裕所考爲確，則嘗有以折之。文裕云，裕伯文章今間見於元文類中。考文類係蘇天爵編，所録以仁宗延祐爲限斷，不及至治以後，公登第在至正初，例不入選。今檢文類，並無公作，失實一也。又云「牐港有裕伯題橋」，按橋今在周浦塘内北岸，南去牐港二十里，文裕以邑人言邑境，涉筆便錯，其他詎可信耶？明儒疏於考據，而好杜撰故實，正不獨楊用修一人焉。嘗讀王憺字士悦，居下沙，順治庚子舉人。尊鼎堂詩鈔，有弔元秦行省墓七律云：「山河故國重欷歔，萬里逃名海畔居。新主屢裁五色詔，逋臣不受兩朝糈。心馳塞北行臺久，身老河南待制餘。今古玉埋龍浦上，柏翳里後孰旌閭。」同時王允成字健園，亦下沙人。山窗雜詠亦有是題詩云：「食禄元朝幾十年，有明聖主遍求賢。已甘隱豹辭三聘，決不分珪事二天。自昔丹心懸日月，至今白骨照林泉。試看歲歲如煙草，樵牧何曾到墓前。」二詩皆能爲公辨誣者，大抵義不背元公之素志也。顧其再卻聘而終入朝者，蓋明祖以僞張故，屢欲甘心吾民，使公堅拒不出，或如龔霍之伏劍仰藥，尤足犯其猜忌，謂吴民皆不我用，必激成屠戮之禍。曹氏論公起而應詔，所以釋主疑，明民志，不惜一身之去就，爲國人請命，誠能窺公隱者。不然士誠嘗兩詔公矣，公能拒士誠于先，至七十垂白之年，顧改節易操乎？或又疑四月之中，手書三賁，求公急矣。公既入朝，又豈肯任其辭職？不知帝於是年方議討北方，公在南中，或恐乘虚起事，故亟聘以出之。至公入朝後，帝有以喻公志矣。且天下業大定，帝度公知機士也，故徇所請以博優容義士之名。然讀三書，其名延以禮，其實劫以威，末年忮刻之端早兆於此，視漢祖之待商山四叟，何如哉？嗚呼！明社久屋矣，而公之名獨耿耿不可滅，使非樹立有真，烏能至是？榮光跧伏草野，不獲昌言於朝，正史誤以顯。公一身大節，特博採其可徵者明辨之，俟表微之君子論定云。

# 沈氏宗祠記

南邑沈氏，始籍嘉興，自元參軍諱維四避亂來隱，撥賜莊子，分居腰路、沈莊、毛灣，而沈莊支特盛，有天帶橋、沈東橋、夏苗洞、召稼樓各房。顧宗祠遠在腰路，道光甲午參軍十三世孫太學廷僚始鳩族人，别建祠天帶橋北岸，前後十餘楹，供宗祏外藏器宴族，暨庖湢祠丁之居咸備。榮光按，周官：「大宗伯以祠春享先王。」春秋公羊傳：「春曰祠。」説文：「品物少，文詞多也〔二〕。」祠本祭名，借以稱廟，自漢始。司馬光文潞公家廟碑云：「先王之制，官師有廟，秦尊君卑臣，無敢營者。漢世多建祠堂於墓所。」是也。大清會典：「品官家於居室東立家廟。」按品爲差，通禮

〔二〕 文詞多也 「文詞多」，説文解字作「多文辭」。

同。吴氏吾學録曰：「稱家廟，必品官方准，士庶家合族人立宗祠。」今稱祠，誠合制。顧嘗論族祠，禮凡入祔者，宜别製栗主，大書第幾世某支於銜諱上以别派，即附書配某氏於下以合享配。未卒者，空其字俟填補。先卒者俟夫，故并祔，不得奉私。家主入祠，亦不當夫婦各主，致有翁姑叔嫂並坐之嫌。至方侍郎苞不爲婦人立主，袁放、盧文弨輩非之，質諸沈氏祠，知有合否？抑張氏永詮先祠記曰：「祠堂，敬宗者也。義田，收族者也。無祠堂無以妥亡者，無義田無以保生者。故祠堂、義田並重。」陳文恭宏謀撫江西，勸民公祠内捐社倉，聽族人借還，免息以贍族，謂有義倉之實惠，無流弊。沈氏多有餘樂善之家，盍次第舉行之，庶可久，更可大。昔朱文端軾與族人書曰：「吾鄉連歉，族枵腹者日得米數勺，可不死。計歲一石，可救一人。富室閉一石，不發一人，死閉十百；千石不發，十百千人死。」然則廩庾中皆堆積死人皮骨血肉也。夫省一酒食、一交際費，可活幾人；省一簪珥，一布施僧道、禮拜神像費，可活幾人。以活人糜費，是合人皮骨血肉爲豪舉也。粟者，天生以活人。偶寄吾廩庾中，竊據活人者，轉殺人，必有奇禍近於身。遠於子孫，是廩庾中非堆積饑民皮骨血肉，實堆積身及子孫不測奇禍也。救災恤患，途人不容已，況一本耶？其言絶沉痛，絶警悚。榮光承委作記，無以益諸君，謹條舉所聞資法戒云。

# 上邑七圖免役周浦塘記

周浦塘本南匯漕河也。雍正二年，析上海東南境置南匯縣。廿一保在浦東者，轄圖十有五，撥南三圖、北五圖入南匯，七圖居其中，獨仍舊貫，承邑諸役，雖坐落周浦塘兩岸，而役不與焉。光緒庚寅夏，我陸侯由江寧任來權縣篆。先一年，南匯移協周浦塘，七圖稟蒙藩司衙門、水利總局，飭議未覆。會侯來，榮光偕諸生耆諣訴曰：上海通縣派工者，有吴淞江、蒲匯塘、肇嘉浜、劉河、海塘五，役役重於他邑。若七圖增周浦塘，役獨有六。此以本邑相形，見偏重焉。南匯通縣派工者，唯周浦塘、吴淞江、海塘三役，較上海本輕。洎稟免吴淞，厥役倍輕。今復將周浦塘派七圖，役外增役，此以南民相形倍見偏重矣。查雍正四年，南匯初次浚周浦塘，壩築上境題橋市，七圖無役，見南匯縣志。其證一。乾隆四十四年、嘉慶三年、十三年、廿一年，南匯四次續挑，一遵成案。其證二。至嘉慶廿五年，南邑移壩陳行市，變章派役，七圖控奉府飭南匯完浚。其證三。後道光五年、廿三年，南邑迭次牽扯，七圖被累實深，然迄未協。其證四。又查嘉慶廿一年，南董周國藩稟免吴淞派役案内，聲叙南匯周浦塘，上海獲沾水利，因分界已久，本境情願獨辦，並不派協經南。今通詳立案。其證五。迨同治十一年，南邑詳准永免吴淞案内，仍鈔嘉慶間獨辦周浦塘原案援請。其證六。夫一周浦塘也，南邑圖免吴淞，則願獨辦之。既免吴淞，即飛派焉。七圖不受派，許以協還吴淞，詎得貼費，便責七圖永協。且同一成案也，南邑於吴淞准鈔援之，獨七圖於周浦塘必概抹之，矛盾多端，難稱信讞。再查南境百五十六圖，前派七圖周浦塘土三千四百餘方，以此項土攤令南境均挑，圖不過廿方零，實屬衆擎易舉，顧責七圖於五重役外，圖增土五百方。南邑並非獨力不支也，特欲拖累七圖，使民不聊生，供其快意耳。水利總局燭南董逐層取巧之奸，鑒七圖役重苦累之實，批免周浦塘，公允之論，良宜遵奉。並由榮光繪圖貼説曰：以同保論，南三北五圖頂浚周浦塘者，免派吴淞。今七圖頂浚吴淞，則周浦塘一當免。以同縣論，浦東廿四保承浚三林塘、楊溜漊者，准免蒲、肇，令七圖仍復遠道，赴役蒲、肇，則周浦塘二當免。南匯額田六千五百七十頃，同治至今一浚周浦塘，土八萬九千方，除派七圖三千四百餘方，實挑八萬五千數百方耳。上海額田六千八百五十頃，卅年中兩浚吴淞，土卅萬方，兩浚蒲、肇廿五萬方，劉河、海塘各費在外。現徵吴淞工費六萬八千五百千，上役特重，則周浦塘三當免。上海未分南匯前，凡蒲、肇、劉三役係全境三百七十圖均派。自分南匯，撥去百五十六圖，此三役者，遂歸二百十四圖獨頂，厥役倍增。自南匯借獨辦周浦塘名，規卸吴淞，邑役頓增二倍。若七圖再協周浦塘，獨增三倍役矣。一優免愈多，一苦累愈重，則周浦塘四當免。俟閲稟圖，覆檢檔卷，慨七圖受屈深也，准予據稟各憲，并申請曰：「自雍正迄同治凡百數十年中，八浚周浦塘，皆南匯獨任。有兵燹前府署印卷可憑。同治五年，七圖協貼周浦塘洋銀八百四十圓，時王前令與南葉令將董秦繡彝衣頂詳革押辦，又給七圖印諭，許以南邑將來照數協還吴淞，後竟背之，是始驅以刑，繼馭以術，不得謂應行協浚正宗。同治六年，葉令調任上海，自會南滙羅令，詳派七圖永協，雖奉各憲照准，七圖未具甘結，相持廿餘年，訟根不斷者，職是故也。夫以百數十年來，未經派役之河，一朝令協，必須情理兼至，庶使勞苦無怨。原詳但據沾利爲言，亦思前此百數十年中，同一沾利，何未派役？緣七圖與南滙同在浦東，南滙已分，凡不沾利之劉、淞、蒲、肇，無須與上海同役，七圖仍舊。雖不沾利之劉、淞、蒲、肇，均須與本境同役，南役獨輕，七圖偏重。周浦塘關南滙全局，向章歸其獨辦，實藉稍均勞逸。現在七圖役重如故，忽改百數十年舊章，令協周浦塘，輿情難洽。且吴淞江與周浦塘今年並浚，欲七圖獨趨兩役，力更未逮。水利總局批免七圖協浚，尤未便拘執原詳。仰祈鑒核定斷〔二〕。旋奉局批，上海七圖不應協浚南滙周浦塘，人所共知。惟昧於事情，獨逞己見者，不能辨是非曲直。該令反覆申論，理正詞嚴，而又不自矜張，洵屬無愧民牧。撫批云：「該縣七圖既在周浦塘下游，又非南滙所屬之地，從前詳令協浚周浦塘，本屬非是。」督批

〔二〕 仰祈鑒核定斷　「核」，底本原脱，據原碑補。

云：「該七圖有吴淞江、蒲匯塘、肇嘉浜，役務不爲不重，從前議令協挑周浦塘〔二〕，本非持平之論，應照舊章，歸南匯獨辦。」七圖聞知，恍撥雲霧而睹日星，出水火而登衽席，感激涕零，萬口同頌。而侯慮七圖邀免，於今後仍拖累也，甘屈己以睦鄰，議准由官捐協。稟奉水利總局褒稱煞費苦心，爲令賢牧令。明年春，侯將回任江寧，復墊銀四百圓，移南發典生息，充日後挑費，並會南銜，給示勒石遵守。由是從前訐訟之根絶，後此派累之憂免，計周慮遠，信乎賢矣。榮光溯曩者七圖被屈之由，一由李前府銘皖批稱：「今昔情事，不同沿革，因時而變也。」一由王前縣宗濂不檢舊章，誤准南匯主稿詳協也。一由楊前府永杰袒南匯而譎七圖，勒合貼費也。及葉、羅兩令會詳，藩司覆准，幾於鐵案如山矣。是役也，向非各憲有從善轉圜之美，未必遽允侯請，然非侯積爲民請命之誠，豈易信孚各憲？榮光夙聞里父老言，當嘉慶季年，南邑頻借撓工礙漕，激怒大憲，壓制七圖，幾不得直矣。時則力援成案，頂詳以免七圖者，實維定海葉侯機焉。七圖實利賴之。侯今此舉，其利賴七圖也尤永，而方事之殷，凡南邑恫疑，恐喝謗誣七圖特甚，他人當之，鮮不張皇回惑。侯獨不動聲色，從容談笑以應之，卒摧其角距，俾就我範圍，厥功既衆著矣。而中彌退然，言彌吶吶然也，大勇出於至仁，成功居以謙德。方昔定海葉侯，僉曰過之。彼糊塗如王令，偏私若李、

〔二〕　從前議令協挑周浦塘　「從」，原碑作「以」。

楊二守者，其居心何大相反哉？侯名元鼎，號春江，浙江仁和人，甲戌進士。署縣未期年，善政不勝枚舉。而免役周浦塘一事，尤侯之大有造於七圖者。榮光親歷其艱，稔悉原委，謹掇拾記之，藉送侯行，并刊諸石，期不朽云。

# 記錢塘沈氏一門七烈事

沈氏世籍錢塘，其舊居在杭城某處。咸豐十一年十一月，粵匪陷杭城，沈氏一門婦女童稚與難者凡七人。光緒十八年，刑部郎中陸學源具呈禮部，行查原籍，事實相符，准予建坊旌表如例，竝分別入祀節孝、忠義祠。十九年四月，始招魂葬諸仁和縣之張家園，翰林院庶吉士山陰湯壽潛表其墓曰「一門七烈」，備勒名氏于阡。嗚呼！誠可不朽矣。烈裔沈紹勳就榮光求文記之。榮光按古文義法，非史官不得爲人作傳，謹據事實記其詳曰：七烈者，一即紹勳母節婦徐，議敘六品銜，候選宣課司大使，仁和徐徵女。年十七歸沈觀淮爲室，六年而寡，撫四歲孤。紹勳矢守凡十一年，城陷賊至，投屋後井中，傭嫗壽氏救之，不肯起，竟死，時年三十二。一觀淮兄議敘職銜沈觀瀾妻節婦王，同邑王心誠女。咸豐元年，觀瀾病故，撫六歲孤紹麟與姒徐同居守節。城未陷時，妯娌相勵以死。賊至，見王年老，捨之，擄紹麟去。王氏抱救，賊露刃劫之，駡賊，被害，時年五十有二。一即紹麟，時年十有六。先是，母命他避，泣曰：「母在城，兒不忍去也。」及遇賊，迫脅同走，母子相持不捨，賊威劫之，母因罵死。紹麟痛哭奪刃，賊並殺之。一沈紹聯，即觀瀾弟觀瀑長子。觀瀑在京充方略館供事，紹聯依伯母王以居。賊殺伯母及堂兄紹麟，情急哭罵，亦被賊害，時年十有三。一沈紹烺，亦觀瀾弟觀霖次子。幼慧，善讀。年十有二，已卒業十三經，時有千里駒之目。觀霖先在蕭山督練，殉難，父母雙亡，伯母王督撫之。城陷，被擄至撫署，通江橋賊置諸橋上，別擄他孩。紹烺乘間哭走，賊追殺之。一沈紹康，即紹烺胞弟。見兄被擄，痛哭力持不放去。賊怒，先殺之，年僅九齡。一女沈雲姑，紹烺同胞妹也。依叔母徐即觀淮妻以居。城陷，徐投井殉節，姑欲隨入井。賊挾之去，雲姑痛哭不已。賊殺之，投屍於井，年亦十有二。榮光曰：嗟乎！七烈者，兩寡孀，五孤兒，就使身不遭難，遭難而不被賊殺，已屬天下無告之窮民，天顧摧折之，使并不得延殘喘也。誠哉，其大不幸已然！吾聞杭城陷時，殉難男女殆不下數萬人，其名磨滅不彰者，何可勝道？獨七烈焉，墓表之，祠祀之，官志、家乘更大書特書之，使其臨難大節一一炳著在人耳目間也，非不幸中之大幸歟？韓子曰：「莫爲之後，雖盛不傳。」七烈信奇偉，乃紹勳之有功。七烈者，尤不小焉。否則荒烟蔓草，肉腐骨銷矣，孰知沈氏一門有七烈也者？榮光於是憑弔烈魂，益嘉歎紹勳不置者以此。紹勳號竹礽，幼擄於賊，旋入洋將華爾營中掌度支，論功當得官。華爾歿，棄去，習賈滬市，静默自守，處脂膏不潤，而訪先塋、葺宗譜事獨不憚煩難，有隱君子風，例得附書。

## 雪山記

將欲峰巒聳庭，巖岫臨砌，則必鑿石山中，斧聲丁丁然，輦致歷十百里牛馬之蹄，穿佐以人力，肩踵流汗，邪許之聲雜然。甚矣！山不易得而爲也。今年冬，大雪兩日夜，平地厚二尺餘，兒輩創見喜甚，議於廳事前，疊一山，百指并力，不畏沾濕，并忘寒冷，取前後庭雪畚之掃之，運致一處，力不足，復呼傭豎作將伯之助焉。半日許，積累漸高，隆然具體。顧有山之材而厥形不肖，余嗤之，爲物示梗概，遂乃削其趾，穴其腹，突兀其巔，使一峰峭蒨，復迤邐屬之，有若連岡複嶺，忽高忽下，不平不實，觀者咸喜笑駭詫，謂居然一山焉。既畢役，余進兒輩訓之曰：「汝知爲山矣，抑知讀書作文之道不外是乎？夫其儲才也，務富致力也，必果始基立矣，然不有人，焉助之？獨學無友，亦終孤陋而寡聞耳。俄而繼長增高，自謂嵯岀可立，就顧卒不邀人賞鑒，則私心自用之咎也。時又賴賢父兄焉，抉摘疵類，因勢利道，釋厥回以增厥美，始幾有成耳。然父師於此中利弊，但能口講之，指畫之，要不獲執其手而代之爲，則仍在學者自用力焉。若或半途而廢，有初鮮終，是真爲山九仞，功虧一簣，可勝惜哉！」爰亦爲記，俾取鑒云。

# 致陸春江大令書

竊維朝廷設官，凡以爲民也，而與民最親者，莫如知縣。知縣得其人，則一縣之事舉，而民胥受其利；失其人，則一縣之事隳，而民胥受其害。利與害間，知縣之關繫一縣也，豈淺鮮哉？往者川楚教匪暨粵匪兩發，大難擾及數省，勦歷多年，始獲蕆事。乃其禍，皆由知縣召之。而嘉慶間，天理教匪林、李謀逆，滑縣知縣强忠烈克捷先破其奸，賊失期約，倉猝舉事，得易撲滅。若是乎，知縣之得失，豈獨一縣利害繫之，抑亦天下治亂由之。榮光嘗謂，知縣七品官耳，然事權專於督撫，選材綦難，直與宰相等。士之負才學而志在用世者，内不得爲宰相，外不得爲督撫，庶唯知縣一官可獨行其志，而速見功於民物。國家定例，知縣或由舉人截取而得，或由拔貢朝考而得，要以進士即用爲正班，蓋宰相須用讀書人，不讀書人并不准其爲知縣也。乃自軍功保舉之例開，而知縣一途漸雜，自減成捐納之例開，而知縣一途愈雜。吾上海自同治初元，閱今幾三十年，歷任知縣均由保舉捐納得官，無有一舉貢出身者，何論進士？嗚呼！以不學無術之徒肆然爲民長，上非貪酷爲能，即顢頇了事焉爾，此吏治所由日壞，民生所由日困者也。顧不進士之知縣本少循良，而進士知縣亦未必盡著政績。憶咸豐季年，太康劉侯郇膏以名進士爲縣父母，首減折漕之價，賓禮文士，特至民用大和。俄值蘇、松盡陷，城以外即賊蹤，奸細流民混雜城中，多至不可究詰，而西商復乍陰乍陽，與我離合無定，此其勢可謂至難。侯則鎮之以静，糾之以猛，痛獮薙積惡，土匪以絶内綫，而外匪遠屏，屹然城完。迨今相國合肥李公航海濟師，遂以瀕海一隅爲恢復江蘇全省之根本。侯旋擢藩臬去，民懷其功德，籲請建祠報焉，誠進士之明效大驗也。然先是數年，有姚令輝第者，亦進士焉。任縣二年，他無劣蹟，唯不忍猛而寛，遂養成紅巾之亂。謝事甫閲月，而難作矣。署任錢塘袁公被戕民，死難者逾萬。歷二年之久，用數萬之兵，僅克平之。進士不勝任知縣，幾爲世詬病，非姚令累之歟？是則進士知縣猶未可恃，必才識幹練如劉侯者方不愧耳，然而久不睹此風規矣。伏維明府起家進士，出宰江南，歷任繁劇，行且擢官。州牧制軍撫軍慎重，海疆要缺，爲地擇人，特奏調公屈令吾邑。邑民聞公來，良懦者喁喁焉，如嬰孩之投慈母，謂公仁必能愛護我也；惡暴者懍懍焉，如頑徒之遇嚴師，謂公明或將重處我也。榮光則私心大慰，謂三十年來，所願見不可得者，今乃於公遇之。且以公循聲灌耳，則太康劉侯之惠政，度公才自優，爲既下車，而稽志乘，咨父老，具悉歷任知縣之優劣，彼縱惡釀亂如姚令者知，早引爲殷鑒，無俟榮光鰓鰓焉過慮矣。顧有懷欲陳之者，邇來州縣長技，遇訟事好駁斥原告之愚懦者，謂可省事。必其人争辯不屈，投控不休，始准理之。抑知敢争辯者，半屬刁猾棍徒，屢投控者，或由訟師唆使其人，未必真抱屈也。真抱屈者，性多愚懦，一駁之即不能置辯，一斥之即不敢再控，從此向隅暗泣，覆盆永沉，莫邀遭雪而犯事者，獨志得意滿焉。故横者日横，苦者日苦，横者黨日盛，苦者勢日孤。弱之肉，强之食，良可歎矣！至遇盜案，每捎勒失主，使改爲竊，否則罪其虚報多贓，先盜治罪。夫報贓不實，較諸持械强搶，罪孰大乎？未罪盜，先罪失主，期諱盜免參罰也。然從此盜膽愈大，失主之膽愈小，至有被盜不敢報案者，恐遂弄兵潢池，養成大盜焉。若遇命案，先恐喝屍親，使認自盡，竟驗白屍，否即罪以誣報人命。夫命果誣報，反坐奚疑？苟防緝兇難獲而被參，或慮解犯費大而怕辦，是欲保我功名，忍使死者寃不白也。是爲惜吾費用，坐使正兇罪不究也。殺人者，尚邀開脱，彼豪暴之徒，更何罪不可犯，何惡不可作乎？凡此數端，官場每習爲故常，而在地方風俗人心，實貽害甚大。然爲此者，非盡才具短拙之咎焉，蓋有極通明極果藝者矣。惟心專用於迎合上司，遂不肯一用心於辦案，力專用於圖飽私橐，更無暇一用力於理民。嗟乎！儒者讀書一室，蒿目憂時，謂他日得志，古循吏傳中行事，非異人任也。一旦志得可有爲矣，則又以身家之謀切頓，淡其爲民爲國之心，有空言，無實效，儒者大抵然耶。榮光願公一雪此言，本仁人君子之用心力反風塵，俗吏所爲焉。榮光向竊慕經世之學，其於吾邑農田、水利、政俗、民情，尤所留意。自以忝附士林，兼董鄉局，凡屬地方利病所在，恒恥自同寒蟬。顧老困一巾，人微言輕，罕見施用。幸來福星，敢貢其説如右。明府倘赦其狂愚，察其諒直，不以爲忤，誘使盡言，榮光將畢吐平生所知見，効愚得以上供芻采，不唯一獻書已焉。冒瀆尊嚴，曷勝惶悚？暫遲造謁台階，有澹臺氏，非公不至之例在，並希鑒諒不宣。

## 賀陸春江觀察由廣東惠潮嘉道遷江蘇督糧道書

江浙賦額，甲於各直省，而蘇、松、常、鎮、太賦額尤甲於江浙。雖經同治初恩准量減，然京通各倉仰給東南者，仍推四府一州所入爲大宗。督理糧儲道一缺，兼轄五衞備弁，放給旗丁行月各糧，千頭萬緒，任大職重，而自河運改海以來，萬里海程，歲一往返，濤風歷險，勞苦倍前。光緒乙未之夏，我春江陸公先奉旨授廣東惠潮嘉道，未赴任，旋改兹缺。廣東在今日，最爲南洋重地，其惠潮嘉道，界閩近臺，轄廳縣凡二十有四，亦一要缺也。然利害第屬偏隅，豈若今職之催趲重運，灌輸神倉，於天下大局，尤攸賴也哉。公本浙江名進士，作令江南十數年，中歷任繁劇，循聲卓著。大吏登諸薦牘，非一次矣。今果異數頻邀，從此扶摇直上，由陳臬開藩以任封疆，直指顧間事耳。顧東南民力竭矣，昔司馬温公目鮮于轉運爲一路福星，公實當代之鮮于也。必能於取民有制中惻然以恤民爲心焉。福星其照我三吴一路乎？乃榮光則更有願焉。當今最苦民者，唯釐卡數里而遥，半日之程，一再抽查，例外科税，而又留難阻滯，坐失潮候。甚者誣爲偷漏，罰輒十百倍。雖疆吏防弊綦嚴，然卡司作弊彌巧，究竟充私橐者多，入公家者少，徒使朝廷斂怨於民，甚非所以培元氣也。榮光嘗謂減漕額而增卡蠹，陽與民者一，陰取民者百，欲民無貧不可得者，是矣。又鹽捕營之設，以緝私也。乃光蛋大幫，過非畏避之，即賣放之，而遇良懦商民，反託光蛋而肆掠焉，光蛋復冒官巡而强劫焉，商民茫然莫辨。其爲官巡爲光蛋也，飲泣吞聲，冤無可訴，則何如？竟裁鹽捕營，使光蛋無可冒充得安商旅歟？一一者大爲民害，怨毒所積，後必釀成奇禍。公今日職守尚未得爲，然榮光度公必有得爲之一日焉，特預陳之，冀公早留意爾。嗟乎！近廿年來，各直省吏治日廢弛矣，闒茸之徒既安於無能，不自奮拔，一二貪猾者流更謂廉吏不可爲，但博督撫之歡心，便晏然久居民上。命盜巨案，且置不問，更安理詞訟乎？如公之治縣焉，實心辦事，但知有民，不知有身家者，鮮不目笑爲愚，豈知皇上知人善任，明見萬里，今日之迭次超擢正録公嚮者，治縣賢勞耳，然則當世爲州縣者，亦可以聞風興起矣。榮光既頌聖主得賢臣，而尤幸各直省吏治得公此擢，樹之風聲，實有挽回廢弛之機焉。此私衷所致賀者，關繫良大，固不僅在一官遷擢云。

## 致奉賢朱昂若孝廉家駒書

往者老友康田藍君每指數浦東英俊，必首推先生，恨咫尺千里，未獲一御龍門。康君遽悲宿草，翹企南雲，悵歉奚似。中國自羲昊迄今，易姓數十，有滅國而無滅種。何料白種西來，始蠶食，繼鯨吞，我轉反主爲客，彼竟舐糠及米。試以波蘭、埃及例之，四百兆黄炎之子孫將盡爲黑奴之續矣。近來熱心世界之志士，大聲疾呼，抱此懼者，良有以也。無如頑固之滿人，聾聵之政府，甘投肉以餧虎，憚嘗膽而卧薪，清歌漏舟之中，痛飲焚屋之下，真所謂衆人皆醉，一國若狂，遂激而談革命，講流血，則禍愈烈，情愈可悲已。僕悟舊學之所習非所用，不得不采新法，爲救時良藥，既絶望於上之有以保全我，不得不亟自謀保全於下。謀保全在務自强，務自强必結團體。團則力厚，團則心堅，古稱衆志成城，俗謂衆擎易舉，皆團效也。然蚩蚩之氓見近而不見遠，知因而不知創，能和而不能倡，則責任全屬我輩矣。我輩既忝爲一方表率，便當致力於義務，自私自利之見不可有，同胞同與之念不可無。開學堂，習武備，課工藝，此三者，教養之資，富强之本也。而廣設蒙學，勸戒洋煙，收課流氓，尤屬開辦三者，當務之急，願我同志有力者勿吝財，有才者勿辭勞，怨盡一分心，必收一分功效，爲地方謀即爲我身家謀。昔程明道令學者先讀西銘，范文正做秀才，便以天下爲己任，從可信大儒理學名臣，經濟不許人爲自了漢焉。僕連年多病，老態益增，然一息尚存，壯心未已。學堂已開，現習武備，天假之年，必將手創一院，名曰「課勤」，收流氓而習以工藝，願師移山之愚公，誓不效於陵之仲子，雖以是見笑於時人，蒙謗於匪類，所不悔也。賢昆玉年力並盛，才學兼長，既擁厚貲，更負重望，倘能切桑土之綢繆，合梓鄉而保衛，是猶駟馬駕輕車，就熟路，而王良、造父爲之先後也。僕雖老，願緩須臾無死，樂觀厥成。

# 外舅張惠簃先生家傳

先生諱兆熙，字占泰，别自號惠簃。八世祖南喬公，由吴縣莫釐峰遷居周浦鎮，遂爲南匯人。曾祖正符公，諱元裕。祖秀賢公，諱書升。父聖臣公，諱廷林。三世並太學生，以篤學好善稱。先生少敦敏，制舉業，得同里姚明經諱琛真傳。弱冠遊庠，既壯食餼，前後學使如湯公金釗、辛公從益、朱公方增、龔公守正尤世稱衡文巨眼，先生均邀識拔歲科試，常前列。最後應咸豐丁巳科試，年垂六十矣。學使李公聯琇搜遺，得先生卷，大賞之，置第一。先一年，上海廩生賈履上亦以遺卷經李學使，搜置第一。上、南鄰境，兩公文本齊名，至是並以搜遺拔冠曹偶，闔郡傳鈔其文殆遍。兩公之老於文律，能邀學使。知學使之勤於披閲，能不失名下士，一時稱爲兩難。而兩公即於其年考准歲貢。天下事無獨有偶，尤增士林中一段佳話也。先生既早負文譽，遠近富室争欲延課子弟。公以上有重慈須親奉養，一不就，家居授徒，隨材施教，著弟子籍者甚衆，名與師姚明經相埒。尤愛才生有以貧廢讀者，輒蠲其脩脯，並時賙之多成就者，朱明經作霖其一焉。先世本素封，至先生已中落，逾冠即遭聖臣公喪，卜葬兩世考妣暨叔弟共七柩，並爲祖母、李母劉榮生壙，遺嫁姊妹三人，又中年悼亡、續絃，備殫心力。道光甲午，居宅延燒，先生以縣試保結赴城，故尤蕩焉泯焉，都付一炬。先生自徙居別業，晝課耕，宵課讀，廚無餘糧，室無餘被，晝增一客膳，則己減一飯，宵來一客宿，則身藉稻草而卧，辛苦萬端，而束脩外不妄取人一文錢。戚族告貸不獲辭，恒脱衣質錢應之，而躬自忍寒。其安貧耐苦也類此。先生本有弟，諱兆勳，嗣叔廷柏後，未婚亡，聘室王氏，守貞母家。先生生長男維垣，即出嗣弟，慰王氏心。迨維垣長，將婚迎，王氏入門，割祖遺田半産付之。中經回禄及他費用，一不派及也。先生嘗四赴鄉闈，兩薦不售。甲午後，奉母劉命，絶意進取。平生絶不與外事，然里有口角争訟，恒居間排解之不少倦。咸豐初，市河淤塞，先生佐鎮董朱設法勸浚。丙辰夏，旱賴是沾，治邑令馮旌贈「澤惠桑梓」額。辛酉冬，粤匪竄至，刃傷幾死，旋遁鄉間，憂憤致疾，竟以同治壬戌閏八月六日卒，距生嘉慶乙未正月二十三日，年六十有四。先生著述遭亂全失，臨終有遺囑數則，今珍藏焉。元配顧太孺人，本蕙圃潘公女，幼撫於邑城太學生諱成順澹園顧公。自顧歸於先生，婉娩盡婦道，道光十年以蓐勞卒，年二十有八。生子維垣，府庠生，出後弟偕震公。女維屏，字姊子三林莊趙光，曾未嫁亡。繼室嚴太孺人，同邑例贈文林郎太學生朗山嚴公次女，丁酉舉人，大挑即用教諭諱宗熙胞妹也。勤儉善持家，先生晚年轉困爲亨，内助與有力焉。後先生十有六年，以光緒己卯九月卒，年七十有三。生子維塏，議叙從九品；維培，府庠附貢生；女維静，即榮光室也。葬市北網船浜十七保九圖張字圩六十六號，二孺人並祔焉。榮光生十年，承以愛女許字。至十有五，負笈游門下四年，嗣後常以館甥得侍先生，未嘗見有疾言遽色。時先生之學養純粹爲何如哉？先生謬賞榮光才，期望之甚厚，而榮光至今困一巾，不克一副期望，爲先生傳，曷禁淚涔涔，連呼負負，無可言云。

# 南匯王鼒伯明經墓誌銘

一縣之治忽，全繫於知縣一人，而知縣一人雖甚聰明，見聞有限，更或來自遠省，言語不通，風俗亦别，一切縣治中利弊益茫然矣。此古今賢令尹端賴有賢紳士焉。單父鳴琴之治，取資父事；武城絃歌之化，收效得人。蓋紳士者，上近於官，下與民親。紳士賢，則造福桑梓焉較易，紳士不肖，其害貽父老子弟也亦深。近世官莫求賢士，多貶節竿牘，叢集於宰室，苞苴濫納於私門，因而吏治日非，民俗日壞，矯其失者，杜門概絶世事，一任土匪肆横，衙蠹舞文，口同寒蟬，噤不發聲，地方亦曷貴此紳士矣？是二者，皆過也。榮光乃服膺鼒伯王君焉。君諱應銓，鼒伯其號也。世籍南匯之古航鎮，曾祖諱朝棟，祖諱煒，考諱晉堦，並有聲庠序，縣志著傳。君胚胎前，光才高邁，種髮逆之亂，創議團練，保衛鄉里，會有陰阻之者，以費絀解散。迄浦東不守，慘招焚殺，論者惜君策不竟用。君逾冠，遊庠。及壯，餼廩，彌自劬學，思博科名，一展用世之略。忽致危疾，輟讀習醫，既自養生，亦以濟世。風雨徒行，靡遺貧困，四旬後代父兄出任地方事，邑令顧侯思賢、袁侯樹勛先後迭委重任焉。君悉心經理，甘任勞怨於解紛息争中，尤以扶弱抑强自任，蓋素志也。最君之功，興水利第一。南匯諸港西受黄浦來潮，渾入清出，尤易游塞，或數年一浚，或十數年一浚，民甚苦役。君承家學，精於估算丈量，老猾吏莫能欺。董濬牐港，周浦塘、王家浜諸河均能費省而工倍然，猶謂非經久之利焉。稟准案畝帶徵，輪浚各支港，港口各築土壩，藉攔濁潮，厥利有四：一則濁潮不入内港，常深一浚，不煩再浚也；一則潮斷水停，底泥鬆肥，罱取膏田，大省餅糞也；一則遇旱啓壩，潮隨牐進，潦從壩上溢出，泄水仍利也；一則支流概斷，潮歸一路，迅不停淤幹河，并可省浚也。榮光憂浦東棉利已盡，而鄉農食米專仰給於他方，萬一米源中斷，必有抱布擁棉而餓死者。籌變棉田爲稻隴，則浚支港，較浚幹河尤急。由幹河但利商旅舟行，支港實資農田灌溉爾。顧建此策有年，未一舉行。君聞而韙之，采用試辦，雖一時未見效，然規畫大定，後來者但實力賡續之，利賴必可百世云。其董積穀焉，平時慎出納，謹蓋藏，猶人所能，惟存積現錢，迭被省憲飭提飭借，官斯土者率奉令，不遑其出全力與省憲争，侃侃然始弗允借，繼必索還者，上海尚有，榮光等南匯則獨君一人也。使所任者大度，君可託寄，不可奪之，節當不僅此矣。君清釐普濟蕩租也，籌墾本，革總佃，期杜中飽以恤極貧，法至良，意至美也。第利藪一空，不便者衆，爲鬼或蜮，合謀撓之，使垂成之功，一朝決裂，君生平恨事獨此爲大。最後有巡鹽攔入内地一役，浦東舊屬鹽場，巡鹽船止准在黄浦梭巡，杜擾害也。從前例案，炳列志卷，而鹽捕營借緝私爲名，時偷入内地，遇肩挑食鹽貧民，没其貨，擄其人，私刑以勒之贖，歲有死於非命者，沿海久苦其害。兩年前，滬北推廣租界，鹽商在新牐添設公堂，稟禁毗連滬江，私販浦東去新聞，遠者百餘里，中隔大黄浦及上海縣城，本風馬牛不相及也。鹽捕左營管帶，添砌浦東字樣，朦請并禁突派數百號槍船，散泊浦東各港汊中，遏搜船貨，乘夜肆掠，上岸鳴鎗，斃男奸女，民情洶洶，幾釀大變。君倡議稟縣通詳各憲，飭撤口外，示諭通境吴管帶，以不逞所欲，旋嗾光蜑踞擾周浦等處，冀以挾制上司，報復私怨，遠近咸代君危，而君不少動。自光蜑抗官鬧禍，官兵四路兜拏，始各鳥獸散。鹽巡之不竟入内港，實君一稟力焉。榮光性懶，寡交游。少壯與君落落周浦塘之役，南官紳以全縣勢力劫制上邑七圖，必使協浚。榮光奮孤掌一鳴，役竟免。君始才，榮光觀濤蕩案，方亟時徐董應聘幾獲罪。君出而圖平反，間就榮光謀，卒脱。徐董書院得不廢，士林多感頌。君今年正月間，榮光請發積穀，將有蘇行。君以光蜑事來訂偕，往時病腫已久，日坐卧一小舟中，行履跪拜，多不便矣。及謁陸護撫，極陳釀亂之源，爲民請命，詞旨慷慨。陸護撫深爲動容，旋有所整飭。浦東不至終亂，亦君功居多。榮光憫君病，留君住蘇數日。君亟欲歸，催浚各支港，曰：「一息尚存，此志不容少懈也。」歸抵松，復陳分辦團圖積穀事於濮太守。及卒也，旋里才兩日耳。以死勤事，實合祀典。韓子稱古有鄉先生，殁而祭於社者，君其人已。嗟乎！自世衰道微，委瑣齷齪者流争利及錐刀，固卑不足道，間或潔身自好矣。然無舉無非自以爲是，考其歸，實鄉愿耳。

設語以尹任天下，禹稷飢溺，猶己之心，鮮有不笑爲狂者，抑知天地萬物，本我一體，宇宙内事，皆吾性分内事也。儒者必當爲天地立心，爲生民立命，惟君壯往具俠士之骨，悲憫存古仁人之心，遇事踔厲奮發，絶不瞻顧禍福利害，推赤心，置人腹，全從一片忠肝義膽中流出。迨生死人而肉白骨矣，泥首感恩者，或涕泣圖報絲粟，君必唾罵怒斥，謂直貨取我也，非當世真英雄真豪傑，能有此胸襟歟？君以光緒二十六年庚子二月初四日，考終里第，距生於道光十六年丙申七月初三日，年六十有五。配樊孺人，先卒。子一：恩治，府同知銜。女二：長適監生程晉蕃，次適州同知銜徐樂愷，季適附貢生張仁庠。孫男一：某；孫女三。君嘗生壙在南邑十九保十九圖天字圩二號田内，癸山丙向主穴。君卒之逾月，恩治以卜葬有期，告且徵誌文，遂銘曰：

截蒿爲梁，楝材斧戕。雷鳴瓦釜，棄鐘道旁。虎縱狼噬，專城海疆。沐猴冠帶，踞坐堂皇。君抱璞哭，讒口鼓簧。厭世五濁，叫天九閶。玉埋地下，血碧如萇。不朽此骨，芝菌蒸祥。

# 故明王蕉雪先生墓碣

嗚呼！此故明殉義布衣王蕉雪先生遺墓也。先生名守信，鶴沙布衣，授徒自給。建文末，聞靖難兵破京師，憤不食，里父老勸之作絶命詩十六首。卒年五十，事見上海、南匯縣志及王氏家乘。咸、同間，南邑諸生顧君顯章館下沙康氏詁，悉牆外古墓即先生埋骨處，並得絕命詩二首，手摹遺像，擬表墓，不果。閱今三十餘年，喆嗣明經忠宣克承先志，倡募葺之。榮光謹題其碣曰：

自世衰道微，綱常名教之説不足破禍福利害之私，於是氣節頹，廉恥喪，臣但享承平庸福，國日少板蕩孤忠。然而天理一日不泯，即人心一日不死，浩然兩大間之正氣。朝士大夫，名卿鉅公，咸靦面失之者，往往獨留一綫，在窮鄉僻壤之田夫野老，或村婦閨女，心中反足樹風節，維世教，直愧死一時顯達者流。而振起百世波靡之俗，先生其尤焉。第由俗見推之身，一海濱村學究，初何與世局？又當日建文、永樂一家，骨肉争帝，雖在立朝守土諸臣，非有事兩姓之嫌，容亦可以無死。先生孤行其志，義不返顧，甘輕性命於一擲也，鮮不目爲大愚。此下沙王二老何苦間闢氣之諺，鄉人猶傳至今耳。嗚呼！此説行而一綫正氣之留在愚夫愚婦心者，恐亦斬焉，遂絕亂臣賊子，從此接跡天壤矣。莊子曰：「君臣之義無所逃於天地之間。」先生豈好爲其難哉？信道篤斯處死決也。韓氏愈頌伯夷，稱一家非之，力行而不惑者寡；一國非之，力行而不惑者，天下一人。至若舉世非之，力行而不惑者，千百年一人耳。先生實近代之伯夷，蓋亦舉世非之，而力行不惑者焉，抑計有書契以來，五千年前，伯夷於天生中不聞，更有一人堪鼎足也。特立獨行之士，豈不甚難能可貴？而韓氏所謂「千百年一人」者，殆猶未滿量之言歟？先生後裔無可考。明經追表其墓，借以風勵當世，是使頑夫廉懦夫，立長留一綫之浩然正氣在人心，其有關世道甚大。

銘曰：

天柱可折，地維可絶，惟此天經地義不可滅。香萬古兮墓中骨，碧一色兮墓中血。立天地心仗一烈，齊天地壽留一碣。

## 策問理學宗派程朱而外有陸王子美子壽之與子静陽明之與三陸其學術造詣亦有異同否試詳晰而論之

孟子曰：「道一而已。」堯舜相傳之道，集成於孔孟。孔孟所傳之道，集成於程朱。無二道即無二理，董子所謂「天不變，道亦不變」者，此焉，安得有異同哉？第理學之名至程朱而始，創有其名，即有争軋是名者。程朱之言理學也，必以主敬實踐爲先。陸氏則執「尊德性」之説，既迭與朱子面相詰難。陽明王子出，復倡「致良知」之説，衍陸氏餘緒而顯與程朱樹敵。二者皆理學中異派也。究之王之與陸，開山嗣法，宗旨同而持論微異，即子静與子美、子壽一家兄弟，自相師友，乃持論略同，而造詣復各異。以程朱之説準之，則子美、子壽較純，而子静異矣。以陽明較子静，則去程朱尤遠。大抵姿性愈超者，愈不屑致功於淺近。子静之天分穎悟於子美、子壽，陽明之穎悟又過於子静。是由所入之徑互異，斯所見之道各殊。所見之道既殊，自所言之理亦迥別。世抑陸王而尊程朱，或祧程朱而祖陸王，又有調停於程朱陸王之間者，皆偏論也。昔孔氏之門賜過，而商不及，求退而由兼人得大聖人裁成之，而四科並列，宗派不分者，夫亦曰道而已。使程朱與陸王並得親承聖訓，將見高明沈潛，達材成德，皆可因姿性之所近，以各適於道，而更何異同之足云。特是陸王之説漸流入禪，可使上智捷悟，而中下者每患無所持循，程朱則知行並進，動静交養，專爲中下人説法，即上智俯就焉，而亦無弊也。擬諸孔門，程朱篤信謹守，兩宋時之曾子、子夏焉；陸王狂簡進取，足與不受命之子貢、作中庸之子思伯仲競爽。誠知其理之胥本一道，則夫學術造詣宗派之異同，固可存而不論爾。

# 養真堂文鈔外編

## 致莫善徵大令請懲蟻棍書

查例載夥衆開窰，誘取婦女，藏匿勒賣，本律爲首斬立決。即於犯事，地方正法爲從立絞。後經嘉慶、道光間修改遞減，然爲首猶照光棍例，擬斬立决爲從發雲貴等處煙瘴充軍。又嘉慶間，部行案曰：誘拐嫁賣，結夥在十人以上，或被誘在五人以上者，亦照夥衆興販例按處。立法本極森嚴，邇緣吾邑城廂内外及租界地方犯拐者多，誅不勝誅，歷任縣公德體好生，概從輕比。然事有未可一例論者。夫城廂租界等處，客籍居多，其名爲夫婦者，半由姘識，合不以正。昨日拐人，今日遂被人拐，今日被拐，明日便復拐人，支離糾轕。究其實，拐者與被拐者相去僅一間耳，固不足深究焉。若鄉間農婦，鮮有不明媒正娶者。當其婚時，茶禮衣飾有費，親族酒食有費，結親諸色人等各有費，在中上户猶必罄竭數年儲蓄，下户人家多有集會典貸，債累半生者。唯由養媳長成，諸費較省，然以養以教，亦必賠以十年心力。蓋娶婦若是，其難也，而蟻棍拐賣，必擇極貧民婦，一利其哄誘易行，一料其力不能尋，尋不必獲，事無端緒，雖控官，莫我如何耳。幸有熱心有力之親族，肯代尋焉，而不買得真眼綫，則被人局騙，反貽蟻棍以笑柄。及買得真眼綫，費已不貲矣，又必人在隔境窵遠，勢難徒手領歸。此時將與鄉下理論，則解勸者、調處者，皆其黨與，終歸吞賴。欲待鳴官請究，則胥役多受若輩賄囑，往往故勒索之，隱捺擱之，官長之面目未見，鄉愚之骨髓先竭。故被拐而克尋獲者，特十中一二，尋獲而敢鳴究者，尤百中一二，鳴究而准按律科罪者，實千中無一二也。作蟻遂爲第一生涯，被拐遂爲第一冤苦。嗟此窮民，向隅抱泣，覆盆負屈者多矣。況婦一被拐，更莫肯字以閨女，計唯續娶再醮婦耳。而近來婦價動至二三百金，孤單絶貧，安能猝辦？即勉湊圖就，然仍由蟻黨媒合，則小而放鴿捲逃，大而涉訟波累。至有薄産全傾，反負重債，而妻仍他屬者矣。懲此禍者，遂甘塊然獨處，壯歲已作鰥夫，晚年更成獨老，即有翁姑而無媳以養，即有子女而無母可依。是由一拐賣，而鰥人之夫、獨人之父、孤人之子，而且壞人名節也，破人室家也，絶人宗祀也，直殺人不持刃不見血也，直殺人本身更殺及人父祖子孫也。酌理準情，斬絞之罪，良不爲過。今唯城廂租界等處，五方糅雜，雖用重典，未必遽革面耳。若鄉民究係畏法者，多遇有此等案犯，即不科以斬絞本律，但能發遣監禁其一二首惡，則蟻棍之羽翼立散。即雁户之手足俱寬，懲一儆百，事半功倍，左券可操焉。某竊見明府舉動，實有遠出俗吏上者，故不敢以尋常貢諛之辭上瀆鈞聽，而特代四鄉無告窮民大聲疾呼，一鳴抑塞，度明府必有惻然哀矜，赫然震怒，亟思鋤莠安良，爲當今第一循吏者，請自懲蟻棍始矣。

## 上邵篠村觀察言防務書

自去歲法人起釁以來，吴淞一口增兵選將，日不暇給。迄今半載有餘，布置自臻妥密，固不煩草野書生鰓鰓過慮矣。特是敵蹤飄忽無常，敵計奸詭百出，我所備者，彼未必攻，彼所攻者，偏屬我備所未及。事有上關軍國大計，下繫地方民命者，不可不深防，不可不早慮。某竊願附芻蕘之末，効一得之愚焉。法艦向擾閩洋，近移而北擾及浙界，現聚泊普陀，日向大七山一路，攔阻出口，各商輪則去吴淞口不及半日程，各防營晝夜戒嚴，人人慮及開仗矣。某竊揣敵艦無多，斷不敢輕犯吴淞重鎮，特任其往來洋面，熟探沙綫，深知我沿海虛實，又有無數漢奸陰爲耳目，則伺隙蹈瑕，必將出我不意，以攻我不備。所可憂者，不在吴淞，而在南匯、川沙耳。川、南沿海均屬漲灘，敵艦固難泊近塘岸，然彼有小輪船可以駁運，該處漁人半係匪類，或爲教徒，倘敵人誘以利，劫以威，一旦導使登陸，則馳抵上海城與製造局兩處，遠者不及百里，近止三四十里，拊背潰腹，誠莫大之禍也。而川、南兩路中，尤以近南匯之一團最爲可慮。蓋川沙究近吴淞，彼尚恐截後路，未必敢公然入犯。若一團，則僻處東南，軍聲所不到，又地素富庶，奸宄垂涎。由一團至新場，折而迤北，則經下砂、周浦鎮，直出白蓮涇，即屬滬城對岸矣。從新場直西，則經航頭、魯家匯直出牐港，瞬息便達松城矣。前明嘉靖間，倭患蔓延東南數省，初亦從一團、川沙兩處闖入，據浦東爲巢穴，攻戰頻年，末由底定。後用紳士喬鏜策，恢復浦東，築城川沙，屯軍南匯觜，始收埰剿之功。從可證川、南兩處，實屬古今守吴淞者必争之地焉。今欲於此兩處熟籌守禦，唯有精練漁團、民團，使水陸互應，戰守兼資，最爲上策。奈漁團業作罷論，民團迄莫實辦，則當今救急之方，不外抽調防軍一法耳。顧計淞口各營，有守口之責，分則力單，勢難兼顧，而遠地派撥，急切不能應命，意唯松江提督一軍，久經訓練，必能得力。沿海防守，本其專責，儘可移駐該處，藉防抄襲。與其坐守堂奥，而門庭有杌棿之形，何如出鎮邊陲，而腹背免受敵之禍？又查川、南沿海，舊設墩汛，現均坍廢。然内外護塘，尚堪扼守。一團外泥城一所，並可屯紮，自松調往，朝發夕至，事莫便焉。兵不煩增，餉不煩增，一轉移間，而强敵絶覬覦，邊圉形鞏固，計莫善焉。應否通籌全局，未雨綢繆，據情電稟，制軍飛檄，該提督立刻派營前往，分扼一團、南匯、川沙一帶，必可以遏敵謀而保民命一面。仍請督辦漁團、民團，認真挑練，聯絡聲勢，作相持經久之計。一俟團防可靠，便令該提督軍撤回松城，仍資坐鎮可也。以上各情，並非某一人私見，凡屬浦東耆老士民，多有私議及此者，某獨不辭冒昧，用敢大聲疾呼，一直陳於左右，唯公虚衷垂聽焉。國家幸甚！地方幸甚！

# 致莫善徵大令論團防書

本年來，疊奉縣諭，勸辦民團。現緣防務加嚴，經衛中丞遴委明府來縣會辦。明府夙襄曾文正軍事，韜略特嫻，又久尹吾邑，熟悉民情。此一舉也，中丞之知明處。當明府之駕輕就熟，能弗負中丞委任之至意，自不待言。唯是此次辦團較咸豐間事勢特異。咸豐間，所禦者內地之草寇，烏合蠭擁而來，數患其多，故須隨地設防，半恃虛聲，聊固吾圉耳。今所防者，海外之强敵，恃其船堅礮準，必與我決水戰，此非可以陸兵抗也。即誘使登陸，亦非可以羸卒嘗試也。愚未識中丞之意，將以虛聲聳動聽聞乎？抑必實事求是，期收有用之效乎？若第欲虛張聲勢也，則現在城廂內外暨洋涇高行鎮所舉行者，固足聳動遠近聽聞矣。第恐無益實用，反貽擾費於閭閻，不直識者一笑，某所遲回未舉辦也。若欲收實效於當今，則必上與下均有實心實力，貫注於此事中，經久行之，庶可期一二端之有用耳。今日通病在始則操之太蹙，不擇人而任之，閱一時焉，竟置若忘矣，即如前者禁煙館，行保甲，創漁團，非不法良意美也，究竟煙館仍滿，城鄉保甲徒費紙墨，漁團并方作而旋輟，使夫認真辦公者灰心末路，怠玩藐法者得計頻年。官府號令不信於民間，非一日矣。嗟乎！移風易俗，防患弭亂，爲小民久長計者，本非俗吏所能爲也。幸遇賢明長官，而曾不一獻愚誠，是上以實求，下不以實應，抑亦邦人士之罪也。用是不揣冒昧，略陳今日辦團要務，備芻采云。

一在嚴查保甲，絶奸匪也。夫禦外寇，在絶漢奸；弭内變，在絶土匪。近日各口查出水雷斷管，火藥漬滷，暨潛運鎗彈軍火出外洋者，皆漢奸所爲也。漢奸半屬教中人，半即在洋務能員中。應如何糾察之法，必須電稟制軍，嚴定章程，未便擅擬。至於内地土匪，則私梟游勇流氓，暨本籍無賴棍，徒在處多有，團防必得保甲相輔而行，則稽查嚴密，若輩勢難聚處群謀。即使散佈城，鄉亦不能爲患矣。

一在分守口岸，扼險要也。吴淞炮臺既宿重兵矣，然通籌邑境，西北則陳家渡兩岸，西南則閔行兩岸，似宜各列一營，成犄角之勢。其餘港口，始責成團丁防守，要與營兵同一章程，庶有功效，然亦須擇形勝所在。竊謂沿江以新牐爲扼要，沿浦以東溝、白蓮涇、龍華港、周浦塘四口爲扼要。但於此數處設局辦團，而附近鄉鎮但令出資協貼，不必處處設局，致多擾費。所謂此與咸豐間當異辦者。

一在籌款，宜裕也。現在縣諭舍士、農、工而專集商團，無論年來商局衰敗，萬不能獨力擔承，第城廂各店傭夥必有數人，抽丁尚易。若鄉店多主僕一身，安能充晝夜梭巡之役？既無工食，又力不備軍裝火器，迫於官諭，勢不得不虚造册報，圖塞責耳。愚以爲，欲望辦團得力，則軍裝火器必須酌提公款，由官置備給發，而團丁工食、商家田業，均須竭力勉湊，不專責於商，亦不專取給於鎮市，庶幾餉源差廣，事可舉行。

一在練藝，宜精也。現聞私梟游勇四出劫掠，無不挾有火器者。若團丁，但習擊刺，無論不足禦外寇，並不足制内匪。練團何濟？愚擬請營弁一二員，輪赴各局，教習洋鎗，庶使費不虛縻，技歸有用。

一在勤校閱，信賞罰也。各局開辦後，即須嚴定課程，隨時由官減從親查，並令營員會閱，總須獎其勤，黜其惰。即以定團董教師之功過，則莫敢偷縱矣。又校閱不可預示定期，防臨時替代之弊；不可稍受供應，杜地方擾累之弊。

一在鋤惡暴，保良儒也。上海自劉松巖後，莫肯盡法以治痞棍者，不知小懲而大誡，小人之福也，誅一以警百，仁人之政也。紅巾之亂，姚輝第之優柔，實養成之。前車良可鑒矣。禮曰：「刑亂，國用重典。」書曰：「狃于奸宄，敗常亂俗，三細不宥。」愚請將地方積惡棍徒責成保甲，隨時解送到案，訊有實迹，立予重典。惡暴既除，冀使人敦本業，俗革澆風，則異時易俗移風之效，亦不外是矣。豈特防患弭亂云爾哉？

以上各條，竊謂均屬今日辦團要務。然有治人，無治法。法雖善，尤在上與下均以實心實力貫注其中，毋倖速成，毋隳中路，毋惜小費，毋惑浮言。行之經年，自必有江忠烈、羅忠節其人者出是間矣。愚昧之見，倘荷准行，尚有曲折未盡事宜，容俟詳細續陳。

## 上譚方伯條陳荒政

一、大減冬漕，恤業佃也。國家自減賦後，度支會計更無羨餘，某亦知勢難議蠲分，當勉納也。無如匪擾以來，民間元氣未復，而連遭秋歉，莫前令抑不上聞，是以同一歉收，鄰邑條漕迭荷減成，獨上海總征全額。去冬，更帶寶山塘捐，溢出額外，偏枯之歎，慘甚泣隅。今春，豆麥薄收，民皆寅食卯糧，典衣舉債，勉事耕耘，盼切秋成償補。不料災歉年甚一年，遂致匱乏日甚一日。使不大減冬漕，竊恐斯民骨髓久竭，雖復敲比，追呼征收，究難及額，徒使莠民藉口有資，甚非謀國長策焉。

一、酌免卡釐，惠農商也。釐卡之設，原止征商。第商人什一逐利，奚肯折閲本資？貨捐愈密，即物價愈昂，實仍取諸民耳。即如邑産木棉，民欲易米，不售棉，必售布。今布有捐，子花有捐，花衣有捐，甚至肩挑擔負者，胥不免焉。由是花、布二物，售價日賤，銷場日滯，至於他貨，無不類。然所售必賤，所購必昂。凡以捐多之故，是減漕額而增卡釐，陽與民者一，陰取民者十。求民無困，不可得矣。治國以本富爲上，末富爲下，弛禁毁關，正古昔救荒善政。今縱不克盡除，請於子花、花衣、布捐三項酌免若干，少蘇民困焉。

一、飭開支港，代發賑也。淞浦兩岸，田均中高四低，俗稱坍岡，不能種稻，止可植棉。奈棉性偏喜稻地，故藝棉者，三年中必一種稻，俗名翻稉。翻稉則田肥美，而棉收較厚。獨坍岡不可翻稉，雖遇豐年，收終減色。又木棉之利，在元明間，吾鄉誠獨擅之。然徐光啓農政全書中已憂其利盡，今其言大驗矣。外地産棉者愈多，本地之棉銷愈細，無論如今歲大歉也。就使薄有所收，而價賤銷滯，入不敷出，一旦米忽騰貴，餓殍流離，勢所必至。爲今計者，莫急於使田盡可稻，則不專植棉，而米貴可勿憂。即仍植棉，亦得間歲翻稉，收堪望厚。而欲使田盡可稻，非大興水利不可。興水利之法，不專在幹河，而尤重支港。蓋渾潮灌入，淤泥所積，支港先塞。支港塞則内地宜稻者亦但植棉，而民愈病。治支港之法，嘗議淞浦兩岸，除數大幹河利通舟楫，且潮汐洶湧，不便置牐外，其餘各支港口，概行壩斷，不使與幹河通。留其較大者數處，口各建一小牐，常年固閉，毋令渾潮灌入。唯遇内地旱潦時一啓之，以資吐納。但得内港浚，使脈絡周通，無往不利，則開一牐而四遠皆應。小舟於内，仍便通涉。其利有二：一則支港概斷，使幹河潮勢併歸，一路來往迅利，淤泥難積，可省挑浚也。一則渾潮堵截，内港永免淺塞之患。徐勸農民歲仿東鄉罱泥法，將坍岡漸次填平，則十年後，田盡可稻矣。第境内支港不下數百處，或僅留綫形，或竟化平陸，民間即思從事，每苦工費浩繁，莫由成就。乘兹大歉之年，但准借動公款，以工代賑，民必樂從。其款分年帶征歸還，亦不慮公款有闕。此則百年大利，救時急務，一舉兩得之道也。

一、賑恤極貧，免生變也。查饑民滋事之禍，皆由好事者成之，然非糾合十百極貧下户，則舉動亦無名。是極貧下户者，正滋事莠民之護身符也。預收恤之，使不爲彼用，即釁端絶矣。況窮無告之民，本王政所必先施仁也乎。議者必以人衆難遍爲疑，嘗就近地核計其極貧而需賑者，每圖實不過數十人，多至百人耳。在司事者，破除情面，嚴汰冒濫，數亦不患過多焉。大口每日議給二十錢，小口半之，自本年十一月起，至明年三四月麥熟止，每圖以百人爲率，大小口扯算，需錢在三百千内。本邑二百餘圖，得六萬金足矣。或慮經費難籌，則查歷届帶征積穀，雖升合小户，無一遺者，凡以備荒耳。今民已飢欲死矣，設竟坐擁巨款，疾視不救，必待如晉省奇荒而後發，恐溝壑中餓殍之骨久枯矣，度非積穀本意焉。又查本邑積穀息項下，分存各典者，現有八萬千數，請提以充賑款，則旦夕可集，而數且有餘至於十萬。本資仍留生息，不動分文，於事理必無有窒礙難行者。是在大憲一批准耳。

一、准借倉穀，充民食也。極貧下户已議提款給賑矣，尚有次貧各户賑所未及。今冬，縱可敷衍，延至來春，食用俱罄，種作無資。若不設法補救，奚能度日？嘗考古人常平社倉法，春賒秋斂，半年中取息二分，是按月幾四分息矣，而弗嫌其剥民，反許爲利民者。蓋穀價當春夏必漲，秋冬必落。出納均以穀而石加二斗，衡斗石似收厚息論價，值大約僅歸本耳，故官民兩利之也。青苗之法，賒斂以錢，假如民貸千錢，春夏糴穀以食，常不滿百觔，秋冬須糴百四五十觔之穀，始得本息兩完，所由同一貸民收息，而利害與常平社倉大相反也。今查本邑現儲倉穀共有二萬餘石，十許年來，除倉費各項不貲外，耗穀已至千百石。設復二三十年，將見存穀無幾，而統計穀值，貴此珍珠矣。請略仿常平社倉法，每圖以百石爲率，待至來春，准仰各圖囤長具狀總領，歸散貸各貧户。穀熟時，各貧户石加二斗納交經領之人，經領者准以一分息抵虧耗，及往來運費，止加一納還官倉，是則鄉民得流通之利，不致夏糴貴米，秋糶賤穀，而官倉永免耗折之患，反獲羨餘之息。來歲創行有效後，遂歲沿爲例，而積穀竟可罷征，尤屬參酌古今，變通辦理，莫大之利焉。如謂囤長牟利，則貧户受扣勒之苦，貧户抗欠則囤長貽賠墊之累，是在良有司精擇總董，經理得人，並明目達聰，不任胥役蒙蔽，則諸弊自無。否則何政不有弊耶？似不當因噎而廢食焉。

一、督練民團，衛鄉土也。沿海陸汛自同治七年改定新章後，額兵較寡，不敷内地巡緝之用。現在外洋、内河，均經創辦漁團，則陸地亦當督練民團，以聯聲勢。練團之法，每圖議選壯丁二三十名，凡二十圖立一教師，即選汛弁充之教師，日歷一圖，擇公間地教之技擊，一月一周，留十日備風雨休沐。地教師所歷之圖，議給壯丁一日糧，每名約百二十文，餘日各歸本業。城守備於半年彙閲之，知縣於一年會參游閲之，道府於三年會總鎮大閲之，每閲時技精者賞，劣者黜，補教師準此黜陟。縣約二百圖，常年連加賞，費不及萬金，平時藉防竊盜，萬一有事，則按册徵調，縣即可得勝兵五六千，以較猝募不習戰之勇散即爲盜，不差勝乎？此古寓兵於農遺意也。行此數年，除城守外，汛兵盡可裁，裁兵而兵之數實增，保衛海疆大有裨益。又凡馴良之民，必不願充團丁。其充團丁者，多係游手桀驁人。此種人漫無拘束，易滋事端，收爲團丁，則團長、教師、圖董均得而箝制之，使不縱惡抑，亦消暴悍於無形之一道也。

一、嚴禁煙館、茶肆，節靡費也。歷覽舊志，吾邑風俗，城廂久尚浮靡，而鄉民肯耐勤苦。當匪擾時，客籍人衆各鄉鎮煙館、茶肆横增，游手閒民遂漸夥，民家有一坐茶肆之人，此一人已屬無功坐食；有一眠煙館之人，則竭全家力作以供，猶不能給。民安得而不窮？民窮安得不爲非乎？俗尚之敝，事故之多，職是故也。前奉憲示限歇煙館，州縣奉行不力，開設照常，請再飭下，先將各鄉鎮煙館嚴限閉絶，則新癮不增，勒戒老癮較易。茶肆不在禁例，然棍徒聚賭豪暴，武斷多在茶肆，請下一令，小市止准一家，大者量增，亦不得過五六家，每碗茶價止准收三四文，不准帶賣水煙，一切唯便過往客商歇足，而本地人民但聽買開水，不許呼朋引類，鎮日坐喫。蓋價賤則味劣，而喫者自少，喫者少則利薄，而開者自稀。此不特聚賭無塲，武斷無地也。閒民無容身之所，勢不得不歸於農民，盡歸農富足之本也。況禁是二者，即以一小市計之，歲可省四五千金，通縣五六十鎮，必可歲省數十萬金矣。歲常留數十萬金在民間，抵充正用，雖遇大荒，亦不苦飢，何災歉之足患乎？然二者之禁，恃條教則僅屬具文，委差役則適規私利，唯在責成州縣隨時減從，親歷四鄉，勸懲一二，則風聲所樹，默移風俗至易易耳。此不專爲救荒計，而實救荒本務焉。

一、重懲積惡光棍，杜亂萌也。吾邑民風向多馴謹，緣匪擾時，凡鄉間充僞官辦匪貢者，事平後概置勿究，奸宄一得志，浮薄子弟群慕效之，徒黨日益盛，造惡日益大，蟻棍慣敢拐賣良家婦女矣，賭棍膽敢開局抽頭累月矣，他如遇事把持，藉端索詐，一味扛幫揹勒，動輒鬬毆搬毀，種種不法，無非魚肉良懦。歷任邑廉博欽恤之名，遇此等案，控不必准，准不盡究，良懦多覆盆之冤，向隅之泣，而奸宄獨志得意滿，於是心愈很，手愈辣，目愈藐官長而蔑法紀。某恐異時借事生波，釀成禍變者，即此輩也。紅巾之亂，殷鑒不遠。前經憲定保甲章程，法良意美，近緣山左教匪越境煽惑，並奉諭旨飭，速舉辦保甲，可謂三令五申矣。要唯有實心實力者，方能行實政，而收實效。請以保甲之行，否定州縣之考成，庶幾功名所係，肯一盡心，州縣認真此事，自必延訪公正紳士，責成以扶弱抑强之舉，並時親訪密拿，積惡棍徒，懲一警百，於以保全，善類杜塞亂萌，亦荒政中靖民一事也。

## 擬上撫院請攤鹽課銀稿

沿海居民受鹽巡害苦久矣，出爾者必反爾，致激成春間紅廟一案，經前護撫據實上聞，復遵旨，議章固已防維周至。唯是去疾莫如盡，敝甚者必當改絃更張之。某等咸以利害切身，亦嘗講求鹽政，竊見行引之弊，未知所底改票之法，亦難經久。若但如丁道兆基，現擬章程，總屬逐末補苴，病根仍在，俄而故態復萌，抑且變本加厲，諒非仁人君子所心安焉。伏查南匯縣舊新志，並録雍正四年知縣欽璉會同上海縣議詳鹽引事宜一稿，據士民蔡鳴殷案：鳴殷係川沙孝義蔡之筆孫，宗人府府丞嵩子，南邑歲貢。等請，援照江陰、靖江、崇明等縣例，照田均課除免商名，并革鹽快等因。據原詳核計，每畝攤銀不及四釐，爲數無多，均輸甚易。綜其大要有三可行焉：萬民樂輸而課可全完，則上便於國，可行者一矣；訟獄可省，引課可完，而考成無誤，則中便於官可行者二矣；捕役不擾，而地静民安，在處官鹽而民無淡食，至於貧難小民，并得肩挑步負以覓食，則下便於民可行者三矣。所不便者，獨鹽務中官商、兵弁、丁幕、胥役以一空利藪，而失所憑依，自必百計阻撓，使吾民不克去害而適利。此南欽令之良法美意，當日所未准行，而民被其累焉。又閲百數十年，於今第非常之功，必待非常之人。欽令官卑，宜其空言徒託耳。若封疆大員，爲民請命，則亦何利不可興，何弊不可除者？查江陰、靖江、崇明均屬蘇藩司所轄，去上、南兩境程不逾三百里，就近比例，成案一，確可援也。自均田均役法行，上、南兩縣各有包補鹽課額銀二千餘兩，於地丁項下攤徵分解兩浙鹽運司，詳見上、南縣志，是均攤鹽課於地漕，從前已有事例，成案二，確可援也。同治八年，引商夏隆泰等請減舊額，認銷上、南、川地，每年四千八百。引是較欽令原詳引額三分減一，均輸更輕，成案三，確可援也。既有三便可行，三確可援，又幸逢勤恤民隱，慷慨任事如公者持節來臨，則能出獨見破常格革數百年弊政，垂千萬世循聲者，胥於是望爲亟，鈔黏欽令原詳并上、南縣志二則，呈求俯順輿情，准援成案，奏將上海、南滙兩縣鹽引課銀照田均攤於地漕項下，從此除免鹽商，永革鹽捕，國計幸甚！民生辛甚！至於私鹽之決難禁絶，鹽巡之種種擾害，欽令原詳既備，細陳之，今不復贅。

## 呈淞滬釐捐總局請免航捐文

邑境既屬棉地，又係水鄉，故沿浦兩岸，隨處設有便民航船，各載子花、花衣、棉布等物，逐日乘潮抵滬，售價完糧而外，或購油米歸充食用，或購豆餅歸膏田畝，均屬零貨，並非躉販可比。乃各口釐卡，不察其爲數人與十數人之物，但通一船而計之定抽釐如數，其害民可歷陳焉。卡本征商，今并完糧易米之農征之，一害民矣。卡本征躉販，今貧農裝零貨覓售，必各征之，二害民矣。滬市各貨均已提捐，乃一浦之隔，數里而遥，物抽兩税，三害民矣。肩挑步負之私鹽，例准免税，乃挑負布棉者，遇卡必捐，曾不得援私鹽成例，四害民矣。往返兩查，故意留難阻滯，致失潮候，不及到埠，一日之程頓延兩日，晝餓夜凍，五害民矣。船不到埠，則男婦雜沓艙中，昏夜罔别，既傷風化，而遥泊浦濱浪撼風漂，甚至盪覆隕命，六害民矣。六害無底，三弊有加：税無定則，輕重任意，弊一也；索規不遂，動遭捐勒，弊二也；局用所需，日派民船供給，弊三也。大抵商販進出，或月一至，或歲再至，扦手司事，與彼不熟，未敢公然索規。若民航，則晨夕經卡，數日便熟，調換雖忙，陋規莫絶。通盤核計，有當免者四焉：竭貧農之脂膏，適飽扦手司事之谿壑，入公家者一，而充私橐者九，蠹國剥民，莫此爲甚，則一當免。同一民航也，在卡外者永免，在卡内者常征，彼此相形，偏枯已極，則二當免。沿浦兩岸民航抵滬者日有百數，而卡得查抽者，浦東唯廟港、杜行、周浦塘、嚴家橋四處，浦西唯張家塘、虹橋兩處，合之閔行蕭塘，每日約共三十船，船數甚無多，則三當免。計此過卡三十航，航日扯抽釐三百文，常年不過三千金，捐數甚微，而累民匪淺，概蠲免之，實與大局無礙，則四當免。伏念弛禁毁關，實古人救荒善政。今歲棉災甚重，漕白正供，尚邀恩旨准減，並蒙頒發内帑，賑給貧民，何堪無藝之征，更朘膏血爲亟，實陳弊害，環籲督辦俯憐民困，仰體皇仁，准將沿浦民航零貨卡捐一款暫行寬免，實深德便再。此項航捐，扦手司事各借爲索規地步，而卡員必信扦手司事之言，著令議復，决不允免，自非獨出憲裁，弊害永無除日。倘邀准免，並求明出示諭，以杜侵冒，合并聲明。

## 呈裴大令請免吴淞工役文

某等所居治下二十一保十六至三十共七箇圖，分其地，西濱黄浦，東、南、北三面均包在南匯境中。雖坐落周浦塘兩岸，然自析置南匯縣後，並未協浚。是塘有南邑舊志可稽，府衙舊卷幸存，可檢。蘮於同治初年，由南主稿，詳定七圖，歸入南匯，田數内一體派役。周浦塘七圖總苦役重，堅執舊章，當經王前任給諭七圖，現協浚周浦塘土方若干，將來上邑開挑吴淞江，南邑官紳議定照數協還，即於七圖應挑土方内扣除，並經前府楊諭，將七圖應挑吴淞土方改浚周浦塘，等因。七圖遵諭照派貼浚完工，各在案。迨同治十一年，上邑重浚吴淞江，七圖工役並未減免，南民竟不貼還，亦既屢勞稟牘矣。上年下忙，條銀内奉文起帶，吴淞工費每畝二十文，七圖仍舊派帶，業經完納。兩届尚須四次帶征，而南邑現已詳准秋間開浚周浦塘，又責七圖與役，其爲偏重苦累，實可備陳焉。伏查上海河工通縣均派者，一吴淞江，一蒲匯塘，一肇嘉浜，一劉河，一海塘，計共五役。役獨重於他邑，故同治間本邑南廿四保各圖承浚三林塘、楊淄漊兩河，准免蒲、肇兩工，勒石立案。夫三林塘、楊淄漊均係本境工役，例應承浚者。然該各圖猶緣浚近而免遠，今某等七圖又在該各圖南十餘里至三十許里不等，去浦肇愈遠，去吴淞絶遠，曾未邀免其一，反增派周浦塘工。此以本境相形，他保止五役，獨七圖有六役，而見爲偏重者也。又查南匯通縣均派者，向共三役，一周浦塘，一吴淞江，一海塘，較上海工役本輕。自嘉慶二十一年，南董巧借獨浚周浦塘名目，請免吴淞，則役更輕矣。至同治初，又扯上邑七圖均役周浦塘，則南役輕之又輕，而七圖獨役外增役。此以南民相形而倍，見七圖之役有偏重者也。總之，查照舊章，則七圖自承本境五役，已甚不輕。南民獨浚周浦一塘，殊未形重。唯是七圖均役周浦塘案，業被南邑詳定，勢難遽翻，而七圖實不堪再增大役。某等查得南匯請免吴淞成案内聲稱，吴淞江與周浦塘並屬大工，南邑既承浚周浦塘工，自應將隔浦絶遠之吴淞一役永遠免派，核與七圖，現歸入南邑田數内派與南民，均役周浦塘。情事相符，並與前府李批「沿革因時而變」一語亦同。某等再四思維，唯有懇請援照南邑成案，詳免七圖吴淞工役，改浚周浦塘河，則於增役之中，仍寓量減之法，不使七圖民力難支，當行者一也。七圖既與南民均役，自應照南案辦理，當行者二也。不使王前縣、楊前府兩諭失信於民，當行者三也。不背南邑詳定七圖役均周浦塘新章，當行者四也。吴淞江役及十許州縣扣免，一縣内之七圖若九牛之亡一毛，無礙大局，而有此四便，當行者五也。爲亟陳，求恩賜檢查各卷，移會南邑，援照南民承浚周浦塘永免吴淞成案，亦將某等七圖一體詳定，免派吴淞工役，改浚周浦塘河立案，永遵其兩届業經完納吴淞工費，並請扣存儲庫，俟南邑開浚周浦塘時，如數給還七圖，以充挑深附近各支港工費。憲恩高厚，永戴勿諼。

# 上水利總局求免協浚周浦塘文

某等前爲上邑東廿一保十六等七圖河役偏重由縣稟請援案詳，免吴淞役工，改浚周浦塘。等因。某等非敢舍己芸人，甘協鄰境河道，規卸本邑要工也。實緣南董以全力抑勒七圖，抱屈莫伸，而役外增役，委係偏重難支，爰作此苟且遷就之請，竊冀稍紓喘力。蒙縣據詳在案，奉批數百言，詳晰開示。某等伏繹憲意，厥有兩端焉：一曰吴淞應役爲百餘年之定章，凡承浚各州縣，並無剔除圖分邀免之案。此駁七圖不得援南匯成案，請免吴淞派役也。一曰七圖協浚南匯周浦塘，始於同治初年。此次攤征吴淞工費，南邑並未派及，不能因將浚周浦塘，反令上邑圖分舍己芸人。此駁南邑既免吴淞，不應再派七圖周浦塘工也。至謂七圖役重苦累，免其派浚周浦塘方爲公允，則自同治以來，久不聞此持平之論。南山可移，此案不可易。今復於憲批見之，伏思某等七圖本願恪守舊章，頂認本境五大役，不敢告勞。但得邀恩准免協南，則目前吴淞工費，自合奉文照派完納，無庸置議。唯南邑業經詳定七圖通協周浦塘，勢必援案頂詳，仍欲責令七圖赴役，深恐七圖苦累依然，某等不得不歷援舊章，預剖訴焉。查雍正二年，析上海東南境置南匯縣。越二年，南邑首浚周浦塘，壩築上境，題橋市七圖並不與役。舊章之證，一矣。乾隆四十四年、嘉慶三年、十三年、廿一年，南邑續經四次開挑，一遵成案。舊章之證，二矣。嘉慶廿五年，南邑又浚是壩，塘築上境陳家行市，實始變章，飛派七圖河役。經七圖援案奔號，各憲批照舊章，蒙府仍飭南邑獨浚。舊章之證，三矣。嗣後道光五年、廿三年，迭次興挑迭勞案牘，七圖被累日深，然迄未一協。舊章之證，四矣。又查嘉慶廿一年，南董周國藩稟免吴淞派役，聲稱上、南分縣以後，各管各境，疏浚河道，並不彼此牽扯。即如南匯周浦塘，上海、川沙均獲沾利，因分界已久。本境情願獨辦，並不派其協挑云云。經南廉加看，通詳在案，舊章之證，五矣。迨同治十一年，南邑詳准永免吴淞案内，仍鈔嘉慶間獨辦周浦塘詳免吴淞原案援請。舊章之證，六矣。有此六證，南邑不應自變其説，牽派七圖協浚周浦塘也。本無疑義，禍於同治四年李前府批七圖稟云：「今昔情事不同，沿革因時而變。」始舉數十年成案而全翻之，並謂上邑挑浚吴淞，未令七圖按畝派夫，直舉同治元年大浚吴淞新案，而硬抹之。南邑遂得主稿定詳，而七圖冤抱覆盆，獨於薄賦輕徭之世横征境外之役矣。第思一周浦塘也，南邑欲免吴淞，則稱情願獨辦。既免吴淞，則又飛派七圖。七圖初不承浚，則許吴淞協還。既得貼費，便背議而責七圖永協。且同一成案也，七圖歷届不協，周浦塘府衙原卷俱存，南邑顧執李前府偏護之單辭，概抹煞之，乃其請免吴淞，則至同治季年，猶援嘉慶間原案，獨無所謂今昔沿革焉。前後矛盾非一，實不足服七圖之心，更安足稱信讞乎？再查南邑通境壹百五十六圖，前派七圖土方三千四百有奇，攤令均挑，每圖不過多二十方零，實屬衆擎易舉。顧必横責七圖於本境五大役外，每圖各增挑土五百方，是南邑並非獨力不支也，特欲拖累七圖，使民不聊生，以供其快意耳。自非督辦破除成見，悉心察核，曷由燭南董逐層取巧之奸，鑒七圖役重苦累之實？爲亟聯名環叩督辦，終始成全栽培，格外札飭南匯縣遵奉憲批，免派七圖周浦塘工，一面移咨蘇藩司衙門，俾令立案勒石，永遠遵守，則七圖數十年苦累頓釋於一朝。憲恩高厚，永矢勿諼。

## 裁卡議

一、比較之例當裁也。國家惟正之供，歲有定額，然遇歉減成，遇荒蠲免，尚不能必取盈焉。況商販聚散無常，多寡奚能有定？今釐捐定例，常年逐月比較，以贏絀定各員功過，在立法本意，冀杜得規賣放之弊耳。如果商貨減少，亦准據實稟陳焉。無如有治人無治法，用非其人，則得規賣放之弊端終難杜絶，而卡員争欲紀功得缺，誰肯數甘短絀者？於是奸商愈獲便宜，則拙懦者愈受抑勒，搜剔於常例之外，而釐額遂日增月益焉。國家億萬年無疆之庥，照此辦法，釐額之繼長增高，難以數計，是豈可常行之法乎？故謂比較當裁焉。

一、倍罰之例當裁也。漕白正供，州縣官提到欠户，但甘完納，即准免究。釐捐究係額外之征，本非正供可比。獨於偷漏者捐外，科罰已屬作法於涼，然初但罰一二倍耳，近有自十倍至四五十倍者。此雖漢桑羊、宋安石，亦未有此苛虐焉。竊聞税則本有作五六成、七八成收者，嗣後查有偷漏貨物，著令補納十成足捐，不准扣折，抑已示罰矣。加倍之例，必當永裁焉。論者必謂罰輕則不足示儆，抑知强盜有斬決重刑，然搶劫之案疊告也。愚民罔利，死且不恤，豈重罰所能禁耶？特法貴持平，決不宜如此苛罰爾。

一、充公之例當裁也。充公一法，向但施之洋關，大抵違禁之物居多，若内地商貨除私鹽外，從未聞有充公者。近輒充及土産之布棉，蹊田奪牛，霸主猶不忍爲，況聖王之世乎？是必當永裁焉。

一、巡卡之員當裁也。巡卡委員創設至今，不過十年。初但查過卡各船有無賄縱情弊耳，繼遇本無卡處，各船亦指爲偷漏，而捐罰之。某所確悉者，如浦東中心河民船、浦西華涇民船，各被勒捐，有捐票暨上海縣署檔卷可證。漸至未過卡之貨，亦追求而充罰之，如周浦塘口北首染坊靛貨，向由浦灘就近起岸，本不過卡勒被捐罰，上海縣署亦有檔案。近者陳家行兩航尚未到卡，便指爲積次偷漏，朦稟蘇撫，竟將棉布一千八百疋盡數充公外，又勒罰四十四梱布，捐錢三十五千零，尤奇者，兩航本無是布，直是訛詐。由前之説，貨不過卡，便科偷罰，則是家藏刀刃，概可坐以殺人，男女同行，身有淫具，即當科以犯姦，豈不成一世奇冤，千秋笑柄歟？由後之説，本無是貨，懸空判罰，豈唯扁舟載愁，亦難免税？抑且相如立壁，儘可勒捐，恐暴客尚無此過舉耳。況果積次偷漏，則歷年卡員、巡員當各先認失察處分，今卡巡各員並不聞處分以失察也，是積次偷漏之罪，尚難坐實兩航焉。聞此次巡卡馬守玉田，蘇撫准紀大功一次，而召賣充公布内，足值五六百文。馬守可獨得三四百千，一舉而名利兩收，後此豺虎噬人，安有底止乎？平心論之，船户繞漏難保絶無，第恩詔之頒犯科條者，猶准援赦，豈商人貪小牟利，曾不容一面網開歟？竊計總巡薪水、炮勇月糧、輪船煤火，加以坐船炮船駕輪各費，常年所費不貲，無論得不償失也，就使薄有所得，與其奪商財以豢不肖員丁，曷若省官省費省事之利溥矣？故當裁巡卡委員焉。

一、浦東各卡當裁也。上海城廂内外，無貨不有捐。捐少者，由各業認定後，設公所，延董事以經收解局；捐多者，別設專局，派駐委員，親監收之。其貨自海口進出者，商輪則於北新關報税，民船則於江海關報税。至於内地進出各貨，南由黄浦，北由吴淞者，又有閔行、周太僕祠兩大卡，扼其要衝，亦既纖芥不遺矣。浦東一地，横廣五六十里，縱長六七十里，東南瀕海，然除吴淞外，別無可通船之口，海灘又係鐵板沙，船難停泊，魚鹽之利久絶，故號窮海焉。西北環浦，土産布棉，一一售諸上海，零用，油餅等貨，無不采自上海。上海既物物有捐矣，一浦數里十數里之隔，半日一日之程，豈宜物抽兩税？今自釐卡遍設，而浦東所購之貨常較貴，所售之貨常較賤，即如油車一業，向何止十百家？自設卡後，豆自上海來，入浦必捐，油餅運銷西路者，本地皆用牛莊各口油餅故。出浦又捐，故貲本較重於西路，而售價則同，以致逐年折閲閉歇盡矣。最苦者，近歲貧農菜子上場後，結伴載往浦西矼油，出卡一捐，裝油而回，入卡再捐。此捐向不認真，近則錐刀必析矣。一日之間，土産往返，一再抽捐，民力何堪？又如花行，向不啻數百家布店，向不啻數千家多運售於蘇浙各地。今以捐多折本，都報歇矣。廿年來，浦東男婦僅藉軋棉織布，一綫生涯耳。自滬北創設軋織各機器局，并此一綫生涯，亦奪而絶之。一朝米價忽昂，浦東不皆成餓殍乎？幸蒙恩旨，飭裁各省釐卡。竊以爲，急舉浦東各卡而盡裁之，物亦無有一漏捐者。就使小減利於國，固已大利益吾民，蓋未有民利而國不隱受其利者也。所最不利者，員司扞手諸人略少位置耳。然一家哭，何如一路哭？范文正言之矣。

一、各直省釐卡盡當裁也。釐卡之設，本軍興時，權宜救急之計。蓋因被匪蹂躪，州縣田多抛荒，即防勦之鄰境漕白，或難盡徵，徵亦不給於用，故暫收商税，藉佐餉需，非謂可常行也。何期此例一開，匪逆已平，營勇盡汰，田賦復舊，而釐捐依然，當亦立法時所慮不到此者矣。第立法之初，疏節而闊目，經理者復慎選得人，故弊少而害輕。迨後弗問才品，唯徇情面，卡遂爲藏垢納污之地，而弊竇叢生，求絶弊而多立制，防搜剔竟有出意計外者，如馬巡卡是已。嘗竊論前此作弊各司員，與商黨比，其害民也猶淺。近日認真各司員，不但鍼頭削鐵，牛剥重皮已焉，其法外苛征者，面目居然官府也，心手實更辣於劫盜。孟子曰：「將以爲暴。」「將」之一字，或孟子之恕詞歟？殆戰國時風氣尚古矣。前明萬曆間，礦税害民，幾釀大變，幸旋詔罷，明祚再延，否恐流賊之禍，不待崇禎季年耳。今民間有殺關之諺，謂關卡必須盡殺乃止焉，斯亦痛心疾首之甚矣。曾子曰：「貨悖入者，亦悖出。」又曰：「出乎爾者，反乎爾。」怨痛之深，不撤自上，將必殺於下。與其殺於下，而元氣大傷，體統全失，曷若早爲區處之得宜歟？區處之權，全在督撫。凡人未爲督撫時，無不知釐卡之害當除者。及爲督撫，而無數私人藉以位置，亦竟愛莫能割也。無可裁併，一奏塞責，庸臣長技。上諭已一語道破，所望公忠體國，勤恤民隱者出，無慾則剛，庶能仰承聖意，毅然請裁耳。若但小小補苴，如前五條所云，固非拔本塞源、除惡務盡之道焉。孟子曰：「如知其非義，斯速已矣。」敬以爲當事勖。惟此項卡釐，今既藉充餉項，裁則餉從安出歟？某竊謂軍國所需，吾民分當奉上者也。請飭下户部，確查該省卡釐，除開支各費外，實充餉項者，歲得若干萬，即以此若干萬數攤徵於該省田賦，上不煩增設一官一吏，而餉仍可足，卡盡可裁。一省如是，各省皆如是。如是而民間私財當不知省幾千百萬矣，上不病國，下實利民，計無有便，於是者或疑加賦非美名，則亦論其實耳。夫愚而不可欺者，民也。苟博減賦之虚名，貽以加賦之實害，吾誰欺乎？今不恤躬受加賦之惡名，即以隱布我減賦之實惠，皇天后土，共鑒此心。天下萬世，代白其志，安有利害切身之民，而退有後言歟？設仍疑慮焉，試博諮介衆曰，願留卡而免攤徵者，聽吾知決。無有願留卡之一民爾。或又曰，裁卡而加賦，未免厚商而薄農。則某嘗言之矣，曰：商人什一逐利，奚肯折閱？本貲貨捐愈密，即物價愈昂，實仍取諸民耳。恤商也，正所以惠農也。何厚薄之攸分歟？

## 致邑城積穀總董書

疊奉手書，訂議穀息事，病冗栗六，迄未應命，歉仄無似。竊思此事，前奉藩札，飭將積穀息款全數解司儲備留，養鄭州決口難民之用，業經諸君子俯采芻言，備將窒礙情形稟縣。縣未據詳，而札摧又至。經理者誠屬事處兩難，然天下事惟「情理公平」四字可以服人。鄉民猶然，況在官府？竊計自開賑例以來，其由上海一埠解濟各省者，前後不下數千百萬。即鄭州決口，迄今一年有餘，統計上海官私兩路解往賑款亦不貲矣。此雖非上海一縣之錢，然本境所捐者固是不少。是吾邑急公好義，既有明徵，何獨於區區穀息忽靳惜歟？實緣救災恤鄰，原屬義舉，然總讓富厚者，以餘力爲之，小民自顧身家，自惜性命，斷不能學墨翟之教，捐頂踵以利人焉。當積穀之初徵也，正兵燹後，民間元氣未復，而錙銖取之，雖極貧孤寡，升合不遺焉，甚而絶户荒墳，反累囤長賠墊以足額積之如此。其難乃自十年春間，經某赴藩司衙門，條陳時政八條，采用其一，准予借給貧農籽種外，他未動及分文。今忽以鉅款解撥他省，致積者反不得用，輿情之未洽者一矣。

藩詳指穀息爲餘款，夫上海地瘠民稠，核計總數緩急，尚未敷用，故本年啓徵上忙條銀，又議帶積各農業，曾莫敢違者，亦知數未贏餘也。乃帶積之憲文，方謂儲蓄未廣，提息之藩札忽云，款屬贏餘。曾未半年，而大憲號令矛盾如此，輿情之未洽者二矣。又公家各款自聽由官調用，至積穀爲民間私錢，官董代經理耳，一經理而便議提用，則如書院、善堂、社倉各款，凡由地方捐置者，概可他撥矣，恐非例也。況備荒之穀款可提，則富家之餘蓄愈宜提，滬上擁厚貲者肩相望也。官府能一一提用乎？不提富民而提貧民，輿情之未洽者三矣。官民所共守者，定章耳。積穀定章，禁絶借撥。奉憲勒石，或並刊入志書，鐵案可謂如山矣。民未有違，而大憲先自背之。詩曰：「女也不爽，士貳其行。」夫士之二三，猶喪配耦，況大憲乎？輿情之未洽者四矣。藩詳謂此款，倘提而不需，仍各發還。夫禁絶借撥之定章，先自失信於民，民雖至愚，肯信此番提往尚有發還之望乎？輿情之未洽者五矣。蘇藩統轄五府，州縣公費公攤，本成例也。穀息一款，各縣多寡不齊，有無不等，藩詳議於無息者免，提息少者不提或酌提，而於松屬息多者，獨議全提，是吾民以積而不用反致喫虧也，不公不平，大違政體，輿情之未洽者六矣。總之情理所在，苟失公平，雖奉諭旨，猶當據以力争，況此款實民命所關，官董有能援定章，據情理出全力以争者，官無愧恤民之官，董亦屬清正之董，雖遭駁斥，實有餘榮。某固不文，尚當大書特書，勉爲諸君載事紀言，留備他年志乘之采。如或依阿憲意，罔顧大局，目前失此鉅款，既輕擲窮民之脂膏，日後遇有奇災，致頓絶饑民之性命，自必生犯清議，殁貽冥謫。二者孰得孰失，何去何從，在諸君子自擇所處耳，某何能爲力哉？夫留養難民，或在城設廠，或散發各鄉。咸同間，吾邑迭經辦理，有例可循也，則請照派發交留養，是一策焉。否即照攤籌款别解，亦一道焉。倘有藩委來查，但聽其查，唯勿聽其提去，則地方幸甚！是所望於諸君子耳。

## 臚陳浙西鹽捕營擾害浦東實蹟呈陸護撫

浦東在宋元間，東西壤地，較今尚狹三之二。鹽場近在下沙南北一帶，時若瞿、唐、沈、朱各姓，巨富特多，浦東實擅厥利。迨元明間東南地漲，鹽利漸薄，場移石筍里，故其地曰新場。至明中葉後，場愈移南，浦東鹽利幾絶，遂號窮海焉。何期利盡而害生，所設巡鹽官、弁兵役竟貽浦東大害者，閱今三四百年而未已。嗚呼！悕已顧明季國初，鹽課考成，知縣任之，權在地方官，弊害雖多，猶未大甚。自專設鹽捕營，不由地方官主政數十年來，民無所措手足。嘗慨浦東瀕海，瘠土田不宜稻，止可植棉。自鹽利微而民專藉棉布爲生，邇復被軋花、紡紗、織布各機局廠奪利殆盡，僅此肩挑背負食鹽一綫生機計無，萬數窮黎聊謀餬口，而浙西鹽捕營百計攔入，圖蹈其腹而扼其吭，一旦鹿鋌走險，激而生變，兵民交訌，誠非地方之福紳等所由竊慮者。浦東教民頗多，教堂林立，萬一鬧涉教案，外人乘亂藉辭疆出，干預浦東一地，垂涎已久，則禍豈專屬吾民哉？此實東南大局所關，非僅係一隅利害。謹繪浦東形勢全圖，詳細註明，並條列浙西鹽捕營害民各實跡上呈鈞鑒，冀留意焉。

一、查康熙七年，巡鹽御史傅汝舟碑示鹽捕巡船離場三十里外，在黄浦巡緝，毋許入場。又二十一年，知府魯超請禁巡船擅入場圍，許離三十里外，在黄浦巡緝。松江府續志並録其略。緣下沙爲浦東頭場，至今場官仍帶下沙字様。從下沙西至黄浦，不及三十里，從下沙北至黄浦不過三十里，此鹽巡扼要駐泊，必當以黄浦爲界限也。光緒十五年，蘇浙兩撫奏旨會議，奏定章程八條，其第一條曰，大巡以嚴查黄浦爲第一義，署臬朱示，禁巡船入内，勒石牐港口，均注重在扼巡黄浦。是知舊例新章，曾無二致。上年督撫憲准南匯縣稟嚴飭該營船撤出口外，以靖地方，自當遵奉，聿昭畫一。詎牘墨未乾，九月間便有該營船入泊上南交界之三林港内里許龐家宅地方，鬧事有案，藐抗憲飭，良堪駭詫。

一、浦東一地，南北縱長百有餘里，東西横廣八九十里。南東兩面均瀕大海鐵板沙底，不可泊船。除吴淞口外，别無通船之港。西北兩面並係黄浦環抱支港之大者，以牐港、周浦塘、白蓮涇三處爲最，次則蕭塘、金匯塘、王家浜即杜家行口三林塘、楊淄、漊東溝六處尚通舟楫。以上各口，均有鹽炮船分泊。此外小港雖多，淤塞已甚，概不通船。該管帶果能嚴守各口，晝夜在黄浦梭巡，梟蜑斷難飛渡。正不當舍本逐末，不争扼要處所，嚴密巡查，而反從事於港汊紛歧之内地。是其心豈真爲緝私計哉？特欲擾吾居民，飽伊慾壑焉爾。

一、械船滿載之私鹽，十百連艅之大梟客蜑，最干例禁。鹽捕營專爲此種而設，自當合力兜拏，四路阻截。至於貧難小民挑負食鹽，易米度日，爲數甚微，本不在例禁之内。乃近廿年來，絶不聞該管帶在黄浦各港口截獲一大幫梟蜑，人鹽並解，按律科罪。顧日上岸，專奪步擔鹽觔，謂浦東竟無一船逸出乎，則是梟蜑業已浄盡，復何可苛求？無已例外，波累無辜也。謂浦東未免尚有大幫梟蜑乎？則一任械船，滿載十百連艅之私販，闖出港口，反搜及貧難小民。夫亦舍其大而問其細矣。

一、鹽營槍船往往不張旗幟，勇不穿號�，自認光蜑，慣向黄浦兩岸，夜劫孤商，强奸良婦，而真光蜑槍船，偏有旗幟號衣，冒充大巡，公然肆掠。受害之人茫然不辨其孰光蜑，孰大巡也。雖控諸官，無從究詰，反被胥吏勒索訟費，故大概吞聲飲泣，而去千百人中，殆無一二人敢具控者。覆盆之寃，末由昭雪，怨毒所積，釀成紅廟巨案。被燒殺弁勇十四命，蓋所謂悖而入者悖而出，出乎爾者反乎爾矣。時雖議章程，圖整頓，第管帶依然根株莫拔，斂跡未幾，故態復萌。如張源泉等被劫案，控在華、奉兩署者，指不勝屈，甚而胡志得劫嚴順樓花洋，竟敢在帆檣交織之黄浦中，白晝搶劫，膽横概可想見。去冬松江航船在龍華南首浦中，新場航船在杜行北首浦中，迭被槍船夜劫，即屬真光蛋槍船，而該管帶所司何事？恐亦難辭厥咎爾。

一、該營勇上岸奪捉挑鹽之貧民，於光緒十二年四月廿八日追逼錢咸和、錢如松、胡關行死蔓笠渡浦中，控縣有案。十五年四月十八日，在夏家渡逼死葉阿妹、葉松濤、薛阿炳、薛四金、薛阿妹、薛阿妙、薛阿文七人。八月十八日，又死錢秀良、錢耕新兩人。十九年四月十六日，在周家渡又死毛叙華、孫阿泉、錢茂春及浦西不知姓名一人。就夏周蔓笠三渡計之，已死一十六命。至在龍華灣南鄒家嘴北被追逼死者尚多，未悉姓名，不敢妄叙。餘被捉獲後，或毆擊，或拷弔，勒贖放歸，因傷致死者更難以數計。嗟嗟！此皆謀食良民，非真私販也。就真私販，罪亦不至於死。苟一澈究該管帶，能享安富尊榮歟？

一、鹽營火器藉以抵禦梟蛋幫船，故新定章程第八條曰，尋常緝私，不許輕用火器。今乃於並無梟蛋處，輒私放洋鎗，一斃新塲鎮屋内乳兒民婦，一斃中心河浦灘客民，一斃塘灣田畔罱泥農民。殺人手滑，上年六月間，四槍船路過陳家行，更在市鎮人多處自東至西迭放十餘鎗，立斃岸上兩命，傷及額耳腿脚多人。屍屬央訴，該管帶反加恐嚇，挖洋勒殮，不許報官。請驗經府訪確飭查，便有兩屍親、兩地保先後據實繪圖呈縣。詎該管帶但交出一勇，認放一鎗，顯有出脱哨弁，買兇代抵情弊。而上令稟憲，全叙營移，絶不及各呈一字。叙供亦多删改，偏護鹽營，輿情大不允洽。□者老各生監一，再請縣澈究有案。該營草菅人命，孰甚于是？

一、該營船從前雖偶攔入，然乘夜偷進，隨潮旋出，未敢公然駐泊也。詎上年春夏間，巧借滬北新牐，添設公堂，奉飭堵禦，毗連滬江，私販題目，遂移禍浦東，遍派數百號槍船散布內地支港，船不張旗，勇不穿褂，日上岸硬奪例不查禁之步擔食鹽，誣稱私販。時鳴鎗礮，恐嚇婦孩，阻礙水陸商旅苦之人心，皇皇幾釀大變。其實滬北去浦東相懸二十許里，中隔洋人租界、上海縣城及黄浦大江，真風馬牛不相及者。此該營擾害地方之明證焉。

一、浦東內地但有貧民步擔，向無光蛋槍船。偶有一二，亦係各港鹽炮船疏縱入內。乃自上年春夏間，該營槍船紛紛入內地，後旋蒙督撫憲准南匯縣稟飭撤口外，第不准入內地耳，並未嘗并舉，黄浦巡查亦撤之也。而秋冬間，突有光蛋槍船踞擾周浦等處。試問此次槍船，究從何處入內？豈能不由黄浦，別有奇術飛來歟？浦東人僉謂該管帶知情，故縱使入擾內，一借以要挾各憲，冀仍准令入泊；一遂其報復士民，稟撤口外之私怨焉。證以夏小弟、王升魁、包阿五等先投入鹽營，繼勾通光蛋，而光蛋頭目鄧海青本屬鹽營員弁，忽光蛋，忽官巡，令人莫測其實形跡，誠屬可疑。又光蛋踞擾浦東累月，該營船並不一過而問，至本年正月十二日，蒙派太湖水師及飛划營各船，會入兜拏該營，船由周浦塘入內，旋出白蓮涇口，有意不走一路，使所帶槍船數目出入相符與否，無從究詰。人僉謂該管帶此來，並非協拏，實暗挈光蛋槍船，俾出港口耳。鬼蜮伎倆，欲欺浦東士民恐，終莫逃憲鑒。又光蛋帶有快鎗四枝，周浦人均經目睹。此斷非光蛋所能私購，人咸謂亦係鹽營所給。是否確實，拏獲光蛋頭目，逐一訊詰，便水落石出矣。

一、鹽營月餉本輕，迭經扣剋，實不敷用，全恃緝獲私鹽給賞調劑。獨吴家正所管帶者，均係招集游手無賴，怯不敢捕巨梟，無由獲賞，而月限繳鹽。若不爲盗，實難存活。譬如餓千百豺狼于浦中，冀不噬人，勢何能得？又經制額兵人數一定，恒患缺額，獨鹽營並無額設定數，姓名卯册又甚疏略，即該管帶亦恐未知實數，宜與光蛋易混雜。使不明定章程，嚴加整頓，恐弊害不第在一浦東耳。

一、吴管帶家正本與董必貴兄弟及黑白面施老窩子同夥，狡黠勝二人，而才略實遠不及，故雖經投入鹽營，仍與各梟蛋聲息相通，不敢與敵，又焉敢捕？遇有梟蛋滋鬧處所，但能人給洋銀，囑使他往，以鄰爲壑，所由管帶多年，並未嘗實擒得元惡大憝焉。近幸董施等均死侈，然自大添造槍船數十號，濫收近地棍徒，及流落蛋黨派充管駕，藉哄上司，謂能招降梟衆，鹽商甘受其愚，頓增歲犒萬餘金，飽充私橐，遂許滅絶。浦東步擔以媚衆商，實自鑿一兔窟耳，於商究何利哉？徒害我浦東百姓，使歸咎浙商，夫亦可憬然悟矣。

以上十條，均係鹽捕營害我浦東實跡。欲杜厥害，若但補罅漏，雖可免浦東近禍，收目前小效，然究非億萬姓無疆之利，千百年經久之圖焉。紳曾於紅廟案後，有請攤鹽課銀一稟，前撫剛任内格不見納，而博詢鄉父老，僉稱議實可行。士君子立言不爲一時，有俟諸數十百年後者，如賈長沙諸策，魏相條陳於孝、宣之朝，有見采在一二代後者，如陸宣公奏議，范鎮、蘇軾等進呈於宋哲宗之世。況稟中所稱，逐末補苴，後必變本加厲者，曾未十年，言已大驗。用特附録於後，倘邀芻采，曷勝萬幸？上、南紳士曾於胡志得案内，在府稟撤該營有案，請并弔檢。伏讀乾隆元年正月上諭，有曰：「失業窮黎，肩挑背負，易米度日，不上四十觔者，本不在查禁之内。」又曰：「商人又添巡鹽船隻，州縣毗連之界，四路密布。」此種無賴之徒，藐法生事，何所不爲？凡遇奸商夾帶大梟私販，公然受賄，縱放而貧難，農民擔負無幾，輒行拘執所有商人，私雇鹽捕及巡鹽船隻，幫捕汎兵，俱嚴查停止，毋得滋擾，俾良善窮民得以安堵祖訓，昭垂百世。可則敢請恪遵前諭，概撤該營，專派幹員，確查沿海漲蕩，丈實升科，即以所徵解抵鹽課銀兩數，且有赢無絀，利國利民，一舉兩得。倘慮撤勇滋事，現議增募練軍，儘可挑取入選，或改歸外海水師精練而約束之，化羸卒爲精卒，變害民爲衛民，全在一轉移間爾。是必有興利除弊之仁心，更有達變通權之偉略，斯能出水火而衽席之，浦東士民馨香禱祝已。